À CEUX QUI VEULENT SÇAVOIR

D^r ELY STAR

Les Mystères DE L'ÊTRE

Son origine spirituelle
Ses facultés secrètes
Ses pouvoirs occultes
Ses destinées futures dévoilées

Spiritisme transcendantal — Magie cérémonielle
Astrologie
Signatures Astrales — Thérapeutique occulte, etc, etc.

Nombreuses gravures explicatives et portrait de l'Auteur

> Je crois à tout ; je doute de tout ;
> mais je ne nie rien.

PARIS
Librairie Générale des Sciences occultes
BIBLIOTHÈQUE CHACORNAC
11, QUAI SAINT-MICHEL
Et chez l'auteur, 49, rue de Douai
1902

A LA MÊME LIBRAIRIE

SAINT-AMAND, CHER. — IMPRIMERIE BUSSIÈRE.

Les Mystères de l'être

Dr ELY STAR

A CEUX QUI VEULENT SÇAVOIR

Dr ELY STAR

Les Mystères DE L'ÊTRE

Son origine spirituelle
Ses facultés secrètes
Ses pouvoirs occultes
Ses destinées futures dévoilées

Spiritisme transcendantal — Magie cérémonielle
Astrologie
Signatures Astrales — Thérapeutique occulte, etc., etc.

Nombreuses gravures explicatives et portrait de l'Auteur

Je crois à tout ; je doute de tout ;
mais je ne nie rien.

PARIS
Librairie Générale des Sciences Occultes
BIBLIOTHÈQUE CHACORNAC
11, QUAI SAINT-MICHEL
Et chez l'auteur, 49, rue de Douai
1902

A Madame Maria STAR

Au délicieux et sentimental Auteur

DE

Autour du cœur

Hommage respectueux et reconnaissant..

PRÉAMBULE

> « L'éclat d'une révélation est comme celui du grand jour : il a besoin d'une aurore. »
>
> HONORÉ SCLAFER.

L'ouvrage, que nous avons l'honneur d'offrir au public, a pour but de projeter un rayon lumineux sur des questions de tout premier ordre : — Qui sommes-nous ? — D'où venons-nous ? — Où allons-nous ? — Terrible et passionnant problème qui, depuis le premier philosophe apparu au sein de l'humanité primitive, jusqu'à l'extinction définitive de notre planète, se posera toujours, comme l'énigme du Sphinx, devant la pensée inquiète de tout être intelligent.

Il est donné à l'homme, cependant, de pouvoir se connaître soi-même en sa mystérieuse trilogie ; cette étude principiante lui a été spécialement recommandée comme absolument indispensable par les penseurs de tous les temps.

Chercheur solitaire et consciencieux, nous venons à notre tour apporter sur l'autel de la grande Déesse Vérité, notre obole intellectuelle : l'offrande pure de nos méditations, de nos recherches ardues, de nos trouvailles intuitives.

— « Spiritus flat ubi vult ! » — L'Esprit souffle où il veut, et quand il le veut ; le judicieux choix qu'il fait de ses élus pourrait nous étonner souvent, car il se porte de préférence sur des âmes simples, ignorantes des choses de la terre, mais en communion intime avec les grands influx sidéraux ; témoins : Jehanne d'Arc, — l'âme incarnée de la France ; puis, tout récemment, le curé d'Ars, — le plus grand Thaumaturge du XIXe siècle, — et Michel de Figanières (Var), le berger-médium, dont les révélations surprenantes intitulées : *La Clé de la Vie*, étonnèrent ceux de nos savants officiels qui ne crurent point déroger en lisant et relisant ce livre étrange et inspiré, simple comme la Vérité, et profond comme l'Apocalypse.

Nous avons ceci de commun avec la simple bergère de Domrémy, et avec Michel de Figanières, que les premières années de notre enfance et de notre jeunesse furent aussi toutes contemplatives et purement instinctives dans leurs vagues aspirations vers l'idéal ; et que, jusque vers notre trentième année, nous avions beaucoup plus appris en lisant sur les feuilles des arbres, et en contemplant la flore variée des Vosges, que sur les feuillets des livres, un peu confus alors pour notre cerveau retardataire et intransigeant.

C'est qu'aussi, la première de toutes les conditions, pour pouvoir communier avec son Ame supérieure, avec le réflecteur Divin qui plane majestueusement au-dessus de chacun de nous (comme AÏN-SOPH, — le Grand Dieu incognoscible — plane sur les dix émanations Divines), c'est d'être *humble ;* non pas de cette humilité stupide qui ravale subjectivement l'être au-dessous de ses semblables ou qui entrave et paralyse ses initiatives personnelles par le doute de soi ; mais bien par ce sentiment de piété éclairée autant qu'indépendante, par ce respect inné pour tout ce qui est réellement supérieur, et par ces constantes aspirations qui, — d'après la juste expression de Lacuria, — fait ressembler l'humilité à une bouche toujours ouverte, et prête à recevoir la nourriture céleste de la Divine Mère providentielle, de la Femme Rayonnante de splendeur, de la SAINTE-VIERGE-VÉRITÉ qui se complaît autour des amoureux de la Nature.

Nous vivons à une époque étrange où, pour qu'un livre éclectique, comme celui-ci, soit lu et généralement apprécié, il faudrait peut-être que son auteur appartînt à une secte quelconque : — *Franc-maçonnique*, *Théosophique*, *Bouddhique*, *Martiniste*, *Spiritiste* ou *Catholique*; or, c'est ce qui n'est point. Humble disciple de philosophes modernes que nous citerons tout à l'heure, nous avons toujours préféré, instinctivement, travailler et méditer dans la solitude, plutôt que d'aliéner notre libre arbitre et notre autonomie sous l'influence plus ou moins harmonique d'un groupe intransigeant quelconque, ayant en exergue sur sa bannière : *Hors notre Chapelle, point de salut!* — Quand les chercheurs de toutes Ecoles — quels que soient les titres pompeux dont ils se décorent — se seront entendus définitivement sur ce qu'ils nomment : « les principes fondamentaux de l'Occultisme » ; que ces mêmes chefs inclineront respectueusement leurs bannières devant la Vérité suprême et Une; et quand ils se tendront franchement une main fraternelle, nous nous rallierons avec eux : mais, tant qu'ils n'auront point encore compris que c'est l'union qui fait la force ; tant qu'ils se soumettront aveuglément à un orgueilleux esprit de secte, ils risqueront fort d'effaroucher la Vérité, et, avec elle tous les penseurs obscurs qui la recherchent avidement. Eliphas Lévy — que tous, ou presque tous, reconnaissent pourtant comme un Maître — a écrit ceci : « Un véritable Initié ne sera jamais un sectaire. »

— Cet ouvrage comprend trois « livres » : le premier expose *les principes* de l'être ; le second, *les lois* qui président à sa création ; le troisième, *les faits* qui sont la conséquence et la réalisation des principes agissant sur les « lois » immuables et éternelles créées par les Elohim.

Le livre des principes est extrait de « communications » d'Esprits, obtenues dans un milieu harmonique, et dont nos lecteurs apprécieront la haute portée révélatrice. Emanant d'Esprits supérieurs, ces pages pourront être critiquées, mais elles ne pourront pas être taxées d'élucubrations fantaisistes ; que saurions-nous donc sur l'Au-delà, si les êtres des régions supérieures n'étaient point venus nous éclairer sur *nos destinées futures*, et nous instruire sur la topographie des sublimes régions sidérales qu'ils habitent ?

Le livre des « Lois » explique les mystères *du nombre ;* ceux de la genèse *des formes*, et aussi ceux *des couleurs* émanées de la Lumière, comme étant la base de tous les phénomènes connus et à connaître.

Le livre des « faits » expose la multiplicité de nos facultés secrètes et de nos pouvoirs occultes ; depuis les opérations magiques des « sorciers » féticheurs, jusqu'aux « miracles » que peut produire la sainteté de l'être parvenu à la réintégration Adamique !

Dr Ely Star.

PRÉSENTATION

« Les abeilles butinent dans la Lumière, mais elles ne travaillent que dans l'obscurité ! »

MAURICE MAETERLINCK.

L'humble auteur, qui présente aujourd'hui cette œuvre révélatrice, est plus connu généralement comme Astrologue professionnel, *que comme penseur, — à de rares exceptions près. Il est vrai que c'est par l'Astrologie, Science du Ciel, que nous avons pu pénétrer dans le sanctuaire réservé aux seuls initiés ; mais déjà nos recherches sur le spiritisme nous y avaient amplement préparé ; puis, des études toutes spéciales, faites en un Cercle* très fermé *pendant près de cinq années, nous ont permis d'aborder enfin aux grades supérieurs de l'Adeptat.*

Bien avant l'édification des mystérieuses Pyramides Egyptiennes qui, avant de servir de tombeaux aux derniers des Pharaons, avaient été, durant l'Egypte florissante, des écoles d'initiation (1), *il existait déjà une Société dans la Société, où des hommes d'élite, groupés entre eux de par leurs affinités mutuelles, étudiaient* les principes *de la création,* les lois *immuables et éternelles qui y président, et* les faits *qui découlent de ces mêmes lois. L'homme, pour eux, était le* Microcosme, *sur lequel ils étudiaient constamment les lois du* Macrocosme *ou du Cosmos ; sachant très bien, de par la grande et lumineuse loi de l'Analogie, que celles qui régissent l'Univers dans son ensemble, sont exactement les mêmes que celles qui gou-*

(1) *Les Mystères des Pyramides.* Histoire de la Magie ; par P. CHRISTIAN, page 98.

vernent non seulement l'homme, (synthèse des règnes inférieurs de la Nature), mais encore ces règnes eux-mêmes, tout infimes qu'ils nous paraissent ; pour eux, le principe ultime, c'est LA VIE *: ils l'étudiaient avec la même attention dans les lois attractives de la matière inerte que dans la pensée, — émanation la plus sublime de l'être humain. Ils reconnaissaient que la vie est en tout et partout ; mais qu'elle varie dans son* intensité ; *cette « variation », manifestation tangible de la vie, s'accuse d'abord par la « forme », — qui est la distinction du principe vital ; — puis, par la « couleur », qui en est sa lumière, son degré de maturité, la marque de ses progrès accomplis et de son avancement futur.*

— Doué d'un esprit beaucoup plus intuitif que déductif, plus porté, de par nos tendances naturelles, à trouver *qu'à* découvrir, *les livres spéciaux sur l'Occultisme que nous lisions avidement, dans notre jeunesse, ne nous apprirent pas grand'chose; comme chez tous les êtres impressionnables et nerveux à l'extrême, notre éclosion intellectuelle fut très lente et très laborieuse; comment avancer rapidement quand, comme Pénélope, on défait le lendemain l'œuvre de la veille, dans l'espoir de faire toujours mieux ?*

Le premier de nos initiateurs, fut un de ces êtres étranges et mystérieux, que l'on rencontre surtout dans les classes moyennes de la Société, parmi ceux que l'on nomme vulgairement : « des déclassés » ; eh ! comment ne le seraient-ils point, puisque leurs supérieurs les dédaignent, que leurs inférieurs les ignorent, et que leurs égaux les méconnaissent ! Ce sont des déclassés, parce qu'ils ne font pas ce que tout le monde fait, et qu'ils font ce que très peu d'êtres songent à faire : penser juste, et agir selon leurs pensées. Celui dont nous parlons fut successivement artisan et artiste : mécanicien habile d'abord, puis diseur réputé, que les salons « selects » applaudissaient il y a quelques lustres, à côté de ce bon Desroseaux et de l'hilarant Berthelier.

Cet homme de bien, ce profond penseur, cet éminent philosophe, dont la grande humilité égalait seule le colossal savoir, aura passé sur notre planète (comme tant d'autres de sa haute envergure morale), sans avoir rien voulu laisser imprimer de ses trouvailles personnelles ; son enseignement fut purement oral, et nous fûmes son unique disciple. — Il y avait eu du mystère en son existence mouvementée : et, comme tous ceux qui s'élèvent, il avait beaucoup souffert. « Monter, c'est s'immoler ! » — a dit Victor Hugo. La sombre fatalité s'était longtemps acharnée sur lui comme sur une proie : après avoir vu se briser sa position d'artiste, il avait eu à lutter contre d'immondes délations politiques ; puis, brusquement, et sans crier gare, elle lui avait, traîtreusement, enlevé ses moyens d'existence, de par une aphonie aussi étrange que subite ; et, de chanteur émérite qu'il était alors, en avait fait un rossignol muet.

Comme tous les élus que la douleur affine, il avait laissé le creuset du malheur réduire en scories ses plus chères espérances ; mais, le lingot d'or pur était resté au fond de la coupelle, et seuls, ses amis purent apprécier à sa juste valeur cet homme, aussi étonnant par son savoir que par son abnégation courageuse et son inaltérable bonté.

Ces lignes préfaciales sont encore, ô mon cher et vénéré CASTEL, *un trop faible hommage de ma bien vive reconnaissance ; car, tu fus mon père intellectuel et mon Mentor ; c'est à toi que je dois de n'être point tombé dans les pièges faciles où les passions de la jeunesse retiennent tant d'âmes captives, et je t'en suis profondément reconnaissant.*

— Notre second initiateur fut le Mage ELIPHAS LÉVY, *dont chacun connaît aujourd'hui les œuvres admirables :* Dogme et Rituel de la Haute-Magie ; *la* Clé des Grands Mystères ; *et le* Livre des Esprits ; *— trilogie superbe, qui diffuse, en son but unique, les mystères de la foi, les prodiges de la Science Occulte, et les splendeurs de la véritable philosophie, qu'il synthétise en cet axiome magique :*

« L'HARMONIE RÉSULTE DE L'ANALOGIE DES CONTRAIRES ».

— Enfin, nous eûmes connaissance d'une œuvre capitale : les Harmonies de l'Etre *par* P. LACURIA ; *cet ouvrage compléta notre initiation primaire.*

Moins « Mage » peut-être qu'Eliphas Lévy, — du moins en

ce qui touche aux troublants et toujours dangereux phénomènes de la Magie cérémonielle, — Lacuria fait remonter son puissant esprit analytique jusques à la Divinité, qu'il prend pour type et pour guide au milieu de ses curieuses et savantes recherches sur les facultés triples de l'homme ; il expose et explique, avec un soin jaloux, la loi primordiale et fondamentale du « ternaire », qu'il synthétise, d'après saint Jean, par ces trois mots fondamentaux : « VIE, FORME, LUMIÈRE », — *donnant, par cette formule si simple, la clé de* tous les mystères, *aussi bien dans le Noumène que dans les divers phénomènes naturels ; car ces trois termes sont applicables à la Trinité Divine, à la trilogie naturelle, et aux trois principes qui régissent l'humanité.*

Une assez curieuse particularité à signaler, c'est que ces trois hommes : Castel, Eliphas et Lacuria, avaient, dans leur jeunesse, fait leurs premières études au séminaire ! Sans avoir voulu, comme Lamennais, le Père H. Loyson, ou l'Abbé Roca, prêcher une religion nouvelle, Eliphas et Lacuria, prêtres tous deux, avaient de bonne heure senti que la puissante envergure de leur génie souffrait dans le lit de Procuste des Dogmes intransigeants ; et, enthousiastes de la Vérité, ils l'avaient enfin conquise comme elle se conquiert toujours, en lui consacrant toute leur intelligence, en lui sacrifiant toute leur liberté !

Saluons ces héros ; et prenons en sympathique pitié les prêtres intelligents et avancés, appartenant à n'importe quel rite, qui, courbés sous un joug despotique et intransigeant, n'osent ou ne peuvent, d'un coup d'aile puissant et hardi, s'affranchir du linceul noir qui étouffe leur initiative et paralyse leurs ardentes aspirations ; et pourtant… beaucoup d'entre eux sont tourmentés par le doute, par le scrupule, par leurs vœux, par la crainte certaine d'une implacable persécution ! A ceux-là, — nos frères en croyances — nous adressons un salut fraternel, et l'appui efficace de nos quotidiennes et ferventes prières ; qu'ils sachent bien que la Vérité Eternelle plane majestueusement au-dessus de tous les dogmes humains ; qu'il est absolument faux celui qui dit orgueilleusement : « Hors de l'Eglise, point de salut! » — *L'honnête homme, — qu'il adore sous n'importe quel rite — verra toujours sa requête exaucée! Une* religion, *qui divise les enfants de le grande famille humaine, ment à son titre, à son mandat et à son but sacré; car* le Père *a sacrifié* son Fils *et envoie son* Esprit-Saint *à tous ceux qui le méritent, sans distinction de race, de couleur, d'idiome ou de croyances. Ne prêtons point au Père de toutes Miséricordes nos rancunes viles, nos mesquines passions, et l'étroitesse de notre jugement borné; n'en faisons pas un Dieu antropomorphe; ne ravalons pas son infinie bonté à notre égoïsme bestial; Dieu est Tout Amour, et le seul chemin qui mène vers lui, c'est le sacrifice de soi. Puisque ceci est l'inéluctable vérité, pourquoi donc n'y pas adhérer dès maintenant, puisqu'aussi bien il faudra, au lendemain de la mort, nous y conformer* forcément? *Non, ce n'est pas le dogme ci-dessus qui est le vrai; le seul dogme, l'unique vérité, c'est* qu'il sera fait à chacun selon ses œuvres; *qu'un homme vraiment pieux et bon soit berger ou monarque, pauvre ou riche, ignorant ou savant, laïque ou dans les Ordres, s'il suit la voie droite que lui montre sa conscience éclairée, il pourra ouïr au dedans de soi — même dès son existence terrestre — la voix suave et consolante des grands Initiés de l'Au-delà lui dire : « Va, Frère,* aime, lutte *et* crois; *prends pour devise celle-ci qui fut la nôtre :* AD AUGUSTA, PER ANGUSTA!

LIVRE PREMIER

PRINCIPES

Spiritisme transcendental.

(communications médianimiques)

LES MYSTÈRES DE L'ÊTRE

RÉVÉLATIONS DE L'AU-DELA

TOPOGRAPHIE DES CIEUX

« Ce qui est en haut, est analogue à ce qui est en bas. »

HERMÈS TRISMÉGISTE.

En réalité, la connaissance *des principes* de l'homme ne peut provenir que d'êtres supérieurs à l'humanité, c'est-à-dire *de la révélation*. Malheureusement, ce mot et les dérivés qu'il comporte, a bien peu de crédit à notre époque, où la science matérialiste semble suffire à tous nos besoins, répondre à tous nos vœux, combler toutes nos aspirations; comment ajouter foi désormais aux attestations des Livres Sacrés, nous montrant certains êtres privilégiés, Messies ou Prophètes, qui s'entretenaient alors familièrement avec l'Eternel? Ces temps ne sont plus, et la foi de chacun — toujours aussi vivace, cependant — s'est interpolarisée, et a maintenant tourné toutes ses forces vives vers la dualité des découvertes modernes — utiles ou dévastatrices; — celles qui servent les intérêts de l'homme, ou qui contribuent à son massacre réciproque. Cette déviation de la Foi (dont les tendances, momentanément faussées par « l'attrait » des sciences exactes, ne peuvent que l'appauvrir dans ses sources vitales et essentielles), ne saurait être de longue durée; sa nature immatérielle veut absolument être substantée par des aliments spirituels, et non exclusivement par des inventions du domaine purement scientifique. Laissons à la science ce qui lui appartient; mais rendons à la foi sa vigueur première et le sceptre de son domaine spécial;

non en la séparant de la science, mais bien en la fusionnant avec elle ; et, si nous n'avons plus aujourd'hui de grands ni de petits prophètes pour attirer notre foi chancelante, cherchons donc en nous et autour de nous, aidés du flambeau de la raison, les éléments épars et réconfortants que nous pourrons (scientifiquement) servir en pâture à notre pauvre foi débile et anémiée.

En nous-même, nous la sentons vibrer pourtant, mais comme un pauvre oiseau exotique en cage ; lequel, à défaut de l'aliment spécial que réclament ses instincts, trompe sa faim en becquetant désespérément des graines inconnues et indigestes qui lui font perdre, avec sa force, la gaieté de son chant et le coloris de son plumage.

— Vraiment ! ami lecteur, vous ne croyez à rien ? Il m'a cependant semblé vous entendre répéter souvent que les vendredis (et surtout ceux qui tombent le « treize ») vous étaient néfastes ; simple remarque, répondrez-vous ; mais si, tout d'un coup, je vous dévoilais la turpitude des multiples superstitions inanes dont chaque jour vous alimentez votre pauvre foi étique et famélique, vous recułeriez épouvanté ! Pardon, Monsieur, vous êtes croyant, seulement vous nourrissez mal vos croyances, voilà tout ; et la conséquence funeste de ce régime débilitant, c'est que vous-même manquez de force, de courage et de résignation devant les épreuves de la vie. Si votre alimentation matérielle de chaque jour était aussi pauvre en substances nutritives que celle que vous servez à votre foi, vous seriez depuis longtemps défunt d'inanition !

A défaut de la révélation, peut-être un peu vieillotte et démodée, n'avons-nous pas le pressentiment — ce sixième sens — qui nous avertit que tout ne se borne pas à la matière?

N'avons-nous pas le souvenir du passé, qui se retrace parfois si nettement dans le miroir de l'imagination, que nous le retrouvons, joyeux ou triste, avec ses moindres détails ? N'avons-nous pas le témoignage de nos pensées intimes, monde immatériel qui se joue au dedans de nous-même et qui, pourtant, n'est pas *nous?* Et le rêve, qui nous montre vivants encore, les chers êtres disparus et regrettés ? Et les visions — que la science athée nomme hallucinations — ne prouvent-elles pas, jusqu'à l'évidence, que l'Invisible est peuplé d'êtres vivants tout comme le monde visible? — Nous avons beau nier ces faits, cela n'entrave en rien leurs lois, leur existence, leur manière d'être, et leurs incessants rapports avec nous !

Depuis que l'humanité pensante existe, ces rapports entre l'invisible et le visible, entre l'humanité d'en-haut et l'humanité d'en-bas, se sont toujours manifestés spontanément à nos sens, par la vue, par l'audibilité ou par de mystérieux attouchements.

C'est ce qu'atteste LE SPIRITISME, de par ses étonnantes révélations. C'est par le précieux intermédiaire des « médiums », que les « Esprits » de l'Au-delà, — nos frères en humanité — ont pu nous instruire sur *notre genèse*, sur *notre rôle ici-bas* et sur *nos destinées futures*, triple point d'interrogation qui se posait incessamment devant notre pensée inquiète. Puis, *l'Astronomie*, science du ciel physique, est venue à son tour corroborer les troublantes révélations des « Invisibles », nous faire connaître, en leurs plus infimes détails, la topographie de notre système solaire, le nombre des planètes — nos demeures sidérales futures, — leur distance, leur poids, leur volume et jusqu'à leur constitution chimique et leur condition d'habitabilité.

Trait d'union nécessaire entre la Terre et le Ciel, entre les captifs de la matière tangible et les affranchis des régions éthérées, le spiritisme, bien compris et pratiqué selon les rites voulus, est bien certainement l'une des connaissances les plus utiles dont l'humanité puisse à bon droit s'enorgueillir, car sa splendide synthèse est, en même temps, *une science*, *une religion* et *une philosophie*.

Le spiritisme est une science, puisqu'il nous renseigne, très exactement, sur les troublants mystères de l'Au-delà, et que sa mise en œuvre comporte une méthode spéciale.

Il est une religion, parce qu'il unit la Terre au Ciel, et qu'il *relie* harmoniquement l'humanité visible et invisible avec les Puissances créatrices que Moïse nommait : les *Elohim*. Enfin, le spiritisme est une philosophie, la plus consolante et la plus lumineuse de toutes, parce que, non seulement il éclaire l'être humain sur les secrets de sa nature intime et sur ses futures contingences, mais encore il nous expose clairement, de par ses curieuses révélations, la pure morale du Christ : — le désintéressement, le pardon des offenses, la charité effective, et la certitude — prouvée par des faits — *d'une autre vie*, aussi lumineuse et Angélique, que celle-ci est sombre et bestiale.

Cette philosophie ne nous apprend évidemment rien de plus que ce que nous a révélé déjà le Verbe régénérateur de nos Messies ; mais elle confirme, par des preuves irréfutables, ce que ces Etres Divins nous ont avancé, en ce qui concerne l'avenir de l'humanité et sa réintégration future ; elle démontre analogiquement que, de l'autre côté du rideau, nos légitimes aspirations trouveront enfin de quoi se réaliser ; que le bien est toujours récompensé, et le mal, — qui est l'infraction aux Lois Divines — toujours puni par lui-même ; que l'homme, armé du libre-arbitre, est, par conséquent, responsable ; qu'il est toujours le fils de ses œuvres et le souverain dispensateur de ses futures destinées ; que les « Anges » du Ciel peuvent provenir de deux êtres humains assez élevés pour, dans les premiers Cieux, être reconstitués *en une entité unique*, et que cette reconstitution primordiale est le but suprême vers lequel chacun de nous doit tendre.

La Terre, — on ne le sait que trop, hélas ! — est un monde d'épreuves, où tout est l'inverse de ce qui devrait être normalement ; où le sceptre sacré de l'autorité est trop souvent porté par des mains indignes ; où la « Justice » est boiteuse ou infirme ; où le plus humain des commandements de Dieu : « Tu ne tueras point », est absolument méconnu ; où l'or — cette force vitale par excellence, — au lieu d'être réparti équitablement entre tous ceux qui le gagnent à la sueur de leur front, s'accumule honteusement et inutilement en des milieux spéciaux et louches ; où le luxe effréné n'est qu'un vain apparat qui souvent déguise la sanie des vices cachés ; où la morale est faussée ; où la crainte servile remplace le respect inhérent à la liberté ; où, enfin, sur la totalité des habitants du globe, il y en a à peine un dixième de bons sur neuf dixièmes de mauvais !...

Dans les Cieux, — que les « Esprits » nous dépeignent comme les demeures futures des âmes simples et droites, — l'axiome harmonique, base de l'universelle Loi, est, que *tout se conquiert* par LE MÉRITE.

« ... Ne perdez jamais de vue » — nous disent-ils — « le bonheur qui vous attend dans l'Au-delà. Que vos âmes ne s'attachent point à la terre après en avoir si vivement éprouvé les rancœurs et le néant ; entrevoyez intuitivement cette bienfaisante Lumière de la *vraie Vie* dont nos sincères communications vous entretiennent fréquemment. Songez souvent à ces sphères brillantes, *vos demeures futures*, où l'âme se reconnaît, se comprend et se retrouve en possession de tous ses pouvoirs spirituels ! »

— Comment douter encore devant d'aussi consolantes affirmations, surtout quand elles se produisent spontanément sur tous les points du globe, et qu'elles répondent si exactement aux plus secrètes et aux plus légitimes aspirations de notre être !

La pratique éclairée et prudente du spiritisme nous permet d'entrer en relations avec les êtres de l'Au-delà, et de recevoir d'eux, ou de salutaires conseils, ou des lumières sur les destinées futures de l'être après sa désincarnation ; elle n'est autre, en somme, que ce que l'Eglise appelle : *la Communion des Saints*.

— « Il y a plusieurs demeures dans la Maison de mon Père ! » — a dit Jésus. — Nous savons maintenant, grâce aux « communications » que les Esprits ont bien voulu nous transmettre, que ces demeures célestes sont au nombre de neuf, et que ces « neuf Cieux » sont les orbes des neuf planètes de notre système planétaire, dont le soleil est le centre et le vivifiant foyer.

Ces planètes sont, comme chacun le sait : *Neptune, Uranus, Saturne, Jupiter, les Astéroïdes, Mars, la Terre, Vénus et Mercure*, qui, vu de la Terre, semble se baigner dans les rayons du soleil.

Avant d'entrer en matière et de présenter aux lecteurs l'étincelante et radieuse pléiade des êtres purs qui, de l'*Ange* au *Séraphin* brûlant de zèle, monte splendidement jusqu'au Trône de l'Eternel, nous allons donner, d'après de très curieuses et très instructives communications dictées par des Esprits supérieurs, une topographie exacte du plan de l'erraticité aérienne et des neuf cieux ; ce qui, par analogie, nous fera comprendre la nécessité et l'existence réelle d'un autre plan d'erraticité placé *sous* la croûte terrestre, et des neuf *cercles* de punition de l'*In-ferno*.

D'après M. Franck (1), le Monde de l'action (que les Kabbalistes hébreux nomment : *Hashiah*) se divise en dix zones ou sphères de Lumière, qui répondent aux dix « Séphiroth », et se répartissent ainsi :

— La dixième, qui commence à la surface de la Terre et s'élève jusqu'à l'orbe de la Lune, se nomme : Cholum Yesodoth ; c'est la sphère des éléments matériels ; celle que, dans notre classification, nous nommons : « le plan de l'erraticité ».

— La neuvième se nomme : Lébanah.

C'est la sphère de *la Lune* (notre premier Ciel).

— La huitième, Cocab, est la sphère de *Mercure* (Deuxième Ciel).

— La septième, Nogah, sphère de *Vénus* (Troisième Ciel).

— La sixième, Schemesch, sphère *du Soleil* (Quatrième Ciel).

— La cinquième, Maadim, sphère de *Mars* (Cinquième Ciel).

— La quatrième, Tsédeq, sphère de *Jupiter* (2) (Sixième Ciel).

(1) La Kabbale.

(2) Pour une raison que j'ignore, l'ordre céleste kabbalistique ne tient pas compte ici des « Astéroïdes » qui, dit-on, sont les débris d'une planète disparue, dans l'antériorité des âges.

— La troisième, SHABBATHAÏ, Sphère de *Saturne* (Septième Ciel).

— La deuxième, MASLOTH, sphère du Zodiaque (Huitième Ciel).

La première, RASHITH-HAGALGALIM, sphère du *premier mobile*, correspondant au neuvième Ciel.

Telles sont les dix « Séphiroth » — ou émanations Divines — auxquelles nous consacrerons, plus loin, un chapitre spécial.

— « La forme sphérique » — disent les Esprits — « est le type de toute la création. »

L'Univers, dans toutes ses parties, affecte la même forme que dans son entier. — La partie étant l'image du tout, nous pouvons penser que de même qu'un tourbillon composé d'Etres gigantesques obéit à la loi de circonvolution autour d'un centre ; de même aussi, que chaque parcelle de ce tourbillon roule autour d'un centre moins considérable ; ainsi, la Terre doit être et *est certainement* l'image très amoindrie, — mais très fidèle, d'après son peu d'importance, — du Grand tourbillon, ou Univers dont elle fait partie intégrante ; et que, centre elle-même, elle possède aussi un « appendice » sphérique qui l'enveloppe de toute part, et dont les couches successives figurent les tuniques superposées du corps humain aussi bien que celles du fruit ou de la graine ; et enfin, *de l'œuf* lui-même, — genèse de tout être vivant — et autour duquel nous trouvons encore trois enveloppes : *la coque, la pellicule blanche*, filandreuse, *et l'eau.*

Les couches d'Esprits, ou *Cieux*, sont donc, par rapport à la terre, son enveloppe sidérale ; ce qu'est au soleil son atmosphère lumineuse double et sa coupole ; ce que le derme et l'épiderme sont au corps humain ; ce que sont au noyau, la pulpe et la pelure.

Les Cieux forment autour de la Terre une enveloppe concentrique, ils font partie d'elle-même. Leur nature est semispirituelle et, si l'analogie est exacte, ils doivent être — et sont en réalité — distincts, et nettement séparés l'un de l'autre. Mais, comme les fluides n'ont point l'absolu et le tranché de la nature solide, les cieux — dont la nature est fluidique — se trouvent être légèrement engrenés l'un dans l'autre.

La Nature fluide du premier Ciel est plus lourde et plus compacte que celle du deuxième ; celle-ci, plus dense que celle du troisième, et ainsi de suite. La même différence de densité existe également dans la Zone erratique et dans les Cercles inférieurs. Les fluides du premier Ciel, quoique plus épurés que ceux de l'étage inférieur (de la Zone mixte ou erratique), ont encore cependant, avec ceux-ci, une certaine similitude ; tandis qu'au-dessus, ils deviennent de plus en plus purs, et leur lumière de plus en plus intense (1).

(1) Nous extrayons d'un ouvrage médianimique peu connu, paru en 1882, — *Les Vies Mystérieuses* — *le fonds* de la substance des chapitres qui suivent ; non en prenant le mot à mot des très intéressantes « communications » qu'il comporte, — (sauf lorsque nous ne pouvons faire autrement) — mais bien en butinant parmi chacune d'elles, le miel qu'elles renferment ; en y adjoignant nos lumières intuitives (également médianimiques), et en apportant à chacun de nos chapitres un classement méthodique, un ordre d'ensemble, un esprit d'harmonie et de clarté que l'on chercherait en vain dans l'original.

(*Note de l'auteur.*)

LES TROIS ZONES ERRATIQUES SUPÉRIEURES

« Toute chose est semblable et diverse. dans l'Univers. »

PLATON.

L'espace intermédiaire entre la Terre et les premiers Cieux, est nommé par les Esprits, dans leurs communications, « le plan de l'erraticité ».

Cet espace est divisé en trois couches d'inégales hauteurs, et occupe, en son entier, la distance qui sépare notre planète de l'orbe de son satellite.

La première Zone s'élève dans notre atmosphère à environ soixante kilomètres (la hauteur approximative de la couche d'air respirable), elle est l'habitation des âmes désincarnées dont les fautes, durant leur existence terrestre, sans être assez graves pour les plonger dans l'erraticité souterraine, ne leur permettent cependant pas de s'élever plus haut, parce que leur périsprit est presque aussi lourd que l'air au sein duquel ils s'agitent.

Immédiatement au-dessus, se trouve une couche mixte où l'air, plus léger, serait déjà mortel à des humains. C'est là que sont, en pâtiment, les âmes neutres, grises, douteuses, qui n'ont fait ni le bien, ni le mal.

Plus haut encore, et dans un milieu plus éthéré, se trouve la troisième Zone de l'erraticité, qui est comme la salle d'attente des premiers Cieux, comme le parvis du Temple où se tiennent les passagers qui n'ont point leur place marquée dans la nef.

Cette Zone est de beaucoup plus vaste que la seconde ; et, comme la hauteur totale de la terre à la Lune est d'environ

96.157 lieues, on peut supposer que la Zone supérieure occupe au moins les trois quarts de cette distance.

La Zone erratique aérienne a son reflet sous l'écorce terrestre, et les cieux supérieurs sont aussi reflétés dans l'intérieur de notre planète, par des *cercles* concentriques, où les méchants et les malfaiteurs paient les dettes morales qu'ils ont contractées durant leur existence terrestre.

Ce sont ces deux plans de l'erraticité qui, avec le premier Ciel, alimentent d'âmes plus ou moins imparfaites le tourbillon fatal des naissances sur notre planète.

Quant aux êtres qui, sur la terre, se distinguent déjà du commun par la moralité de leurs actes, ils proviennent des premiers cieux, et ne se sont incarnés parmi nous que pour y remplir une mission sainte, pour servir d'instructeurs à leurs frères cadets.

La région basse de l'erraticité est habitée par des êtres conscients, mais d'une très faible valeur morale. Coupables de fautes qui ne sont point assez graves pour les tenir enfermés dans la Zone d'erraticité souterraine, ils sont constamment livrés à la merci des tempêtes aériennes et des continuelles agitations que vous représenterait un être ballotté sans trêve par les continuelles fluctuations de la mer. Il ne peut y avoir, dans cette catégorie d'Esprits, ni pensées, ni propos arrêtés de conversion ou de repentir : ils sont dans le désarroi, le trouble et l'ahurissement perpétuels !

Ce sont les « démons » de l'air dont parle l'Ecriture.

Ces êtres, frivoles, railleurs et grossiers, tourmentent, insultent et même *frappent* l'Esprit qui part de la vie terrestre, afin d'exciter sa colère, et de le pousser à quelques représailles toujours dangereuses en ce moment critique.

Au sortir de son enveloppe charnelle, l'Esprit traverse ces foules éhontées, ces cohues malsaines, avec dégoût et souvent aussi avec effroi ; car certains d'entre eux affectent de prendre des formes effrayantes pour épouvanter l'Esprit nouvellement désincarné.

Cette catégorie d'esprits errants appartient à des êtres qui, écoutant trop leurs instincts, ont tout sacrifié pour donner à leur corps la plus grande somme possible de bien-être et de jouissances ; à ceux qui ont vendu leur conscience ; qui ont fait trafic et métier de leur pouvoir, — soit argent, puissance, gloire ou beauté; qui ont opprimé, détourné, pressuré le prochain en vue de leur profit personnel.

C'est « l'enfer » aérien des jouisseurs égoïstes, ou plutôt ce que l'Eglise Catholique nomme : *le purgatoire*.

Ils sont, — comme l'on dit vulgairement : « *Sans feu ni lieu* ». Ce sont les vagabonds, les bohémiens nomades et malfaisants du monde spirite ; ils vont où les pousse un vague désir de changement, une sorte de nostalgie douloureuse et angoissante.

L'homme, poussé par la fiévreuse inquiétude de tomber dans les mains de la Justice, n'a pas, plus qu'eux, soif de toujours fuir, de toujours se cacher. Leur grand dénuement, des nécessités sans cesse renouvelées, leur font chercher partout des ressources qu'ils ne trouvent nulle part. Ils ont trop chaud ou trop froid (car pour eux les saisons continuent d'exister dans leurs rigueurs extrêmes).

Quand l'orage gronde, que la voix courroucée du tonnerre se fait entendre, il leur semble ouïr avec terreur la voix de leur conscience, et cette voix accusatrice les remplit de crainte et d'effroi. Quand la foudre les touche — ce qui arrive souvent — ils ressentent affreusement son choc terrible, sans avoir, — comme les terriens placés dans le même cas —, le soulagement momentané de la syncope, ou l'insensibilité totale du foudroiement mortel.

Où s'abritent ces malheureux ? — Que font-ils ? — Ils ne font rien, et c'est là leur punition ; ils n'espèrent rien, et c'est là leur enfer ! Habitants d'un monde inférieur et mauvais, ils rôdent, dans les lieux déserts, dans les cimetières abandonnés, et dans les édifices en ruines. Les légendes des « Ames en peine » sont leur histoire vraie.

On les peut soulager en priant pour eux, pour leur repos ; ou en les appelant pour leur faire partager la douceur d'un abri sympathique.

Ces âmes malheureuses n'aspirent qu'à se réincarner, car leur état errant est, en réalité, bien pénible !

Mais, il y a encore d'autres sortes « d'errants » : il en est de méchants et de nuisibles ; ceux-là ne doivent jamais, par prudence, être appelés ni attirés ; ce sont ceux que l'horreur de leurs crimes poursuit et déchire, et qui portent en eux l'effroi dont ils sont sans cesse harcelés. Ils ne peuvent point s'approcher des hommes, parce qu'ils sont cantonnés dans des lieux souterrains, et condamnés pour un temps à ne point jouir des bienfaits de la lumière du soleil.

Ce sont les hibous et les chauves-souris du monde de l'Au-delà.

La région moyenne de l'erraticité renferme des Esprits qui ne sont ni bons ni méchants. Ils sont aussi éloignés du premier Ciel que de la surface de la terre. Les groupes s'y touchent et s'ignorent. Certains se croient dans un désert. D'autres se sentent poussés par une foule compacte là où il ne se trouve personne. Quelques-uns se croient sans cesse en butte à un vent violent dont ils ne peuvent s'abriter, et qui semble dissiper comme une fumée leurs facultés intelligentes, ou faire s'évanouir, comme les souvenirs d'un rêve, leur pauvre mémoire imprécise.

D'autres se trouvent dans l'obscurité et le dénûment; ils implorent constamment une bienveillance illusoire qui les fuit sans cesse.

La plupart continuent la même vie qu'ils menaient sur terre, sans foi et sans souci de leur avenir. Une nouvelle mort les attend cependant à bref délai : c'est leur prochaine incarnation ; mais, loin d'étudier à quelle nouvelle existence ils se destinent, quel milieu pourra bien les recevoir, et quel genre de vie les attend, ils ferment les yeux pour ne rien voir et pour ne rien prévoir ; aussi, leur retour sur la terre s'effectue-t-il simplement en vertu des lois naturelles ; l'heure de leur nouvelle incarnation étant arrivée, ils se sentiront entraînés dans un corps de nouveau-né, de par l'affinité périspritale, sans que leur choix ait été préalablement consulté.

L'Esprit supérieur, qui dirige les incarnations, use, dans ces cas-là, de son plein pouvoir, et les oblige à renaître dans des milieux où les situations de la vie seront le plus profitables à leur avancement moral, de par les épreuves terrestres qu'ils auront à subir.

En somme, la région mixte est plutôt tranquille, mais d'une tranquillité angoissante, semblable au calme plat du navire à voiles qui ne sait quand s'élèvera la brise favorable qui lui permettra de continuer sa route. Elle est sans secousses, sans événements marquants ; c'est la Zone de la monotonie, de l'ennui morne et de la pauvreté sans secours... Ceux qui l'habitent, ayant été sur terre : des prodigues, des paresseux, des inutiles, des parasites, ils seront condamnés, dans leur prochaine incarnation, aux plus durs travaux manuels, au milieu d'une population misérable et ignorante.

*
**

La région supérieure est voisine du premier Ciel. Elle est beaucoup plus vaste, et aussi moins pénible que les deux autres, parce que la catégorie d'Esprits qui y aborde a déjà la notion d'un certain progrès ; les entités psychiques y sont actives et conscientes d'elles-mêmes ; elles se rendent compte de ce qu'elles voient ; elles embrassent les faits qui se passent au-dessus et au-dessous d'elles, et en saisissent la portée ; elles discernent les faits du monde matériel, mais peuvent déjà les rattacher aux faits analogues du monde idéal qui leur est immédiatement supérieur. A ce dernier étage de l'erraticité, on aspire déjà au premier Ciel, car l'on a la certitude de pouvoir bientôt y parvenir. L'attente de cette ascension — ardemment désirée — est, pour ces êtres, une souffrance morale semblable à celle que vous fait éprouver l'indécision, ou le retard d'une affaire capitale à vos intérêts ou à vos affections. Mais au moins, dans cette Zone, il n'y a que l'attente pure et simple dont on ait à souffrir, car on sait qu'aucune influence contraire ou désastreuse ne viendra, au moment de triompher, mettre un obstacle infranchissable entre l'espérance conçue et son heureuse réalisation.

C'est quand on pose le pied sur le seuil de ce plan, si voisin du premier Ciel, que l'on comprend déjà le dégoût profond, l'effroi glacial, le sentiment de pitié qu'inspire la triste incarnation terrestre; à plus forte raison, lorsque l'Esprit a séjourné dans les premiers degrés des Cieux supérieurs!

Mais ce plan est encore, quoique supérieur, relativement aux autres, celui de l'erraticité c'est-à-dire, de l'absence de *demeure fixe*. Dans les Cieux seulement, l'on réside d'une manière stable et, en quelque sorte, définitive.

Lorsque, pour s'incarner, l'Esprit s'est inspiré des avis et des conseils des Esprits plus élevés que lui; lorsqu'il a calculé ses forces, apprécié les difficultés et les circonstances bonnes et mauvaises de sa prochaine incarnation, il s'y rend, entouré des sympathies et des encouragements qui accueillent toujours un acte méritoire.

L'erraticité supérieure possède des groupes d'Esprits dont les occupations variées rappellent celles de la Terre; elles en ont la vaine agitation, la pompe frivole, et les difficultés inutiles.

Dans les Cieux, au contraire, la vie y est pleine, active et souverainement calme. Tout y est utile, prévu, calculé pour le mieux, et, cependant, une large part est laissée à la fantaisie de chacun. Les yeux, les oreilles, l'esprit, n'y trouvent jamais la monotonie, mais bien la variété, le plaisir et la tendance à l'idéal.

Tandis que sur Terre, l'ennui envahit souvent les habitués aux fêtes les plus dispendieuses; que les costumes, les allures et la morne conversation des invités sont partout les mêmes; que l'on ne peut sortir du protocole, du convenu, de l'uniformité des uniformes et des insignes insignifiants; qu'il n'y a plus rien de neuf ni d'original dans les idées ; que l'on s'évertue, — véritable troupeau de Panurge — à se singer mutuellement, chacun, parmi nous, est *soi* ; la variété des caractères y développe l'harmonie qui utilise tous les accords. Cette harmonie arrivera sur la terre par la loi des correspondances, quand l'humanité d'aujourd'hui aura compris que tout, sur la planète, n'est pas pour le mieux dans le meilleur des mondes ; que l'intelligence de l'homme doit être avant tout *créatrice*, et non destructrice ; et que les efforts des savants, en vue de faire avancer exclusivement le progrès matériel, ne sont que de vaines tentatives, si le progrès moral ne vient pas, à son tour, rétablir l'équilibre et lui opposer une juste compensation.

LE PREMIER CIEL

> « Plus un monde est nouveau, plus il est imparfait. »
>
> GALILÉE.

Plus haut que l'erraticité supérieure, quand le premier Ciel a été enfin abordé, l'état général de l'Esprit est alors tout différent. Outre qu'il n'aura plus à expier sur la terre que de faibles arriérés, il y revient encore, mais ce n'est que pour un motif volontaire et personnel, et non plus en obéissant fatalement à l'inexorable loi des courants qui ramène toujours l'âme vers l'incarnation matérielle d'autant plus rapidement qu'elle se trouve plus proche de l'attraction terrestre.

Il existe — vous le savez — un mouvement d'évolution spirite analogue à la loi d'attraction matérielle, et qui renvoie l'Esprit, par intervalles égaux, vers l'incarnation fatale. C'est l'action de cette loi, qui forme les « courants d'Esprits » (c'est-à-dire les incarnations périodiques d'âmes, ayant le même niveau spirituel et, conséquemment, les mêmes tendances), qui viennent, à un temps donné, s'incarner dans un même milieu, dans une même nation.

Pour les Cieux supérieurs (de même que dans les terribles cercles expiatoires de « l'In-ferno »), l'attraction terrestre ayant moins de pouvoir que sur les Zones mixtes, — plus rapprochées — les incarnations y sont aussi plus rares, les existences ultra-terrestres beaucoup plus longues, parce que les unes comme les autres sont plus éloignées du mouvement attractif qui circule autour de la Terre ; et aussi, parce que ces deux catégories d'Esprits sont, pour des raisons opposées, désireuses d'éviter l'incarnation : les premières, parce que la vie des Cieux leur procure un bonheur et une plénitude de facultés qu'elles redoutent de perdre ; les autres, à cause des épreuves douloureuses que l'existence terrestre leur réserve, en raison de leurs fautes antérieures.

*
**

— « A mon arrivée au premier Ciel » — dicte un Esprit — « j'attendais, plein de joie, le moment heureux de retrouver l'âme-sœur, suave complément de moi-même, et sans le retour de laquelle j'eusse toujours éprouvé un vide affreux et une angoisse mystérieuse, même au milieu des bonheurs de la vie spirituelle. »

Aucune félicité ne peut satisfaire l'Esprit tant qu'il n'est pas complété par *le mariage* ;(à moins qu'il ne soit une de ces exceptions nécessaires à toute série, comme *point de transition*) ; car Dieu a formé l'Esprit de deux essences réunies en un seul être, dont la désunion est véritablement la cause de tout malheur et de toutes souffrances. De leur réunion, résultent la satisfaction et le bonheur que goûte tout être qui vit en conformité avec la destinée que la Providence lui a primitivement assignée.

— « Je restai peu de temps au premier Ciel ; cette station, déjà si enviable pourtant, ne fut pour moi que transitoire, et, *au deuxième* Ciel, je retrouvai enfin cette âme, sœur de mon âme, mon miroir fidèle, ma réflexion spirituelle, mon tout indispensable, et à laquelle je suis aussi nécessaire qu'*Elle* me l'est à moi-même.

Nous sommes maintenant unis par la sympathie, par la volonté, par le devoir, par l'ensemble vibrant et harmonique de toutes nos facultés intellectuelles et morales, qui se sont alors complétées l'une par l'autre.

Nous avons formé une famille, et nous guidons amoureusement deux jeunes Esprits — nos enfants d'adoption — vers la science et vers la Lumière. »

*
**

En raison de sa proximité relative de la Terre, le premier Ciel est pl[illegible] sujet à des variations de climat que les Cieux supérieurs ; mais les Esprits de cette région y sont revêtus d'un corps dont l'essence fluidique les rend peu sensibles au froid et à la chaleur.

— « Le soleil » — dit l'Esprit — « nous donne sa lumière comme à vous, mais avec des teintes lumineuses inconnues de la terre, et qui donnent à nos horizons des aspects bien différents des vôtres. »

Le premier Ciel, d'après la description exacte qu'en donnent les Esprits par leurs communications spirites, serait, à peu de choses près, le décalque de la Terre ; mais seulement au point de vue naturel, et en supposant que ce qui est *matériel* ici-bas est, là-haut, *fluidique*. Quant à la manière dont se comportent les habitants de cette région, elle est supérieure à la nôtre, — au point de vue intellectuel et moral — en raison de la différence de pureté qui existe entre la matière solide et les fluides épurés de cette Zone supérieure.

Un Médium américain, M. Henry Lacroix, a relaté, dans un livre plein d'humour que nous recommandons à nos lecteurs (1), les mœurs et les coutumes des habitants du premier Ciel.

— « Nous avons » — dit un Esprit de cette région — « de par la Lumière, la faculté de nous transporter rapidement, et sans fatigue aucune, d'un point à un autre ; nous franchissons d'énormes distances avec la facilité de l'oiseau qui fend les airs.

« Nos occupations ressemblent aux vôtres, nous construisons des ponts, des acqueducs, des phares, des ballons facilement dirigeables ; comme vous, nous avons des vaisseaux de

(1) *Mes expériences avec les esprits.* — Librairie des Sciences psychologiques.

tous tonnages et de toutes dimensions qui sillonnent gracieusement nos fleuves et nos mers.

« Dans les Cieux supérieurs, l'Esprit y est plus puissant encore, parce que sa lumière est plus intense. La supériorité d'un Esprit se reconnaît de suite à son intensité lumineuse. La lumière est chez nous la manifestation de la moralité, de l'intellectualité et des pouvoirs ; c'est par ELLE que nous traduisons nos pensées et nos actes ; elle qui nourrit nos sympathies, attise nos études, et substante notre corps fluidique ; c'est par elle que nous vivons, que nous nous mouvons et que nous sommes.

« Les mathématiques pures, ou science harmonique des nombres, sont, au point de vue intellectuel, le point le plus élevé auquel nous puissions atteindre.

Si Dieu nous parlait, son Verbe Divin s'exprimerait par le nombre.

Le nombre nous révèle l'équation de nos destinées futures par la somme des mérites de nos existences antérieures, dont le point de transition se transforme dans l'impression et la jouissance du temps présent.

Nous savons, intuitivement, quelle sera la durée de notre stage ; l'heure de notre future incarnation, de même que celle de notre ascension sur le deuxième Ciel. Sans passer par la mort, nous pénétrerons un jour dans ces demeures bénies, plus lumineuses, plus heureuses que celle où nous sommes présentement. Nous connaîtrons, — non une autre morale, — mais d'autres devoirs, d'autres vertus et une manière plus noble d'exercer ces mêmes vertus ; nous aurons des pensées plus hautes pour inspirer cette morale à nos frères inférieurs ; nos devoirs, quoique semblables, seront différents par leur but, et aussi par le progrès qu'ils nous feront sûrement acquérir.

Heureux donc celui qui peut traverser, sans s'y arrêter, les trois régions inférieures de l'erraticité pour arriver aux Cieux, où les degrés et les rangs des Elus n'ont plus à lutter contre les attractions du mal, et où la répercussion des actes humains ne se fait plus sentir. Ici, le bonheur de chacun est mesuré d'après son mérite personnel, car la justice y règne en souveraine, et tous, nous vivons relativement heureux dans cette égalité qui ne demande ni ne redoute de supérieurs, mais qui sait reconnaître et admirer les plus méritants.

Déjà, sur le premier Ciel, règne une harmonie relative qui suffit à nous reposer, à nous consoler, et nous fait entrevoir la possibilité de parvenir bientôt à la jouissance pleine et entière de l'harmonie absolue.

Un Etre attire toujours invinciblement à lui les attributs auxquels il a droit, selon ses mérites personnels. Voilà l'axiome harmonique.

Sur Terre, c'est souvent le contraire qui arrive à l'Esprit avancé, il y subit son destin en souffrant ; et ce sont ceux qui l'entourent qui bénéficient de cette loi.

Cependant, est-ce en vain que tel homme cherche par la pensée et la méditation à se rapprocher du grand Inconnu ? Non, sans doute ! Car celui qui cherche avec un cœur droit, trouvera ce qu'il a cherché. Celui qui travaille et qui pleure, aura le repos et la joie. Celui qui aura été humilié et mal vêtu, sera honoré et couvert de vêtements splendides. Ainsi, votre richesse future germe en vous comme le grain fécond germe dans le sillon pour la moisson prochaine.

La nature, dans les Cieux, est riche, élégante, variée. Elle est aussi perfectionnée et splendide qu'elle est élevée en dignités au-dessus de la nature matérielle de la Terre.

Nous avons ce que vous possédez, mais nous l'avons en mieux ; les Cieux supérieurs le possèdent aussi, mais d'une manière plus complète et plus parfaite encore.

Ce que vous faites sur la Terre, nous le faisons également, mais avec plus de facilité, plus de plaisir, et avec une joie intime que vous ne connaissez point. Nous pensons, nous écrivons, nous travaillons.

On trouve chez nous des monuments, des édifices, des tables de famille et des tables publiques. Nos repas, où règne une sage liberté, sont d'une magnificence inconnue, même aux souverains de la Terre. Une foule énorme et paisible circule et se succède dans des galeries somptueuses où le bien-être et le beau sont harmoniquement réunis.

Chaque couple d'Esprits est accompagné de ses enfants qui ne les quittent jamais. Somptueusement traités, ils jouent ensemble dans les splendides jardins qui servent de débouchés aux galeries immenses où se donnent nos festins. Les éléments de ces festins — nos *aliments* fluidiques — sont composés exclusivement de végétaux, légumes et fruits, dont nous fabriquons, tout comme vous, des liqueurs rafraîchissantes, et de délicieux sorbets.

Certains de nos mets proviennent d'aromes que manipulent et préparent, pour notre usage, des Esprits moins avancés qui ont choisi ce genre d'occupation inférieure.

— Il y a donc, dans l'espace, une vie beaucoup plus active que sur la Terre. Il y a des êtres vivants, pensants et agissants ; une faune, une flore qui dépasse en splendeurs et en variété tout ce que vous pouvez imaginer. Il y a des forêts, des fleuves, des mers, des animaux, des palais splendides, des réunions joyeuses, des festins royaux. Tout cela est analogue, mais *non semblable* à ce que vous connaissez. L'air y est plus pur; les fleurs, plus belles et plus embaumées ; les arbres donnent des fruits plus odorants et plus savoureux ; les eaux y sont plus transparentes ; la vie, en général, plus harmonique et plus pure. Il est des parfums qui s'élèvent en colonnes lumineuses, et dont les ondulations *sonores* forment d'enivrantes harmonies.

Sur Terre, vous avez le bruit du vent qui mugit en tourbillonnant, ou siffle d'une manière plaintive ; ici, l'agitation de l'air produit des notes douces, des mélodies berceuses qui correspondent *à des senteurs* analogues et nous donnent, en même temps, l'impression très nette de *leurs nuances* adéquates.

Ces sources variées de jouissances — isolées, sur la Terre, et bornées chacune à une étroite délimitation — se combinent chez nous de manière à tripler une jouissance unique. Ajoutez à cela le bonheur de combiner, de perfectionner ces sources de plaisir et d'idéal, d'en former à son gré des faisceaux variés suivant des méthodes connues, et vous comprendrez le ravissement intime dont est transporté celui qui aime à contempler ces merveilles de la Création !

3

LES AUTRES CIEUX

« Ce qui est de la Terre retourne à la Terre. Ce qui est du Ciel retourne au Ciel. »

Au deuxième Ciel, l'Esprit possède la nature ambiante en harmonie avec les fluides épurés de cette Zone, déjà relativement supérieure. Il commande à la nature fluidique, et celle-ci obéit à sa volonté et à son intelligence puissante.

Plus on monte, plus l'Esprit est rapide et indépendant.

— « Si nos demeures » — dit un Esprit — « ne changent pas encore de place à notre volonté, nous pouvons déjà les édifier promptement et les transformer selon nos goûts ou nos besoins du moment, avec une facilité surprenante. Les fluides, sous l'impression de notre volonté, épousent instantanément les formes et les apparences les plus diverses. »

Une fleur, créée par notre pensée, se réalise fluidiquement, et son parfum suave nous peut servir de moyen de communication sympathique, non seulement avec les Esprits du premier Ciel, mais encore avec les Ames terrestres, prêtes à se dégager de leurs liens charnels et dont le degré de pureté correspond avec nous.

Ici, l'Esprit ne possède encore ni la lucidité ni la puissance d'intelligence et de volonté qu'il aura sur les Cieux supérieurs ; il a encore besoin *de leviers fluidiques* pour suppléer aux forces de son vouloir, mais déjà la nature nous est soumise, et les choses inertes semblent en avoir conscience.

Les arbres de nos Jardins splendides semblent heureux de nous abriter des rayons solaires sous leurs douces lianes amoureusement entrelacées.

A chaque renouvellement de saison, ils nous donnent, sans culture, des fruits exquis dont nous pouvons à volonté changer le goût et l'arôme par des soins sommaires ; comme s'ils étaient doués d'intelligence, ils arrivent à notre appel, les branches chargées se baissent d'elles-mêmes pour nous les offrir.

Durant la vie terrestre, chacune de vos bonnes pensées, chacun de vos actes méritoires constitue pour vous un trésor fluidique que vous retrouverez en arrivant parmi nous ; non seulement comme lumières morales, mais aussi comme éléments fluidiques supérieurs, lesquels vous seront soumis, et que vous dirigerez à votre gré.

En arrivant sur le premier, le second ou le troisième Ciel, vous constaterez avec une joie intense que tout ce que vous avez enduré patiemment, durant votre existence d'épreuves, constitue *un véritable trésor* que personne ici ne vous discutera ; vos actions, vos volontés, vos efforts, vos intentions louables, vos souffrances de toutes natures, vos aspirations nobles et vos prières charitables, auront été amassées jalousement, disposées avec art, édifiées harmoniquement et, d'après leur intensité, leur structure aromale et leur pureté, auront préparé pour vous *une demeure*, *des vêtements*, *des relations d'amis*, *des titres honorifiques et une puissance* relative pour commander à l'ambiance spéciale du milieu qui vous attend.

Par quels moyens ces fluides spéciaux sont-ils envoyés, dirigés, reçus et groupés à leur arrivée ; comment trouvent-ils d'eux-mêmes *le niveau* qui leur est propre ? Voici :

L'Esprit humain qui les émane, leur prépare inconsciemment la direction voulue, et cela, de par le courant habituel de ses pensées. Semblables à une légère vapeur, ils flottent, portés *par l'intention* qui a accompagné leur genèse et ils se placent d'eux-mêmes à leur niveau, comme le font des liquides de densités différentes renfermés en un vase unique.

*
**

D'après ce qui précède, le lecteur peut se faire une idée approximative du bonheur que goûtent les Esprits arrivés au troisième ou au quatrième Ciel, mais l'ensemble des faits qui s'y passent, la nature des êtres et des choses qui s'y trouvent est tellement différente de ce que nos yeux mortels ont coutume de voir, nos oreilles d'ouïr, et notre imagination de se représenter, que les Esprits de ces régions heureuses, dans leur judicieuse sagesse, craignent de nous donner de plus amples détails de peur que notre intellect rudimentaire ne puisse les saisir, et que notre raison vacillante ne s'affole de ces splendeurs incompréhensibles pour nous !

Les adeptes et les saints, qui ont été ravis en extase jusque dans ces Zones paradisiaques, ne trouvent, à leur retour sur la terre, aucun mot capable de pouvoir dignement formuler ces merveilles Célestes qui nous attendent, et que nous contemplerons un jour.

— « Comprenez » — disent ces Etres purs — « quelle perpétuelle joie, quelle perpétuelle fête vous attend dans ces régions bénies où s'épanouiront vos facultés pensantes, affectives, sensitives ! Où vous jouirez comme Nous des miracles de la Création incessante : où vous serez plongés dans des Océans de bonheur où tout chante, adore, illumine et embaume ; où l'air même est heureux ; où les couleurs ont des parfums et les parfums des sonorités harmoniques ; où l'Etre léger, lumineux, rapide, est instantanément où sa volonté le porte, visible ou invisible selon qu'il le veut ; où il peut à son gré prendre toutes les formes suivant ses projets et son vouloir ; et cela, sans retards, sans peine, sans efforts. Il veut, et *son vouloir* CRÉE ! »

Avec une semblable perspective, vos cœurs doivent être forts, et de par votre confiance en nous, ils doivent être consolés !. . . . .

*
* *

L'on peut ainsi formuler, en les récapitulant, les diverses conditions de la hiérarchie Céleste.

— Le premier Ciel renferme les Esprits de moyenne catégorie : le bonheur y est encore plutôt négatif ; les occupations rappellent celles de la terre ; on y vit sans béatitude comme sans souffrances, et le souvenir encore vivace et attractif des biens terrestres aura tôt ou tard comme conséquence fatale l'incarnation.

— Au deuxième Ciel, on est amoureux du beau idéal et désireux du progrès. Les Esprits y sont bons, aimants et dévoués. Désabusés des erreurs, apôtres du bien, toujours prêts au sacrifice, ils s'incarnent souvent encore pour remplir une mission qui hâtera leur avancement.

— Les Esprits du troisième Ciel ont déjà plus d'ardeur. Les Etres qui l'habitent y sont plus savants, plus nobles, plus élevés, plus enthousiastes. Leur précédente existence a été dure, éprouvée, difficile ; ils ont bu sans rancœur la lie de leur calice d'amertume, car ils savent que jamais plus ils ne se réincarneront *fatalement*. Quand l'un de ces Esprits, déjà supérieur, revient sur la terre, c'est alors pour y remplir une grande mission, soit morale, soit législative, à l'instar des Messies.

Les joies de cette Zone Céleste consistent surtout en unions fréquentes avec la Pensée Divine, qui leur procure de sublimes et longues extases.

Ce Ciel ne renferme que des heureux ; les occupations y sont presque toutes d'un Ordre très relevé et spirituel ; les habitations — que chacun construit à son gré — y sont purement fluidiques. L'Esprit les crée par la pensée, car il a déjà de puissantes notions de la science universelle qui est la science Divine ; ses pouvoirs — comparativement à ceux du deuxième Ciel — se sont décuplés, il possède déjà l'Arcane incommunicable dont l'énoncé seul procure la sagesse et la puissance.

— Au quatrième Ciel, tout souvenir de l'humanité s'est définitivement effacé. Les Esprits supérieurs qui l'habitent n'ont plus aucune attache terrestre et ne reviennent jamais sur Terre, à moins d'un Ordre exprès émané d'En-haut.

Déjà, ils vivent en communion intime avec l'Ame centrale, et aspirent à l'aider dans sa tâche sublime ; ils y participent comme, sur la terre, un secrétaire particulier avec les pensées intimes et les travaux du Maître.

Ils ont déjà le titre de *sous-dieux*.

Comme vous le voyez, la dignité et la puissance inhérente au mérite s'accroissent de Ciel en Ciel ; le plan supérieur *réagit* sur l'inférieur et celui-ci *aspire* à celui qui est au-dessus.

— Au septième Ciel, règne la perfection absolue ; s'il était possible de comparer les fonctions suprêmes des Etres parfaits qui l'habitent, aux fonctions terrestres d'un Gouvernement idéal, nous dirions alors que les Bienheureux de cette Zone paradisiaque sont, jusqu'à un certain point, comparables à celles des Chefs de division, ou de Cabinet de souverains qui n'auraient plus qu'un pas à faire pour être admis au suprême Conseil comme auditeurs et suppléants.

Il ne nous est pas possible de vous parler de ce qui se passe dans les huitième et neuvième Cieux : à vouloir fixer le soleil, on risquerait de perdre la vue ; à contempler ces splendeurs, l'homme y perdrait sa raison. Toute Puissance est Force ; et toute Force peut être mortelle à qui n'est pas placé dans les conditions voulues pour en supporter le redoutable choc !

LA ZONE ERRATIQUE TÉNÉBREUSE

ET LES

NEUF CERCLES D'EXPIATION DE L'IN-FERNO

> « Le grand pécheur est plus près de la perfection que le tiède et l'hypocrite. »
>
> ARISTOTE.

Il nous faut maintenant quitter à regret les lumineux domaines des Cieux Ethérés, et — comme le Dante — avoir le triste courage de descendre dans les cercles expiatoires.

« La Terre recèle, au-dessous de sa croûte terrestre (qui est à son volume total ce qu'est la pellicule d'un fruit par rapport à son noyau), une série de couches d'Esprits dont l'infériorité et la méchanceté vont en augmentant à mesure qu'elles s'enfoncent vers le centre.

Le centre de notre planète est occupé par *l'âme centrale* ; il est isolé de cette tourbe malfaisante par une couronne de feu qui entoure ce noyau d'une barrière protectrice et infranchissable.

A partir de cette couronne ignée, et en remontant vers la croûte terrestre, se trouvent les neuf Cercles expiatoires, suivis de la Zone erratique ténébreuse aux trois plans analogues, — mais inversés — à la Zone d'erraticité atmosphérique.

Les périsprits lourds, opaques, des êtres qui expient dans ces cercles, sont tellement matériels, qu'ils permettent à ces êtres déchus de ressentir la douleur avec beaucoup plus d'intense acuité que ne les peuvent ressentir vos corps charnels au milieu des tortures les plus atroces. Dans les cercles de l'In-ferno, la « syncope » ou l'évanouissement qui, sur terre, vient enlever momentanément au corps physique sa sensibilité, n'existe plus ; les fluides qui constituent ces périsprits ultra-matériels ont en eux une force vitale d'autant plus intense qu'ils ont accaparé égoïstement, à leur profit, l'intrinsèque vitalité des facultés intellectuelles et morales, absentes dans ces tristes et sombres séjours ; mais ici, ce n'est point aux fluides proprement dits que la douleur emprunte ses armes.

De même que, dans l'état miséreux, il est impossible d'amasser la moindre épargne, de même aussi, l'âme humaine placée dans les Zones erratiques, se trouve dans l'impossibilité de mériter pour elle-même. C'est ce qui a fait dire à l'Eglise : « Les damnés ne peuvent rien pour leur salut. » Mais l'Eglise se trompe étrangement lorsqu'elle affirme *la perpétuité* des peines ; ceci est une idée purement humaine, ce sont vos lois imparfaites et votre justice boiteuse et souvent inique qui ont inventé les bagnes perpétuels. — « A tout péché, miséricorde » — disent les Saintes Ecritures ; le mal, sur terre, se passant dans le domaine du fini, ne peut, logiquement, encourir une peine *sans fin*, ce serait un non-sens, une monstruosité digne de la vengeance d'un dieu haineux et jaloux. *Dieu ne punit pas : c'est le mal qui se punit soi-même.*

— L'Enfer n'est éternel que pour ceux qui s'y plaisent !

Le mot : LOI, est synonyme de : Justice intègre, et cette dernière, implique nécessairement *la peine du talion*, qui est la justice absolue.

— « Celui qui se servira de l'épée, périra par l'Epée » — a dit Jésus.

Le mal, étant contagion, ne peut engendrer que le mal. Depuis quand a-t-on vu qu'un criminel, sortant d'un bagne où il a purgé sa peine, soit plus moral qu'en y entrant ? Ce n'est pas sous le knout brutal du garde-chiourme que les bons sentiments du coupable peuvent se faire jour ; l'homme le meilleur devient nerveux quand la douleur l'étreint. C'est donc une fois sa peine subie, quand l'âme endolorie se retrouve enfin dans un milieu plus clément, quand toute souffrance a cessé, quand de charitables Esprits l'entourent et la consolent, que seulement elle se prend à espérer des jours meilleurs et que, purifiée par ses souffrances, elle prend enfin la résolution de se comporter à l'avenir selon la loi.

Non certes, les damnés ne peuvent rien pour eux ; la prière, la soumission, le repentir ne peuvent se faire jour dans ces cercles profonds. C'est le sombre séjour des cris, des malédictions et des blasphèmes. Les malheureuses âmes, torturées par leurs crimes eux-mêmes, sifflent, hurlent, glapissent ou rugissent comme des bêtes fauves aux abois. Leur unique occupation consiste à souffrir sans relâche et aussi à se faire souffrir mutuellement. La souffrance est leur état d'âme, leur condition d'existence.

O misérable et cent fois misérable condition ! Il n'en est pas sur terre, — fût-elle la plus désolée et la plus affreuse de toutes, qui ne lui soit de beaucoup préférable.

Des Esprits supérieurs descendent parfois dans ces Zones désolées, pour apporter un peu d'adoucissement et d'espoir à ces malheureuses âmes torturées ; l'antiquité a conservé les noms d'*Hercule* et d'*Orphée* et, sous le voile de l'allégorie, a mentionné la généreuse tentative de ces Génies dévoués, pour pénétrer dans les Cercles de l'In-Ferno, et arracher au désespoir les malheureux qui y gémissent. Orphée — dit-on — put franchir les trois premiers cercles, mais la vue des maux qui y existent le navra tellement, qu'il en mourut de douleur !

Il faut une puissance morale et une autorité spirituelle énormes, pour pouvoir impunément pénétrer dans ces milieux redoutables. Si, déjà, pour descendre sur la Terre, un Esprit élevé éprouve une vive répugnance, combien plus encore pour descendre dans ces antres du mal !

Jésus, seul, y parvint. — Quelle plume pourrait dépeindre la venue radieuse de ce Soleil brillant d'une blancheur éblouissante, au milieu des épaisses ténèbres de ces lieux d'horreur ? Qui dira quels soulagements, quelles consolations y apporta cette Divine Lumière ? Les âmes les moins punies, parce que les moins coupables, se reprirent alors à espérer, et bon nombre d'entre elles se repentirent. Mais la Puissance même *du Divin Crucifié* ne pouvait faire cesser les angoisses et les tortures des âmes emprisonnées dans les cercles inférieurs (1).

(1) L'Enfer des catholiques.

L'œuvre de Jésus fut de ramener dans la Zone d'erraticité souterraine, celles qui avaient cru et espéré en Lui, et de les placer ainsi plus près de l'incarnation terrestre, c'est-à-dire du rachat et de l'expiation par la douleur méritoire.

*
**

Les éléments qui constituent la souffrance des coupables, sont gradués, sous l'écorce terrestre, dans le sens de l'équateur et concentriquement à la terre.

Vous pouvez en représenter la figure en découpant en rondelles une orange par le milieu : vous obtiendrez ainsi la représentation exacte des *cercles*.

Maintenant, quant aux souffrances *physiques* endurées par les êtres coupables, si vous vous demandez comment les divers éléments, dans le sein de la Terre, peuvent occasionner des causes de souffrances si diverses, des tourments si opposés les uns aux autres, nous vous répondrons : de même que l'on voit des sources d'eau bouillante affluer à la suface du sol, il existe aussi des sources d'eaux glacées sous la croûte terrestre ; des courants d'air violents pénètrent à une grande profondeur, entraînés par les énormes chutes d'eau des cataractes souterraines, et formés par la circulation continuelle de formidables courants électriques ; l'incessante combustion de masses énormes de matières végétales et minérales, qui existent à de grandes profondeurs. — et dont les volcans sont les « soupapes de sûreté » — ne se produisent point sans que ces gigantesques et formidables « souffleries » viennent, de par leur oxigène, alimenter et activer ces fournaises immenses : c'est ainsi que l'air, violemment attiré, est d'autant plus glacial qu'il est rapide en ses vertigineux tourbillons souterrains.

Les *eaux noires et boueuses* dont parlent vos allégories mythologiques, ne sont point fictives : elles sont la conséquence naturelle de la combustion des métaux, et d'autres substances minérales qui entrent en fusion ; leurs centres ou leurs débris encombrent les courants d'eau et forment, naturellement, des lits boueux et même de véritables lacs de vase noire, où s'agite, désespérément, et sans pouvoir reprendre pied, toute une légion d'êtres misérables, crispés, hideux, presque toujours submergés, et souffrant constamment — sans mourir — les terribles angoisses d'une interminable agonie!. . . . . .

La différence qui existe entre les Cercles inférieurs et les Zones de l'erraticité, peut être judicieusement comparée au criminel que l'on envoie au bagne, qu'on enchaîne, et que l'on traîne à son rude labeur sans le consulter ni même l'écouter. L'oreille de ses terribles et farouches gardiens ne lui sera ouverte qu'à l'expiration de sa peine; jusque-là, il est purement passif, et réduit au rôle d'un automate ; ce n'est plus un homme ; c'est même moins qu'une chose : un simple numéro.

L'Esprit de l'erraticité, est comme un homme placé sous la surveillance de la haute police, et qui doit justifier de son temps et de ses actes au moindre appel, sous peine d'être incarcéré.

Après le temps voulu pour l'expiation de ses fautes, une loi, identique à celle de la mort, contraint l'esprit mauvais à se réincarner. Son choix n'est point consulté; il est appelé et envoyé sur terre dans un milieu adéquat à son état psychique, où son existence nouvelle lui fournira des occasions de lutter contre les tendances mauvaises qui sont en lui.

Le bien doit finalement l'emporter sur le mal, c'est la loi. Si l'être appelé à la lutte ou à l'épreuve recommence ses déprédations antérieures, s'il ne s'amende point, après sa mort il sera de nouveau puni, et descendra encore plus bas dans les Cercles inférieurs. Son départ de la terre aura pour conséquence la chute irrémédiable en rapport exact avec ses infractions commises.

Partout et toujours l'âme, de par son libre arbitre, crée ses destinées futures — bonnes ou mauvaises.

L'être méchant, après la séparation corporelle (souvent très longue et très pénible, parce que son périsprit lourd reste au même niveau, et quelquefois même *attaché* à son cadavre !), loin de sentir sa position s'améliorer, se trouve plongé dans ces bagnes du désespoir, dans ces lieux épouvantables de larmes et de rage, où la pitié n'existe point. Loin d'y compatir aux maux de chacun, on s'y déchire, on s'y mord, on s'y entre-tue ; l'acharnement réciproque de la colère rageuse et de la haine y est tel qu'il accroît encore les tourments affreux qu'on y endure : le feu, la glace, la bise aiguë soufflant sans cesse sur les corps trempés d'eau et nus ; la faim la plus cruelle toujours renaissante ; les ardeurs torrides d'un feu implacable, d'une chaleur suffocante et sans abri possible ; le manque d'air ; l'indicible difficulté de respirer : tels sont à peu près, et sommairement décrits, les affres des Cercles les plus inférieurs.

Les terribles angoisses, les tourments sans nom, endurés par les âmes criminelles et perverses, dans les neuvième et huitième Cercles, sont absolument inénarrables et, en vertu de leur horreur même, il est prudent de les tenir sous silence.

— *Dans le septième Cercle* règne, au milieu d'un silence morne et profond, un froid vif et piquant qui n'a ni adoucissements, ni répit. C'est le Cercle des glaces éternelles, où les êtres de cette région, figés par le froid, endurent constamment la cruelle sensation d'une chair fendillée par la gelée, et meurtrie au vif par l'âpre morsure d'un vent aigu et glacial.

— *Le sixième Cercle* est celui des affamés. Ces malheureux hurlent constamment sous l'empire d'une faim et d'une soif dévorantes qu'ils ne peuvent jamais satisfaire. Les aliments qu'ils saisissent avec avidité ne sont qu'illusoires, et toujours cette nouvelle déception s'ajoute à leur supplice.

— *Le cinquième Cercle* est celui du feu. Des langues de

flamme et des flots de lave incandescente rongent et calcinent ces malheureux. Ils brûlent, ils brûlent toujours ! Cela ne les empêche pas de se maudire et de se pousser les uns les autres vers les endroits les plus dangereux.

L'Echo sinistre du rire farouche des damnés est parvenu jusqu'à vous, — incarnés de la Terre ! — c'est lorsque vous entendez rire du malheur d'autrui, ou que la criminelle médisance s'étend complaisamment sur les scandales ou les désastres qu'elle a causés !

— « On vous jugera comme vous aurez jugé vos frères », — a dit Jésus.

— *Le quatrième Cercle* est celui de l'obscurité, des bruits effrayants et des rumeurs terrifiantes. La peur et l'épouvante habitent cette région maudite.

Là, sont des êtres revêtus de formes étranges, difformes et hideuses. Les vices y ont pris des corps analogiques et des allures immondes en rapport avec leurs habitudes viles et leurs basses convoitises. Ces êtres abjects sont les uns pour les autres des sujets d'horreur et d'effroi. L'obscurité y est épaisse, compacte, visqueuse et puante ; elle enveloppe comme le ferait un vêtement sordide trempé dans l'eau sale et infecte. L'épouvantement, qui renaît sans cesse, précipite ces malheureuses âmes affolées les unes sur les autres, en une indescriptible mêlée, en un désordonné grouillement d'êtres hideux et grimaçants, qui crient, se convulsent, fuient éperdument ou se poursuivent dans une horreur sépulcrale !

Voilà où conduisent les vices impunis des soi-disant « heureux de la Terre » ; dans cet égout immonde et terrifiant.

— *Au troisième Cercle*, se trouvent les êtres dont l'attente et l'espoir, toujours renaissants, sont toujours déçus ; leurs occupations vaines, inutiles, fatigantes et illusoires, rappellent *le rocher de Sisyphe*. Ils sont voués à un labeur pénible qui n'avance point, à des préoccupations douloureuses qui se succèdent constamment sans aboutir jamais.

C'est dans cette Zone que pâtissent les criminels par ambition ou par avarice ; tous ceux qui ont fait dévier leurs facultés intellectuelles par cupidité ou par égoïsme ; ils sont là, cherchant à édifier, à établir une œuvre qui s'écroule constamment et qu'ils recommencent toujours sans pouvoir l'achever.

— *Dans le deuxième Cercle*, souffle l'esprit destructeur de la guerre et des massacres. C'est là que les grands conquérants, que les promoteurs de tueries humaines apprennent à détester les hauts faits dont on les glorifie encore sur Terre ; à expier la dette sacrée du sang, l'asservissement des hommes, les larmes, les désespoirs, les misères et les chagrins des tristes fiancées de la mort, des veuves en deuil, des mères éplorées et des pauvres petits orphelins.

La Terre reflète ses crimes dans les enfers ; et la hideuse lueur des cercles maudits se reflète également dans l'humanité ! Est-il une preuve plus certaine du va-et-vient constant des Esprits ? — Cependant, les plus profonds abîmes — de même que les Cieux supérieurs — ne peuvent fournir aux incarnations terrestres, qu'autant que les êtres d'en bas sont remontés dans les Cercles avoisinant la surface de votre planète, trop heureux d'échapper à leurs tourments et de s'incarner sur la terre.

— *Le premier Cercle* se trouve immédiatement au-dessous de la triple Zone erratique souterraine. Il est de tous le plus peuplé ; et, de même que les premiers cieux, fournit au perpétuel tourbillon des incarnations un contingent considérable.

Ce cercle renferme les malfaiteurs *non meurtriers* qui ont abusé de leur santé ou de leurs pouvoirs, de leur intelligence ou de leur talent, pour mal faire ; qui ont encouragé, soutenu ou soudoyé le mal ; qui ont tourmenté et tyrannisé leurs inférieurs, les faibles, les petits.

— Quant à la Zone erratique souterraine, elle est le lieu de punition des orgueilleux, des athées et des fourbes qui se débattent fiévreusement au milieu du conflit des éléments souterrains, image de leur état d'âme ; *le Chaos* de cette dernière, étant en concordance avec le « Tohu-bohu » dont parle la Genèse, et qui existe encore au-dessous de l'écorce terrestre.

— Mais, nous demandera-t-on, qui a créé toutes ces horreurs (si tant est qu'elles soient réelles)? Ce ne peut être le souverain dispensateur de toutes choses, le Dieu de Lumière et d'amour que nous adorons à genoux !!!

— Non, assurément! C'est le mal qui engendre le mal : tout désordre provient de l'anarchie.

— Mais, d'où vient le mal?

— Le mal provient de la désobéissance des créatures et de leurs infractions aux lois divines ; il procède de l'abus que les créatures font de leur liberté (1).

(1) Dans la poétique description qu'il fait du *Ciel*, du *Purgatoire* et de l'*Enfer*, DANTE fait toujours quelques allusions aux événements politiques de son époque, quoique son immortel génie le conduise très souvent jusqu'au seuil de la vérité. — Ici, les Esprits dépeignent *ce qui est*, sans l'ombre d'une préoccupation terrienne, et sans aucune acrimonie contre les Papes et les Césars. Mais, qui peut dire où finit le génie et où commence l'inspiration ?... En principe, il n'est point de génie sans inspiration ! (*Note de l'auteur.*)

DES DIVERS DÉGAGEMENTS DE L'AME

« Le rêve est le fruit du regard de l'âme inactive pendant la période d'engourdissement de ses serviteurs. »

Maintenant, que la topographie de l'Univers nous est connue, ainsi que les sombres cachots souterrains que recèle notre planète, nous allons pouvoir aborder l'étude de la hiérarchie des Esprits ; mais, pour bien familiariser le lecteur avec les êtres de l'Au-delà, nous pensons qu'il est utile de traiter d'abord des divers dégagements psychiques de l'âme humaine, inconscients ou voulus, et qui se manifestent, soit quotidiennement par le sommeil ordinaire, ou accidentellement, par *la syncope, le coma, le somnambulisme, l'extase,* et *les « sorties de l'Astral ».*

A vrai dire, ces divers phénomènes ont entre eux un grand point de ressemblance ; dans le sommeil, l'Esprit, incomplètement dégagé, voit les choses et les faits dans les registres de sa mémoire, ou dans les vagues lumineuses de la lumière astrale ; il les communique au périsprit, qui les transmet au cerveau par des images pouvant en reproduire le sens.

Ces images, souvent incohérentes, constituent les rêves proprement dits, auxquels nous ne comprenons rien, bien qu'ils soient la reproduction de choses vues ou entendues par l'Esprit durant son état de veille.

Par la syncope, alors que nous avons perdu connaissance, l'Esprit est libéré aussi ; mais, dans ce cas, le périsprit ne peut servir d'intermédiaire entre la pensée et le cerveau, parce que son instrument, — qui est le système nerveux — est frappé d'impuissance et ne fonctionne plus. Le cerveau est alors comme un appareil télégraphique dont le fil est rompu :

n'ayant rien reçu, ses facultés seront forcément muettes quand nous reviendrons à nous.

Dans le dégagement par le sommeil, l'Esprit est dirigé, car il est *appelé* par les voix d'un milieu sympathique. — Dans le domaine de l'Au-delà, le son est non seulement audible, mais encore *visible*, puisqu'il est lumineux ; ce sont ces voix, ces appels, qui guident l'esprit dans ses dégagements partiels, comme lors de son dégagement définitif. Dans le premier cas, l'esprit ne peut s'abandonner pleinement à la liberté parce qu'il se sent toujours attaché à la vie du corps par les liens périspritaux ; l'impression qu'il garde de ses pérégrinations dans la Zone erratique ou au delà, ne peut donc être, au retour, ni exacte ni durable. L'Esprit, ainsi entravé dans sa vision, n'a pu être assez présent aux faits qu'il aurait pu transmettre au cerveau ; il a vu, mais l'état de trouble où il est — qui accompagne aussi bien le dégagement momentané que le dégagement définitif — est alors assez intense pour empêcher l'intelligence, et conséquemment la mémoire, d'emmagasiner et d'enregistrer les choses entrevues durant ces divers états. Tout dégagement de l'âme, qu'il soit momentané ou définitif, a besoin de calme pour recevoir sans obstacle les effluves fluidiques qui l'appellent, et doivent le guider pour atteindre à son niveau, ou au but qu'elle s'est proposé d'atteindre ; toute agitation peut l'égarer en des régions où elle n'a que faire, et alors, elle se trouvera accostée, entourée, harcelée ; et, si elle n'a pas en elle la force morale voulue pour résister aux forces obsédantes de l'Astral, ou une sympathie protectrice qui la protège, il peut lui arriver des troubles fâcheux à sa rentrée dans le corps ; troubles qui, d'après leur intensité mauvaise, peuvent amener chez le sujet ou la folie, ou la mort !

Là, réside le danger des « Sorties d'Astral » pour les personnes non suffisamment initiées, ou qui opèrent seules.

Pendant l'état de veille, l'Esprit est alourdi par ses enveloppes matérielles et périspritales, comme par un voile opaque ; mais quand le sommeil arrive, il sort de sa prison charnelle et s'élance vers la sphère similaire à son degré d'avancement.

Le sommeil est, en réalité, une mort momentanée. La mort réelle, la séparation de l'âme d'avec le corps, est un phénomène purement automatique, il n'implique aucune souffrance.

Certains sommeils, très profonds, comme la léthargie et le coma, produisent un dégagement presque aussi complet que la mort réelle ; mais c'est surtout dans la syncope que nous pouvons avoir l'exacte sensation du dégagement définitif, lequel se déclarerait en effet, dans bien des cas, si des secours opportuns ne nous arrivaient point.

«...La classe des Esprits moyens, dans leurs dégagements partiels, ne dépasse jamais la Zone supérieure de l'erraticité ; certains d'entre eux peuvent pénétrer dans le premier Ciel ; mais ceux qui abordent au deuxième ou au troisième Ciel, n'y parviennent que dans l'état d'extase où l'âme est tellement dégagée du corps, et tellement attirée vers les régions supérieures, que parfois elle entraîne avec elle, par le moyen des liens périspritaux, son enveloppe charnelle elle-même, malgré sa pesanteur relative ; c'est alors que l'on assiste au phénomène mystique de *la lévitation*, que les Fakirs de l'Inde, — à l'instar de Simon le Magicien, — peuvent provoquer sur eux-mêmes à l'aide de procédés spéciaux dont le secret est jalousement gardé sous la crypte des pagodes et des lamazeries.

Le dégagement plus ou moins facile, plus ou moins élevé d'un être humain, donne toujours la mesure de son élévation morale et de son détachement des choses de la terre.

Souvent, l'Esprit s'occupe, pendant le dégagement du sommeil, des travaux fluidiques du premier Ciel ; puis, sans en avoir souvenance, il reprend, au réveil, sa tâche accoutumée.

Les rêves dont on se souvient, se produisent toujours par le séjour ou le passage, plus ou moins rapide de l'Esprit, — à l'aller et au retour, — à travers la Zone erratique, remplie d'images confuses et incohérentes.

Le cauchemar se produit lorsque le corps souffre dans ses organes, soit par suite d'une digestion pénible, ou d'une mauvaise position du corps pendant le sommeil. L'Esprit ne peut alors se dégager que très incomplètement ; sollicité sans cesse par l'angoisse organique, il rôde autour du corps, dans la Zone lourde et mal peuplée de l'erraticité ; de là ses rêves pénibles, angoissants et effroyables ; rêves qui, sur ce plan astral, sont positivement des réalités, dont le seul souvenir impressionne encore désagréablement.

⁂

Voici la différence qui existe entre *le rêve, la vision* et *l'extase.*

Pendant le sommeil, l'esprit s'est éloigné du corps et est entré dans la région où l'appelle son rang. Plus ce rang est élevé, et plus l'être a de peine à s'endormir et à se réveiller. L'homme, voué aux travaux grossiers et pénibles, s'endort très vite et n'importe où ; il se réveille de même sans efforts. L'on peut dire que les animaux, — qui passent avec une telle facilité de la veille au sommeil, et *vice versa,* — dorment constamment, comme si, en réalité, la vie animale n'était qu'un rêve éveillé.

Plus la nature d'un homme est affluée, spiritualisée, plus son tempérament est impressionnable, nerveux, et plus elle a besoin d'un long temps de sommeil pour récupérer ses forces nerveuses.

Le rêve est toujours incohérent, parce que, dans le sommeil, l'Esprit et le périsprit sont trop éloignés du corps pour pouvoir communiquer nettement au cerveau l'impression des faits auxquels ils assistent dans les régions supérieures.

Le cas de « vision » est différent ; ici, le corps n'a pas besoin d'être endormi pour que l'Esprit conquière sa liberté ; il se dégage du périsprit, et lui communique, par le lien spirituel, la connaissance de ce qu'il voit, de ce qu'il entend et comprend ; dans ce cas, c'est le périsprit qui influence l'intelligence cérébrale, et l'Esprit, — même absent — trouve dans ses facultés intelligentes l'impression complète qu'il fera vibrer à son retour.

L'extatique est donc un rêveur qui peut se souvenir ; tandis que l'homme qui rêve est un extatique sans mémoire.

Toute opération psychique laisse une trace lumineuse ou sombre, dans l'ordre et l'essence qui lui appartiennent. La vision est la connaissance et la compréhension de ces « traces » ; c'est comme une photographie chiffrée dont l'Esprit seul possède la clé, et qu'il peut traduire, de manière que la fiction énigmatique se transforme pour lui en une réalité future. L'extatique ne dort pas ; lorsqu'un sujet entre en extase, son Esprit s'éloigne ; mais le corps, qui reste éveillé, garde le périsprit ; si ce dernier s'éloignait aussi, le corps dormirait et se trouverait ou en état de sommeil simple : léthargie, ou catalepsie ; mais rien de tout cela n'a lieu, l'extatique voit, entend et reçoit l'impression des faits que son Esprit lui transmet, quoiqu'il soit alors à des distances considérables du sujet.

Nous avons deux périsprits : l'un, le plus éthéré, est celui que les Kabbalistes nomment : *la Mercabah* — le char de l'âme. C'est l'enveloppe spirituelle, éthérée, du principe que nous nommons *Esprit*, mais qui peut aussi bien se nommer : *Ame*.

Quant à l'autre périsprit, il est *la doublure du corps*, le modèle fluidique, semi-matériel, sur lequel le corps visible a été façonné. Ce périsprit, lourd, est notre *véritable corps*, dont l'autre, celui de chair, n'est que le vêtement matériel.

Ce second périsprit est le *Nephesch* des Kabbalistes.

« Il y a deux sortes d'extases : l'extase isolée et l'extase épidémique. Cette dernière tient du magnétisme animal. C'était « l'illuminisme » des Vaudois et des convulsionnaires de saint Médard. L'extatique isolé est, au contraire, détaché et loin de son corps ; il voit et parle pendant cet état comme un sujet magnétisé que l'on interroge.

L'extatique par contagion épidémique est sous l'empire d'une vague magnétique spirituelle qui agit sur son être psychique à la manière des « passes » de nos magnétiseurs. Rien n'est plus facilement simulable que l'extase magnétique ; il est des sujets qui l'imitent à s'y méprendre. Et puis, qu'est-ce que prouvent toutes ces simagrées ? Qu'il y a des extases réelles ? Que le fluide magnétique existe réellement ? Si l'on en est encore là à l'aurore du XXe siècle, les progrès en cette science ne marcheront pas vite !

L'extase vraie est *le dégagement de l'Esprit sous l'influence de la prière, et de la volonté tendue vers les sphères supérieures.*

« Quant au sommeil magnétique, ou « somnambulisme », il peut être naturel ou provoqué. Le premier est un dégagement volontaire de l'esprit qui s'opère généralement durant le sommeil naturel, à la faveur d'un état particulier du fluide nerveux, qui s'engourdit, et laisse au fluide périsprital la place libre pour occuper en maître les facultés intelligentes et les organes du sujet.

Ne pensez pas que cet état particulier soit l'indice d'un plus haut degré d'avancement, ou d'un acquis plus considérable ! Le somnambule agit comme à l'état de veille, et accomplit ses œuvres journalières. Il les fait mieux, plus rapidement, et avec une assurance remarquable ; d'autres accomplissent des actes d'adresse, d'énergie et de vigueur qu'ils seraient loin de pouvoir exécuter étant éveillés ! D'autres encore déploient des talents et des connaissances qu'ils n'ont plus du tout à l'état de veille, fournissant ainsi une preuve indéniable de leurs existences antérieures, car ces faits étranges ne pourraient s'expliquer autrement.

En résumé, le somnambulisme est un effet du sommeil du fluide nerveux, mais non du fluide périsprital supérieur, — qui, seul alors, sert l'Esprit, et lui laisse exercer une activité qu'il n'a pas d'ordinaire, pendant le sommeil.

Quand un homme dort, son Esprit n'agit point, mais *il voit* ; il voit *où il veut voir* ; la distance n'existe pas pour lui. Sa faculté, ou mieux, son « rayon » — qui est lui-même — se tourne ici ou là, près ou loin, et l'Esprit est là où se fixe son rayon. Etant pur Esprit (c'est-à-dire mouvement, manifestation de la vie), il est où il veut être, car l'espace et le temps n'existent plus pour lui.

LA DÉSINCARNATION

« Il est presque doux de mourir, puisque, là-haut, nous retrouverons ceux que nous avons aimés. »

NINON DE LENCLOS.

A défaut d'autres lumières, l'intuition et l'analogie suffiraient amplement à nous donner une idée approximative du sort qui attend l'âme après son envolée vers l'Au-delà.

Sachant que l'incarnation terrestre est une sorte de « mort » pour l'Esprit, il suffit de reporter sur le plan astral les faits matériels qui accompagnent la naissance d'un enfant pour pressentir ce qui attend l'âme, à sa renaissance dans le monde invisible.

Qu'un enfant naisse sur les marches d'un trône, dans un berceau luxueux, ou sur un grabat sordide, il y a toujours deux mains secourables qui l'attendent à son arrivée, et un sein gonflé d'amour et gorgé de lait pour sa subsistance. Quant aux questions de bien-être, le nouveau-né s'en soucie fort peu : l'on n'est jamais privé des douceurs qu'on ignore ; quelques soins de propreté, une heure ou deux de sommeil pour se reposer des fatigues et des émotions du voyage, et sa hautesse Monseigneur l'Enfant est servi, — fils de roi ou fils de berger — avec la même somptuosité, sinon avec le même apparat.

Il est donc au moins plausible d'inférer, d'après ce qui se passe pour nous à notre arrivée sur la planète terre, qu'à notre rentrée dans le monde sidéral, nous aurons au moins deux mains amies qui nous attendent avec sollicitude, et qui nous donneront les soins que nécessitent notre impuissance et l'ignorance de notre nouvel état.

La Providence de l'Au-delà ne saurait être inférieure à celle qu'incarnent nos parents matériels, et ceci doit nous être une espérance en même temps qu'une juste consolation.

Quel tableau plus digne de captiver la pensée du philosophe, que celui d'une âme qui travaille à se dégager des liens corporels ?

Déjà, de bonnes somnambules lucides, endormies magnétiquement à ce dessein, ont retracé plus ou moins fidèlement ce combat entre l'Esprit et la matière, qui constitue la seconde naissance.

Ce travail commence, généralement, en même temps que l'agonie ; il est plus ou moins long, plus ou moins pénible, selon l'état d'âme du patient, à des points de vue divers. Ceux qui ont de sérieuses raisons de redouter la Vie de l'Au-delà, parce qu'ils craignent le Jugement sans appel du tribunal de leur conscience, ceux qui laissent sur la terre des attaches sympathiques ou des biens qu'ils regrettent, peuvent mettre, à se désincarner, un temps beaucoup plus long que ceux qui, de longue date, se sont presque journellement familiarisés avec l'idée du grand départ ; ou pour les êtres dont l'élévation morale et l'esprit de détachement ont depuis longtemps, à leur insu, dénoué les liens qui les retiennent captifs dans cette geôle vivante, dans ce corps aux exigences animales et aux fonctions humiliantes pour l'âme qui s'est reconnue immortelle, et qui est entrée en communion intime avec son « Moi » Supérieur.

Nous allons donner plusieurs communications de désincarnés qui, spontanément, ont bien voulu retracer fidèlement leurs impressions et leur état, durant ce merveilleux travail psycho-physiologique.

***

. . . .

. . . .

« Tandis qu'étendu et, en apparence insensible, à la vie

extérieure, je restais immobile sur ma couchette, presque sans respiration, je voyais, j'entendais et me rendais fort bien compte de tout ce qui se passait autour de moi : mon Esprit entrevoyait déjà la vie nouvelle qui s'ouvrait pour lui, et mon intelligence comprenait et suivait avec curiosité le phénomène de la désincarnation.

Ni l'un ni l'autre n'avaient peur !

Ma pensée suivait avidement — comme un problème qui se résout — les progrès de mon dédoublement final. Mon Esprit, puissamment actif et comme renouvelé, se précipitait au-devant de ce qui allait venir.

Qu'allait-il arriver ?... Ma pensée l'ignorait, mais mon esprit le savait bien, LUI !

Il allait venir, le grand inconnu ; le grand attrait ; ce qui épouvante et qui attire ; ce qui charme et qui effraie : *la Vie*... LA VIE IMMORTELLE !...

A peine délivré, je parcourus, sans m'en rendre compte, des espaces immenses. Chose curieuse ! il n'existe *nulle part* cette obscurité, ces déserts glacés auxquels la science nous fait croire !

La lumière existe partout. Sous de différents aspects, à des degrés d'intensité différents, *elle* est visible partout. Vous l'avez directe sur la Terre, elle est réfléchie sur la Lune, diffuse dans l'atmosphère, *radiante* dans les espaces ! »

. . . .

« Mon cher ami » — dit un autre Esprit — « je me trouve très heureux ! Je reconnais que vous aviez raison ; oui, Dieu est grand ; oui, il est souverainement bon ! Adorons-le, et confions-nous à LUI !

... A peine mon Esprit fût-il dégagé, que je vis s'ouvrir devant l'œil de mon âme un espace infini de lumière, et que je sentis au dedans de mon être comme un torrent de félicité !

Cette lumière n'est point la même que sur terre ; la félicité dont je parle n'a rien non plus de comparable avec la plus intense des joies terrestres ; c'est une lumière qui brille en même temps en nous et en dehors de nous ; une félicité intime qui se répand au dehors et qui s'épanche en vagues lumineuses !

Que vous dirai-je encore ? — J'ai revu, avec un sentiment d'inexprimable joie, les chers êtres aimés qui m'avaient devancés dans l'Au-delà, et qui m'attendaient impatiemment.

Dans les derniers moments de ma longue maladie, j'entrevoyais déjà l'infini ; c'était comme un voile qu'une invisible main soulevait de temps à autre, un rideau qui tantôt recouvrait l'immensité selon que mon Esprit s'élevait dans les espaces ou se rapprochait de mon pauvre corps agonisant. Mais, lors de mon dernier souffle, ce rideau a disparu, et je me suis trouvé dans un Océan de vie.

Sur terre, hélas ! vous n'êtes pas *dans la Vie*, vous êtes seulement dans l'*existence*.

J'étais alors présent auprès de mon lit ; et, dans cet état de félicité qui m'inondait comme un flot doux, comme un souffle caressant et réparateur, je sentais clairement l'influence bienfaisante d'êtres invisibles encore, et que je brûlais d'apercevoir. C'est alors que ma vue, conduite par un doux rayon lumineux, s'est élevée plus haut, et que j'entrevis ! . . . .

... O Père immense ! Quel Nom vous donnerai-je qui réponde à mon émotion indescriptible et à la tendresse de mon âme ! »

***

Voici la communication d'une fillette désincarnée, à l'une de ses sœurs devenue Médium, qui sera utile aux parents éplorés, et leur montrera combien une douleur trop intense peut faire de mal à nos chers disparus.

. . . .

« ... Je suis contente, ma chère grande sœur, de pouvoir communiquer avec toi. J'ai tout récemment retrouvé notre frère X... ; il n'est pas encore complètement remis de son arrivée si prompte et si inattendue de l'autre côté du rideau. Il restera près de moi quelque temps, je suis chargée de le conduire comme son guide et de l'accoutumer à son nouvel état, cela me confère une responsabilité dont je suis heureuse et fière !

Je voudrais que ma pauvre petite mère m'appelât près d'elle *autrement que par son désespoir*. Si elle m'appelait avec le sentiment de l'espérance, je viendrais à elle toute joyeuse, mais elle est si cruellement désolée que je ne puis m'ouvrir à elle comme je le ferais sans cela ! Sa douleur me glace, me paralyse, et j'ai peur d'entrer dans sa douloureuse Zone d'attraction qui me retiendrait captive sur la terre par le désir ardent qu'elle a de m'y revoir. — Tu ne sais pas, Jeanne, combien les volontés humaines ont de force sur les êtres fluidiques ! C'est un semblable qui attire un semblable... et tout cela cherche à se grouper, à se réunir. Si je venais trop près de ma mère, ses larmes et ses efforts pour me retenir me forceraient presque à rester près d'elle et j'en serais très malheureuse, car mon sort, maintenant, n'est pas de descendre, mais de m'élever vers les régions supérieures.

Au revoir, ma Jeanne chérie ; à bientôt. »

Pendant le sommeil, l'Esprit attire son périsprit loin du corps, en étirant et tendant les liens fluidiques, autant qu'il lui est possible, sans les rompre. Souvent il réduit ces « fils » à un état si ténu qu'ils se rompraient sans leur extrême élasticité, et si leur tension persistait en durée.

L'agonie présente le même phénomène ; seulement, au lieu d'exercer sur les liens fluidiques qui le retiennent au corps une tension douce et modérée, l'Esprit, désireux cette fois de sa liberté définitive, se rapproche du corps pour s'en éloigner vivement, produisant ainsi des secousses qui détachent, les uns après les autres, les liens magnétiques qui relient le périsprit semi-matériel à son enveloppe charnelle, et qui se sont, durant l'existence, comme engrenés dans les liens du fluide nerveux. C'est à ces secousses violentes et réitérées que l'on doit attribuer les mouvements convulsifs des mourants, et non pas, ainsi que l'on serait porté à le croire, à la souffrance physique.

Quand on pense qu'il suffit de la moindre perturbation dans les courants du fluide nerveux, pour que se déclare instantanément le phénomène de l'insensibilité, l'on comprendra sans peine qu'au moment suprême du dégagement définitif, cette perturbation dans l'économie psychique du patient soit plus que suffisante pour qu'aucune douleur ne puisse être transmise au cerveau, — d'où les principaux facteurs sont déjà partis.

L'on peut justement comparer l'agonie à un déménagement. Déjà, dans la lourde voiture capitonnée, sont rangés les meubles précieux et les objets de prix, tandis que l'appartement délabré, où la voix trouve un écho répercuté par le vide, contient encore des choses de moindre valeur au milieu d'un fouillis disparate de paniers, de paille, de papiers et de vieille poussière ; jusqu'à ce qu'enfin, les maîtres du logis, après un dernier coup d'œil qui les assure que rien d'important n'a été oublié, s'en vont vers leur demeure future, et que les derniers objets disparaissent aussi les uns après les autres pour ne laisser que les quatre murs et les ornementations de l'appartement : Organes défunts, glaces ternies, panneaux poussiéreux, qui ne pourront dorénavant abriter de nouveaux hôtes qu'après avoir subi une remise à neuf indispensable.

Dans le travail psycho-physiologique du dégagement définitif, les fluides nerveux, une fois détachés du cerveau par les secousses et les tiraillements réitérés de l'Esprit n'ont plus qu'une action passive et pour ainsi dire automatique sur les organes, et l'inertie se produit en même temps que l'insensibilité.

La « Vie automatique » ou électrique du corps se retire à son tour, et le refroidissement commence en même temps que l'œuvre désagrégeante de la décomposition.

DU TROUBLE

> « La perception des lueurs de l'Infini est un grand danger pour les intelligences de la Terre. »
>
> HOME

Enfin, vainqueur dans la lutte avec la matière inerte, et avec les fluides qui lui donnaient l'existence, l'Esprit s'élève rapidement vers la Zone quelconque où l'appelle l'équilibre de son niveau moral.

Insoucieuse maintenant de sa chrysalide inerte, l'âme, radieux papillon, déploie ses ailes et s'envole dans l'azur éthéré.

L'esprit est alors dégagé, et en pleine connaissance de soi-même, mais le « trouble » le saisit presque aussitôt après.

Quand l'enfant naît, il salue parfois d'un cri inconscient son entrée dans le monde ; mais après avoir reçu les soins que nécessite son nouvel état, il ne tarde pas à s'endormir d'un sommeil réparateur.

Il en est de même pour l'Esprit nouvellement désincarné.

Plus l'Esprit est « avancé », et plus le travail suprême de la séparation définitive est court et relativement facile ; plus aussi le trouble est léger et de moindre durée, car l'effort constant de la pensée, qui maintient l'âme en permanence au-dessus du niveau des choses matérielles, qui l'accoutume à vivre comme suspendue au-dessus de la terre (*en ballon*, comme disent les praticiens de cette théorie spiritualiste), est une pratique qui ronge incessamment les liens du périsprit au corps, et qui en facilite le dégagement.

Quand la lutte finale est longue et pénible, c'est que l'être qui change de plan aura été fortement attaché aux attractions de la Terre ou, du moins, que sa pensée aura été ignorante ou indifférente aux choses du Ciel.

L'Esprit tombe dans le trouble après son dégagement, parce que le fluide périsprital — serviteur et instrument immédiat de la pensée — s'est épuisé ou diminué dans les tiraillements de l'agonie ; pour l'esprit, le trouble réparateur est alors comparable à votre sommeil, et lui sert à récupérer les fluides perdus.

Cette période de perte de la conscience de soi est toujours en rapport avec la durée de la lutte dernière ; d'où s'ensuit que les âmes droites et justes, ayant moins de peine à se dégager des entraves corporelles, sont aussi celles dont le trouble est le moins long, le moins profond et le moins pénible ; il ressemble plutôt à un rêve léger, à un demi-sommeil délassant et réparateur.

De même que, pendant le sommeil du corps, le cerveau humain secrète la force nerveuse qui est le véhicule de la pensée et son instrument d'exécution ; de même aussi les forces périspritales, instrument de l'Esprit, se reforment durant la période de repos, et permettent ensuite à l'Esprit de se reconnaître sur le nouveau plan spirituel où l'a placé son avancement, de mettre en fonction les puissances dont il dispose dorénavant, et qui sont d'autant plus intenses qu'il est lui-même plus pur et plus lumineux.

Tant qu'un Esprit n'est pas assez élevé pour pouvoir se passer du périsprit semi-matériel, il a besoin, pour agir et se manifester, du fluide magnétique qui en émane, aussi bien durant la vie de l'Au-delà que durant son incarnation terrestre.

« ... Au moment où elle finit, l'existence terrestre semble être à l'Esprit, qui se dégage de la matière, un brouillard qui s'éloigne de lui.

Quand vous montez en ballon captif ou libre, après le traditionnel, « lâchez tout ! », il semble que la nacelle de l'aérostat reste immobile, et que ce sont les édifices qui, graduellement, s'enfoncent dans le sol.

Le même phénomène se passe exactement pour l'Esprit libéré de ses « amarres » corporelles.

C'est comme une aurore que l'on voit se lever ; comme les rayons d'un jour naissant qui chassent l'incertitude du crépuscule, et les dernières ténèbres flottantes encore à la surface du sol. L'Esprit voit simultanément s'évanouir l'illusion des choses passées, et naître devant lui le rayonnement des choses réelles dans une apothéose de lumière. Il s'élève alors majestueusement dans cette pure clarté qui l'inonde, et dont il savoure et comprend les délices ; s'il reporte ses regards vers la terre qu'il vient de quitter, ce n'est qu'avec une tendre commisération et un sentiment de pitié généreuse pour les êtres aimés qu'il y laisse, et qui le pleurent. Déjà la tranquillité sereine des bienheureux l'envahit : il a compris l'inexorable et salutaire loi de la souffrance, des expiations et de leur utilité ; il s'incline, et adore !... Mais, bientôt, une invincible somnolence vient l'engourdir et le plonger dans ce sommeil spécial et éminemment réparateur que les Esprits nomment : *le trouble.*

C'est durant cette phase qu'il franchit inconsciemment le seuil mystérieux des espaces célestes où il doit s'arrêter. A son réveil, il se voit entouré d'êtres sympathiques qui lui sourient et lui souhaitent la bienvenue. Dorénavant, il va vivre d'une autre manière, quoique analogue à son existence terrestre. Les devoirs qu'il aura à remplir sont les mêmes, mais il les remplira d'une manière plus subtile, plus raffinée. Toujours il cherchera à se vaincre lui-même afin que l'incessante perfection l'élève encore de plus en plus haut ».

Dans les Cieux, l'on ne peut jamais avoir trop d'ambitions.

— D'après l'esprit, — et non la lettre — des multiples communications obtenues sur l'état qui suit immédiatement la désincarnation de l'être humain, il s'ensuit que c'est durant cette phase somnifère que l'âme est mise en présence de son

Juge suprême, lequel n'est autre que le principe le plus élevé de l'être ; principe que les Kabbalistes nomment : *Neschamah*, l'Etincelle Divine.

Autant l'âme pure éprouve de ravissement à sentir alors le doux et puissant regard de son principe Divin se poser sur elle et l'absoudre, autant l'âme du méchant est angoissée et inquiète.

Les Egyptiens, grands amateurs de symboles, ont retracé fidèlement dans *Le livre des Morts* — dont un splendide original se trouve à Londres, au « British museum » — les scènes émouvantes du « Jugement », où l'âme humaine, comparue devant son Juge Divin, est mise en parallèle avec son passé bon ou mauvais, et saisit, intuitivement, le sort futur qui l'attend.

C'est alors que ce stage du « trouble » — qui n'est, en somme, qu'un point de transition entre le fini et l'Infini — mérite judicieusement son qualificatif, quand l'âme, apeurée et tremblante, voit surgir spontanément devant elle tout un passé vicieux ou méchant ! L'horreur d'une âme coupable doit être extrême, en ce moment ; et il est d'autant plus redoutable qu'il se prolonge, en raison de la culpabilité et de la perversité du sujet désincarné !

En somme, le trouble est un engourdissement voisin du sommeil. Pour l'âme mauvaise et coupable, il est un cauchemar pénible d'où elle ne sort que pour être plus malheureuse encore. Tandis que pour l'âme bonne, croyante et juste, c'est un état très doux, un calme serein qui la prépare à la paix, aux joies sans mélange de la vie lumineuse qui l'attend.

L'on peut comparer l'état de trouble aux effets opposés que produisent, sur les yeux fermés, l'impression du jour, et celle de l'obscurité. Sans ouvrir les paupières, l'on a conscience qu'il fait clair ou sombre ; c'est comme un voile transparent jeté sur la compréhension et la sensation ; cependant, l'Esprit se rend très bien compte de ce que cette phase transitoire lui prépare, et, par avance, il jouit ou souffre de cette connaissance, car la paix lui est annoncée par la lumière, et la douleur par l'obscurité (1). »

(1) Pour l'esprit radieux, nos clartés sont ténèbre,
Et, c'est nous qui traînons l'existence funèbre
A travers la douleur, marqués du fatal sceau.
Ici-bas, nous pleurons quand une âme s'élève ;
Au ciel, on prend le deuil, quand l'Esprit en un rêve
Est englouti par un berceau !...

(*Note de l'auteur.*)

AU LENDEMAIN DE LA MORT

« Les œuvres accomplies pendant la vie terrestre déterminent le rang, le milieu spécial que l'Esprit désincarné doit occuper. »

A sa sortie du trouble, l'âme s'est reconnue ; mais soit par timidité, retenue ou crainte, elle n'ose pas encore se servir des puissances dont elle dispose, et dont elle a cependant conscience. Certains Esprits, quoique déjà dans la Zone supérieure de l'erraticité, ou dans les premiers Cieux, sentent leur pensée se reporter en arrière et revenir inconsciemment auprès des êtres terrestres qu'ils ont laissés dans les larmes et le deuil. Mais bientôt, éclairés, raffermis et encouragés par leurs guides spirituels, ils se reprennent définitivement ; et, comme ces oisillons qui n'ont point encore quitté leur nid, mais sentent déjà frémir leurs ailes lorsque leurs parents les quittent momentanément afin de pourvoir à leur nourriture, les Esprits, nouvellement arrivés dans l'Au-delà, ont conscience de leurs facultés nouvelles, intuitivement d'abord, mais bientôt ils sont invités à faire eux-mêmes ce qu'ils voient exécuter si facilement par leur entourage immédiat.

« ... Les premiers temps de l'absence » — dicte un Esprit — « s'emploient sur la terre à s'écrire longuement. Ici, notre première période de liberté appartient à ceux qui nous regrettent ou qui nous appellent. Nous gémissons de leur douleur et de l'impossibilité où nous sommes de les pouvoir consoler et de les éclairer sur notre sort !... Puis, nos idées se fortifient ; de sages conseils nous sont donnés par nos guides, et nous ne tardons pas à mieux envisager notre nouvelle situation. Nous brûlons d'employer ces nouveaux pouvoirs dont nous avons conscience, et que nous ne connaissions plus... La mémoire se ravive, se dévoile, s'éclaire ; nous reprenons le cours de nos progrès, de nos occupations, de nos devoirs, de nos aspirations. Le premier essai de nos forces spirituelles nous révèle les progrès accomplis, et cette révélation est pour nous une joie immense, indicible !...

« ... Alors, cher Fils, commence pour nous l'ère des voyages vertigineux, des excursions ravissantes, qui font alterner nos joies célestes entre le bonheur de nous sentir instantanément où nous porte notre vouloir, et les ravissantes splendeurs, si nouvelles pour nous, que la nature déploie généreusement devant nos yeux éblouis et charmés.

« Plus tard, nous voulons plus et mieux... On est ainsi ! Plus je vais, plus j'admire ; mais ce qui me transportait d'admiration hier encore, m'est devenu familier aujourd'hui, et vraiment, si ce sentiment de curiosité, si cet soif d'idéal ne trouvait point dans l'au-delà la source d'éternelles félicités qui doit la satisfaire, l'immortalité de l'âme serait plutôt un supplice. Mais Dieu a placé dans le cœur de chacun de nous le désir insatiable, parce que l'ascension dans l'Eternité n'est qu'une suite non interrompue de satisfactions spirituelles sans cesse renouvelées. »

Pour certains êtres, la vie d'outre-tombe est un sommeil lourd, exempt de souffrance et, conséquemment de plaisir, mais rempli cependant — comme le sommeil terrestre — d'images, et de rêves plus ou moins incohérents, reflets des préoccupations terrestres.

Pour d'autres, c'est un oubli profond, une sorte de non-être ; mais cet état n'est jamais que transitoire ; il arrive un moment où l'esprit est secoué de sa torpeur, soit par l'activité de sa pensée, soit par la nécessité d'une incarnation nouvelle.

Le repos n'est point le vœu normal de l'Esprit, car, dans l'Au-delà, il possède une plus haute vitalité, une énergie plus puissante qu'avant sa désincarnation ; quand il appelle le le sommeil, ce n'est que pour se soustraire momentanément à la fatigue nerveuse, au chagrin de la séparation, ou à des inquiétudes angoissantes sur l'avenir qui l'attend.

Au sortir de ce sommeil, l'Esprit se trouve dans un état de vague et d'indécision où, cependant, le sentiment de son être lui revient bientôt avec la conscience de son nouvel état ; (à moins qu'une influence terrestre l'accompagne encore, et soit assez forte pour le maintenir plus ou moins longtemps dans cet état d'existence fictive).

Il est des êtres ne croyant à rien, ou n'ayant jamais rien lu, ni rien entendu dire sur la vie de l'Au-delà, qui, au lendemain de leur mort, se réveillent péniblement, — comme un humain sortant d'une syncope ; — et, entraînés par l'évolution coutumière de chaque jour, vaquent à leurs travaux comme si rien d'anormal ne s'était passé pour eux. Mais ni leur sommeil, ni leur état de veille ne sont assez précis pour leur laisser deviner *ce qui est* ; ils agissent comme le font les somnambules naturels, dans une sorte de vide étrange, qui les isolent et les inquiètent. Ils voient et on ne les voit pas ; ils parlent, et on ne leur répond point ; non préparés au nouveau milieu où ils se trouvent, leur état est véritablement pénible et se prolonge jusqu'à ce qu'enfin un malaise étrange, et qui ressemble aux prodromes de la syncope terrestre, les saisisse et les plonge dans « le trouble ».

Ceci est l'état des âmes sans croyance, et malheureusement elles sont légion !

Heureux l'être qui, dès son existence terrestre, a placé sa foi dans l'espérance d'une vie future, dans l'attente d'une existence nouvelle ; ses croyances, fussent-elles erronées ou exagérées, lui seront, pour se reconnaître dans l'Au-delà, une lueur suffisante en attendant la pleine lumière qui ne tardera pas à l'inonder de ses rayons bienfaisants.

Dans l'obscurité absolue, la faible flamme d'une allumette nous indique où nous sommes placés, relativement aux objets environnants, et nous indique la direction à prendre ; il en est de même de la foi. Mieux vaut une croyance absurde que l'ignorance absolue, ou la négation ténébreuse ; c'est surtout dans le monde de l'Au-delà que l'on s'aperçoit que la foi incendiaire des sectes fanatiques est encore de beaucoup supérieure au doute obscur de nos prétendus esprits-forts, qui placent toute leur science vaine dans les études stériles de la matière illusoire.

*
**

Les routes différentes que prend l'Esprit à son départ de la Terre, produisent nécessairement une très grande dissemblance dans ses intimes sensations et dans ce qu'il voit autour de lui. S'il est pur et lumineux, son ascension rapide à travers les basses régions de l'erraticité se fait sans encombres ; il est guidé et soutenu par les Esprits supérieurs venus à sa rencontre en une joyeuse théorie, pour lui assigner sa demeure et fêter son retour à la liberté.

Mais les âmes au périsprit lourd et terne, obligées de traverser lentement ces parages dangereux ou d'y séjourner, sont assaillies par une nuée d'êtres vils, bas et rampants, comparable à la cohue grouillante des portefaix de certains ports de l'Orient, où le voyageur qui y débarque est souvent obligé de se servir de sa canne pour pouvoir se frayer péniblement un chemin au milieu de cette populace hurlante et cupide.

Si l'esprit, ainsi entouré, se laisse entraîner par cette tourbe importune, il ne pourra s'en défaire qu'avec le secours d'Esprits supérieurs, qui mettront en fuite, de par leur seule influence, cette légion d'êtres malfaisants, composée, non pas seulement d'âmes en pâtiment, d'Esprits humains, lourds, grossiers, inintelligents, brutaux et à peine sortis de l'animalité, mais aussi d'êtres *purement élémentaux de sylphes et de lutins frivoles et railleurs*, dont l'apparence séduisante réalise la fable du polythéisme, et constitue un réel danger pour les imprudents qui se laissent accaparer par leurs mirages trompeurs.

Les divers étages des Esprits subalternes une fois tranchés, l'être spirituel se trouve libre, heureux, maître absolu de sa volonté et de ses impressions multiples et variées. Il connaît lui-même sa valeur, et se trouve au niveau d'êtres de cette même valeur.

C'est ainsi que se passent les choses pour une âme croyante et bonne.

Quant aux mauvaises et aux ignorantes, elles sont tourmentées par leurs semblables dans les Zones compactes et sombres, et y tourmentent les autres à leur tour.

⁂

Nous avons vu, dans le chapitre précédent, que l'état de trouble qui suit immédiatement la désincarnation, est la minute terrible du « Jugement » des actes antérieurs de l'âme humaine, par sa supérieure hiérarchique : « l'Ame Divine », qui est le véritable ESPRIT (1) — l'Etincelle suprême émanée des *Elohim*.

Voici en quoi consiste ce « Jugement ».

«...Les lois qui régissent les fluides (lois de sympathie, de pesanteur, etc.), agissent à ce moment sur le périsprit ; de ce fait si naturel, découle le sort futur de l'âme désincarnée. »

Il n'y a là ni juge, ni tribunal, ni avocat ; il y a tout simplement, — et cette simplicité est le cachet même des œuvres Divines, — une âme *qui se révèle à elle-même* dans le miroir pur de l'Eternelle Vérité. Son périsprit — sombre ou illuminé — est en même temps l'accusateur et le témoin de ses triomphes ou de ses chutes.

— « Si ton âme a connu le détachement des choses matérielles, subjectives et objectives ; si elle a pratiqué la charité et recherché la perfection, le « périsprit » qui est *son char*, son reflet, son vêtement fluidique, sera pur, léger, lumineux et

(1) Le terme « Esprit » que les entités de l'au-delà emploient si fréquemment est tout à fait impropre ; le mot « âme » conviendrait beaucoup mieux. (*Note de l'auteur.*)

rapide. Il planera au-dessus des régions tristes où séjournent, envieux et confus, les Esprits lourds et sombres, enclins aux choses basses et vulgaires. »

Le jugement de l'âme se trouve donc ainsi rendu par elle-même, et pour n'avoir pas réellement l'apparât que lui prêtent certains cultes, ce moment redoutable n'en est pas moins terriblement imposant, car ce sont vos actes eux-mêmes qui vous absolvent ou vous condamnent, témoins irrécusables, et Juges sans appel !...

Quelle joie immense illumine l'être dont le passé a été bon ; et quel effroyable saisissement éprouve alors l'âme coupable !... Pour l'un comme pour l'autre, l'existence antérieure se déroule comme une page écrite en caractères lumineux, où se trouvent inscrites ses moindres fautes et ses pensées les plus secrètes. Tout se montre, tout revit, tout parle éloquemment à l'Esprit ineffablement ému, ou tremblant de terreur devant l'inéluctable loi !...

L'esprit porte en soi-même l'empreinte de chacun de ses actes. Il agit par ses facultés spirituelles, comme le corps par ses organes et ses sens. Le fait de la volonté agissante, du *consentement*, de *l'intention*, donne à la pensée ou aux désirs la même réalité que l'action donne à un fait matériel.

Le tableau vivant des actes de l'Esprit, existe donc réellement dans la lumière de l'Esprit. C'est ce qui fait qu'il ne faut pas chercher la récompense ou la punition des âmes hors d'elles-mêmes ; elles la portent en leur moi le plus intime, et cette récompense, ou cette punition, est en même temps *un état* spécial et *un lieu* particulier, inhérent à cet état.

Son bonheur ou son malheur s'accroissent d'après l'influence *des divers milieux* où son niveau moral la porte.

*
* *

Tant que le « trouble » n'a pas saisi l'Esprit désincarné, il peut — s'il le veut — donner à ceux qui le pleurent une preuve d'identité. Ses facultés périspritales semi-matérielles, étant encore animées de la vie automatique, peuvent être mises, pour un temps, au service de l'Esprit. De par son périsprit extérieur, il peut se rendre visible, apparaître à ceux qu'il aime, se faire reconnaître et comprendre par un signe, ou par une ressemblance indubitable.

C'est le moment propice et court où peuvent se produire ces manifestations, — beaucoup plus fréquentes qu'on ne le croit généralement, — mais dont les familles gardent souvent le secret.

*
* *

«...Si vous pouviez comprendre avec quel ravissement l'Esprit se reconnaît dans l'Au-delà, et reprend l'usage des pouvoirs qui sont en lui !

Si vous pouviez voir avec quel enivrement il envoie à Dieu l'hommage de son [illegible] reconnaissant ! C'est un hymne d'amour que la terre ne peut entendre, hélas ! puisqu'elle ne peut le motiver.

Il voit, réalisés devant lui — chacun selon son essence — ses vœux et ses aspirations. Il retrouve ses souvenirs anciens, et plonge dans le passé pour y retrouver les causes et les motifs de son heureux présent. Sa Justice et sa raison sont alors satisfaites par le mystérieux et logique enchaînement des causes et des effets similaires ; il compare clairement les phases plus ou moins pénibles de ses anciennes existences avec celle qui vient de finir, et il comprend l'état actuel de son être. Il revoit et apprécie les mérites des différentes positions sociales qu'il a successivement occupées à travers les siècles disparus ; il suit la marche ascendante des progrès dus à ses incessants efforts vers le bien ; et, par la logique des faits et des moyens mis en œuvre, il arrive à déduire et à entrevoir le sort heureux qui l'attend dans un avenir approximatif. »

*
**

Il ne faut pas confondre le Jugement particulier de l'Âme par son principe Supérieur et Divin, avec ce que les dogmes nomment : *le Jugement dernier.*

D'après les « Esprits » supérieurs, le Jugement dernier serait le triage définitif des âmes, bonnes, tièdes et mauvaises, qui se fait à la fin de chaque période planétaire, c'est-à-dire tous les 26.000 ans, environ (1).

C'est ce que l'on nomme, en Astronomie : — la précession des équinoxes.

«...« — Lorsque, par suite du travail des siècles, la planète Terre est arrivée au moment de gravir un échelon sur l'échelle des mondes, le personnel des incarnés subit alors une épuration que Jésus a dépeinte dans sa parabole de l'ivraie. C'est le « Jugement dernier » pour cette période de la vie planétaire. »

Mais, il y a eu déjà nécessairement plusieurs « Jugements », puisqu'il y a eu plusieurs périodes dans la vie de notre globe. Donc, à chacune de ces transformations, un travail semblable se fait pour le personnel qui l'habite.

Vous touchez, ici-bas, à l'une de ces périodes redoutables dont on retrouve les traces dans l'Ecriture, aux chapitres émouvants du déluge.

Il est ordinaire qu'une « Mission » précède ces grandes époques. Ces moments solennels de la disparition d'une partie de l'humanité terrestre, sous l'intumescence des eaux (ou par

(1) L'Annuaire des longitudes assigne au Cycle solaire, une période de 23.860 années ; temps que met le soleil à parcourir les 360 degrés du Zodiaque, à raison de un degré environ tous les soixante-douze ans.

tout autre cataclysme elémentaire), sont toujours précédés de grandes douleurs; le monde est bouleversé, des maux de toutes sortes assiègent l'humanité troublée et anxieuse, les choses elles-mêmes semblent souffrir, car la Nature est en parturition d'une vie nouvelle et supérieure!

L'Apocalypse trace un tableau énigmatique, mais fidèle, de cette phase future qui sera l'épreuve terrible de la prochaine génération d'Esprits. La Terre alors sera ébranlée jusque dans ses fondements comme par un ouragan terrible, et ce souffle puissant et régénérateur n'est autre que l'Aspir des Elohim.

Voyez! les révélations sur la vie de l'Au-delà vous sont données par nous, en une époque de folies et de désordres de toutes natures, où les saintes lois de la hiérarchie, du respect de la femme, de l'équité touchant au bien d'autrui, de la nécessité de faire le bien soi-même et de pardonner les offenses, de croire à la survie et de se perfectionner moralement, sont méconnues de beaucoup, et rejetées comme des choses dérisoires et sans importance.

Au temps de Jérémie, Jérusalem fut prise d'un vertige semblable, et cet aveuglement fut la cause de sa désolation et de sa ruine. — Prenez garde!!!...

INVOLUTION

GENÈSE DE L'ESPRIT, SON ÉPREUVE

« Nulle créature, même les chérubins n'a surpris le secret de la Vie ! »

UN ESPRIT DU TROISIÈME CIEL.

La Nature Divine est double en son essence.

« Dieu » — dit l'Ecriture — « est AMOUR et SAGESSE ».

L'Esprit, émané des Elohim créateurs, est double également ; sa nature spirituelle, complète, est « androgyne. »

Tant que l'Esprit suit sa voie normale, son individualité reste complète et intacte ; mais, quand vient le temps redoutable de l'épreuve, s'il faillit, il est immédiatement rejeté, et sera condamné, plus tard, à s'incarner *dans deux corps* de sexes différents, capables de répondre aux attributs de sa double nature maintenant scindée par les suites de sa « chute ».

La naissance d'un Esprit est analogue à celle d'un enfant ; elle est caractérisée par l'innocence, l'ignorance, la faiblesse et le besoin d'une « alimentation » particulière.

Sitôt qu'un Esprit nouveau est enveloppé de son périsprit virtuel qui l'individualise, il se sent appelé dans une famille qui le réclame et l'adopte.

Il se rend à cet appel, et cet acte inconscient est sa seconde naissance.

Ses parents adoptifs lui fournissent alors un second périsprit — similaire à votre corps — que leurs fluides sympathiques ont constitué pour servir de revêtement extérieur à leur tendre protégé.

L'Esprit, nouvellement émané, recevra de ses « initiateurs » les soins que réclame son état, et les instructions progressives qui feront éclore en lui la conscience de son *libre arbitre*.

— Une autre version, presque identique, dit :

« L'Esprit nouveau qui doit habiter un monde quelconque des Espaces, — où il s'instruira sous la surveillance de parents initiateurs — est toujours appelé par eux.

Cet *appel* n'a de résultat que lorsque *la volonté et le désir* du couple spirituel sont favorisés et secondés par la pleine puissance de leur être fluidique. »

— Des quelques lignes qui précèdent, nous pouvons déjà dégager un enseignement utile. — Sur terre, quand un couple s'unit et qu'un enfant résulte de cette union, bien souvent les parents s'étonnent du peu de ressemblance que le caractère du nouveau venu offre avec le leur ; il est des enfants qui, à l'âge de raison ?... ne manifestent que des instincts purement animaux, lesquels, un peu plus tard, dégénéreront facilement en vices. La raison plausible de cette anomalie est que les auteurs de cette naissance, au lieu d'avoir mis en jeu *leurs volontés* et *leurs désirs* d'attirer à eux un Esprit qui leur ressemble, n'ont eu en vue qu'un plaisir égoïste, et n'ont point songé du tout, en ce solennel moment, à *formuler* l'indispensable appel à l'Esprit ; aussi, en est-il résulté, qu'ayant ouvert la porte à la tourbe grouillante des âmes en peine, — toujours avides d'une incarnation nouvelle, — ils ont, purement et simplement, hébergé *un étranger* quelconque, auquel leur accouplement a fourni seulement l'enveloppe périspritale grossière, et point du tout leur ressemblance psychique.

— Et que dirions-nous du second membre de phrase de l'enseignement ci-dessus ?... « favorisés et secondés *par la pleine puissance* de leur être fluidique ». Il vaut peut-être mieux n'en tirer aucune déduction, et laisser chacun y prendre ce qui lui plaira, puisque sur notre planète hypocrite et fourbe, où le vice est une monnaie courante, il est interdit (sous peine de blâme, au moins tacite), d'exprimer une pensée utile et saine, sur l'acte créateur par excellence, à moins d'être un romancier érotique ou un médecin spécialiste !

« Ainsi sollicité, l'Esprit s'entoure des effluves fluidiques envoyées par les deux époux (1) devenus, de par ce fait, ses parents, et s'en forme l'enveloppe nécessaire à son entrée dans la Zone où il est appelé.

Il entre aussitôt dans l'atmosphère de ce monde, et se manifeste à eux.

C'est un « enfant » analogue, — mais *non semblable*, — à l'enfant de la terre, (qui naît, aveugle, muet, et sans la connaissance de son être). Celui-ci voit, s'exprime clairement, se meut avec grâce et légèreté, et a conscience de ce qu'il fait et de ce qu'il entend.

En même temps que la vie, il a reçu la faculté latente du « libre arbitre » qui se développera plus tard en lui, à l'âge de sa puberté.

Sur notre planète d'épreuves, comme dans les premiers Cieux, le libre arbitre est *la puberté* de l'Esprit.

A son arrivée près de ses guides, la seule faculté de l'Esprit nouvellement émané est « l'innocence », c'est-à-dire l'ignorance du bien et du mal. Il a oublié déjà son origine, parce qu'il est entré dans un milieu différent de celui où il a été créé ; cependant ses facultés virtuelles sont intactes et ses sensations distinctes.

Il grandit, — non en volume, mais en sagesse — et apprend les choses qui lui sont enseignées, comme les enfants de la terre, mais plus vite et mieux, car son intellect est moins voilé et moins engourdi.

Ses parents l'entourent de soins, de tendresses et de prévenances, ils s'efforcent de faire éclore et progresser les facultés morales parallèlement à l'éclosion des facultés intellectuelles ; ils le dirigent avec sollicitude vers la voie qu'ils savent, pour lui, bonne et sûre. La science morale est surtout ce qui domine dans leurs enseignements variés. »

«... Ceux que vous nommez : *Esprits protecteurs*, *Anges gardiens*, sont les parents qui ont guidé et protégé votre enfance spirituelle, à la genèse de votre individualité. »

(1) Voir : *Mariage des Esprits*, page .

Quel qu'ait été le sort de l'Esprit, après l'inéluctable et terrible épreuve qui l'attend, ses parents spirituels le suivent toujours, — effectivement s'il a triomphé, et par la pensée, seulement s'il est retombé, de par sa chute, dans les moules inférieurs de la matière. Vous comprendrez facilement combien doit être angoissant pour les parents le moment fatal de l'Epreuve, et quel est leur chagrin lorsque leur enfant l'a mal supportée !

«... Nous n'avons pas d'affection plus vive que celle qui nous remplit pour nos enfants d'adoption. Leurs progrès sont pour nous d'indicibles jouissances, et souvent, nous avons sacrifié des chances d'élévation dans le désir de leur être plus longtemps utiles...

Lorsqu'ils sont assez affermis pour progresser seuls, nous nous retirons, nous bornant à suivre avec joie leur essor, et tremblant cependant de les voir faiblir.

L'oiseau qui, pour la première fois, s'envole du nid paternel n'est pas suivi par le regard de ses parents avec plus d'amour. Oh ! saintes affections de l'âme, délices et martyres de l'Esprit ! l'on vous rencontre à tous les degrés, à tous les échelons du parcours spirituel ; vous animez aussi bien les Grands Anges, guides et protecteurs des Mondes, que le moindre couple spirituel dont la modeste mission consiste à guider un seul être ; et, là-haut, noyé dans un Océan de Lumière éblouissante, le Seigneur, souverain de toutes choses, contemple aussi ses créatures d'un regard paternellement Divin ! »

«... Nos fils spirituels n'ont plus besoin de nous lorsque leur conscience est éveillée, et qu'ils sont mûrs pour l'épreuve. A ce moment, ils sont majeurs et échappent à notre surveillance. Ils choisissent alors librement leur route... mais nous restons toujours leurs *conseillers*, quoique n'étant plus leurs *guides*. »

Il n'importe ;... notre sympathie leur est toujours acquise, et, quelque part que nous soyions, nous avons l'œil sur eux, soit qu'ils aient besoin d'être soutenus, encouragés, consolés, ou lorsqu'arrive pour eux l'heure bénie du retour, après leur pénible existence terrestre. Dans ce cas, nous sommes toujours avertis : — l'Esprit, qui voit approcher le moment de sa délivrance, appelle à lui, pour l'aider à partir, ceux dont il connaît l'inaltérable tendresse, et *jamais cet appel n'a été fait en vain !*

— Quand un Esprit s'incarne sur terre, son berceau est tout prêt, — nid de duvet ou botte de paille, — et deux êtres au moins l'attendent anxieusement. Comment, chers amis, voudriez-vous qu'il en fût autrement, lors de cette autre naissance que vous nommez si improprement d'un terme que beaucoup d'entre vous ne peuvent entendre sans frayeur ; quand *la mort* n'est autre que l'entrée, ou plutôt *le retour* à LA VIE ?

«... La pensée qui est venue nous trouver, se croise en route avec la nôtre qui répond... le secours désiré ne se fait point attendre. Au moment de son départ pour les sphères radieuses, l'Esprit *voit* celui, ou ceux, qui se rendent à son appel. — Un jet de lumière, un rayon pâle et doux comme la lueur de la Lune, ou doré comme le soleil qui se couche ; un disque lumineux en forme de char ; une fleur transparente et suave comme le Lys ; un fil blanc et vaporeux comme un « fil de la Vierge », sont lancés du monde invisible au monde terrestre ; et l'Esprit, tout frémissant encore de son dégagement subit, se sent enlevé, transporté, et arrive bientôt auprès de nous ! »

ÉPREUVE DES ESPRITS

« Résister, voilà tout le problème ! »

«... L'enfance de l'âme — comme celle des créatures humaines tombées dans une famille aimante — est donc entourée de soins par ses tendres éducateurs, et s'achemine, insoucieuse, au milieu d'études attrayantes et de jeux charmeurs, à la période déjà plus responsable de l'adolescence. »

L'Esprit peut dès lors choisir sa voie, il a maintenant conscience de sa force et de ses progrès accomplis ; ayant bénéficié largement de la bonté et de la sagesse de ses guides, qui lui ont inculqué la notion du bien et du mal, semblable à l'adolescent de la terre, il aspire à la liberté, mais cette dernière veut être conquise *par l'Epreuve !*

Dans la jeunesse, toute créature est fougueuse, brave, téméraire, indisciplinée, mais généreuse, apte aux bons élans, aux sacrifices volontaires. L'Esprit, durant cette période, est ardent — pour le bien comme pour le mal — ; il peut devenir aussi bien un missionnaire enthousiaste, un martyr sublime, qu'un ange révolté.

La Bible caractérise cette période dangereuse par la révolte des Archanges qui sont devenus les princes de l'In-ferno !

Arrivé à ce moment de sa voie spirituelle, l'Esprit doit subir l'*Epreuve* qui doit décider de son sort futur. Déjà, il possède un degré de lucidité et de clarté admirables ; il a pleine possession et conscience de son être, de sa source, de ses devoirs et de sa destinée. Il connaît — de par ses initiateurs — les maux et les humiliations de sa vie matérielle durant l'incarnation dont on lui a fait, préalablement, entrevoir les tristesses et les amertumes sous toutes leurs formes.

Présenté et reçu dans tous les étages des Cieux — au moins en vision intuitive — il s'est rendu un compte exact de l'immense félicité des Esprits heureux ; il connaît leurs devoirs, leurs travaux plaisants, leurs demeures enchanteresses. L'étendue des Cieux lui a été dévoilée, et sa compréhension s'est trouvée assez vaste pour en soutenir l'éclat.

Plein de cette science Divine qui le rend responsable de son vouloir et de ses actes, il est ensuite laissé à lui-même dans une sorte d'isolement relatif.

C'est alors que les « tentateurs » — qui sont légion — s'approchent de lui !...

Pour passer son épreuve, l'Esprit doit être revêtu d'un périsprit semi-matériel qu'il condense et se fait lui-même, volontairement. Pour cela, il concrète les molécules de son enveloppe fluidique, et cette opération obligée, le met pour un temps dans un milieu spécial en rapport avec la matière tangible : de par ce fait, sa vue spirituelle se trouve voilée relativement. Il est nécessaire qu'il en soit ainsi, pour qu'il ait du mérite à repousser la tentation ; autrement, elle ne pourrait avoir aucune prise sur lui.

— Le Christ lui-même dut subir cette épreuve triple : la première, lui offrant l'abondance des biens terrestres, figurée par les pains ; la seconde, lui proposant la science humaine par l'orgueil, l'impiété et la présomption ; enfin, la troisième, l'enivrement de la gloire et de la puissance sur les hommes. — On sait, — d'après les Ecritures, — comment IL en sortit victorieux.

On peut donc conclure que ces trois épreuves sont présentées et subies par tout Esprit, avant qu'il lui soit permis de franchir le seuil sacré des Cieux supérieurs.

Pendant toute la durée de l'épreuve, les Esprits-Guides, ses protecteurs, se tiennent éloignés et dans le silence, n'influençant en rien la volonté du récipiendaire (1).

(1) Sur terre, l'homme *supérieur* subit la même épreuve, la même

Il est, pour l'Esprit, des heures décisives, dans l'existence de l'Au-delà ! Lorsque vous sortirez de la série humiliante des incarnations matérielles, vous aurez à subir l'épreuve de la science, c'est-à-dire l'option entre *la science de vie* et *la science de mort !* Selon votre choix, vous gravirez brillamment l'ascension des Cieux supérieurs, ou bien, vous rétrograderez jusques aux incarnations malheureuses.

Non seulement l'histoire du serpent, qui tenta Adam et Eve dans le jardin d'Eden, n'est point un mythe ; mais, quel que soit votre degré d'avancement, cette épreuve entre le bien et le mal, entre le plaisir à outrance et l'austère devoir, vous est présentée *en permanence*, quoique avec moins d'intensité et des conséquences moins redoutables.

Dans les Mondes heureux, il existe des Zones encore imparfaites, relativement à l'ensemble. C'est dans ces lieux « déserts » que sera envoyé le Néophyte pour subir les assauts de la première tentation.

Sa conscience parle haut, puisqu'il se possède ; sa clarté est entière, puisqu'il se souvient ; il possède son libre-arbitre, puisqu'il est instruit ; il est donc *responsable* à tous les points de vue.

— On le flattera, on exaltera son orgueil ; on lui offrira la domination par la force ou par la ruse ; on le séduira par l'attrait menteur de la désobéissance aux enseignements qu'il a reçus ; par le doute, sur les droits qu'ont ses instituteurs et ses guides à lui dicter une règle de conduite ; on l'excitera contre eux par une jalouse défiance. On aiguillonnera sa curiosité par la vue ou le récit des joies matérielles qu'il ignore ; et, une fois que le noir ferment de la révolte aura touché son cœur, sitôt qu'il aura tacitement assenti à l'une ou à l'autre de ces suggestions perfides, il est perdu !... Son jugement se trouvera obscurci, et une vapeur opaque bouchera son entendement...

lutte contre les instincts de la bête ; s'il en sort victorieux, son âme, épurée par la douleur, illuminée par la foi, trouvera sa récompense dans les Cieux supérieurs. S'il cède aux tentations, il sera pour un temps déchu de son libre arbitre, et retombera dans l'animalité.

Il est alors déjà condamné à subir l'incarnation matérielle, qui lui démontrera l'inanité de ses croyances et le mal fondé de sa confiance.

Il n'est aucun prestige qui ne soit employé par les tentateurs, pour ressaisir l'âme prête à échapper aux puissantes et perfides attractions de la matière !...

ÉVOLUTION DES ESPRITS

VOIE DE RETOUR

« La Nécessité seule régit l'Etre dépossédé de son libre arbitre. »

« ... La conséquence immédiate de la chute — ou des chutes, subséquentes à la première — est *la désagrégation* de l'Esprit !

Lors de l'Emanation Divine, l'Esprit était une monade ou noyau spirituel, dont l'évolution inconnue avait groupé autour de lui les attributs ou facultés qui en ont fait un Etre spirituel.

D'abord enfant, puis écolier, ensuite étudiant, l'Esprit nouvellement émané a pris ses grades et a été appelé à passer son premier examen. S'il sort vainqueur de cette épreuve, si, docile aux avis et aux instructions qu'il a reçus, il a préféré le devoir à la science, et la sagesse à la fatale curiosité de l'inconnu, il planera au-dessus de sa matière tangible, il dépouillera rapidement l'enveloppe semi-matérielle qu'il avait dû revêtir pour son épreuve, et rentrera dans la vie normale des Esprits triomphateurs.

S'il a échoué, la peine ne se fait pas attendre : c'est l'incarnation immédiate qui l'attend. Deux corps différents — quoique semblables — seront les deux prisons matérielles de l'Esprit scindé en deux parts. Heureux encore, si la chute ne s'arrête qu'à l'homme des mondes matériels ! Car, si elle est plus profonde, — émanant de plus haut, — si de nouvelles fautes viennent encore aggraver la première, une désagrégation plus complète se produira dans l'une ou dans l'autre de ces deux parties, qui, malgré leur division, sont cependant toutes deux responsables.

A chaque nouvelle faute, l'entité spirituelle se désagrège davantage et s'amoindrit ; à chaque nouvelle incarnation, ses facultés se trouveront éparpillées et, de chute en chute, l'intuition devenue intelligence, et cette dernière faculté tombée dans le domaine de l'instinct, l'être puni, dépossédé de son libre arbitre, sera condamné comme le Roi NÉBUCAD-NETSAR, « à manger l'herbe comme les bœufs durant une période de sept temps (1). »

« C'est pourquoi l'homme terrestre sort des règnes inférieurs dans lesquels il a dû maintes fois s'incarner, pour retrouver les bribes de son trésor spirituel insoucieusement dispersé !

*
**

« ... L'Esprit est descendu, après la succession de ses fautes, jusqu'au niveau qu'elles lui ont assigné. Il habitera ou séjournera sur les plans inférieurs où rampent les instincts qui l'auront dominé durant sa précédente existence.

— Mais, dans ses reculs successifs, l'Esprit humain ne peut rétrograder plus bas que la bête, par la raison bien simple que la bête, n'ayant pas de libre arbitre, *ne peut plus déchoir*.

— Si elle ne peut déchoir — n'étant pas responsable — elle ne peut non plus progresser, c'est logique ?

— Pardon ! l'animal progresse et voici pourquoi et comment : — D'après l'inéluctable loi qui régit êtres et choses, le minéral devient plante, la plante insecte, et, de l'insecte à l'éléphant, l'échelle de progression existe sans aucune solution de continuité. Parmi les animaux libres, comme parmi les domestiqués, ce sont *les sacrifiés*, *les victimes*, qui progressent le plus rapidement, en vertu de la loi d'involution par le mérite, par *l'utilité*, par *le travail*, ou par *la douleur*. »

(1) DANIEL, ch. IV, v. 33.

Mais, arrivés à ce point difficile, entre l'*esprit* qui peut, de par ses fautes successives, retomber au niveau de l'animalité, et *la vie* qui depuis le grain de sable inerte peut monter jusqu'à l'animal supérieur, une explication devient nécessaire.

L'on comprend bien que l'Esprit, émané des Elohim, puisse, après son épreuve, ascendre aux plus hauts degrés des hiérarchies Célestes ou redescendre jusques aux formes animales, de par la perte ou l'aliénation momentanée de son libre arbitre ; mais, arrivé là, il ne peut descendre plus bas.

Quelle est donc la genèse des règnes inférieurs à l'animal ?

Pour répondre clairement à cette question, il faut se souvenir que tout *est double* : Dieu est *Amour* et *Sagesse* ; les Esprits créateurs — que nous nommons LES ELOHIM — sont donc aussi amour et sagesse, c'est-à-dire *Esprit* et *Vie* ; or, l'émanation des Créateurs ne pouvant être que le reflet d'eux-mêmes, il s'ensuit que les êtres créés sont, — sous une entité unique, — titrés en positif et en négatif, en tant qu'Esprits. La Vie, elle aussi, possède les deux sexes ; mais nous entendons ici, par vie, *la substance*, ou la matière composée des fluides animateurs (forces), et de la matière visible proprement dite.

Cette matière ne peut se perfectionner sans le secours des fluides (qui sont l'esprit de la matière) ; les fluides sont *la vie* qui pénètre et anime tous les moules matériels pour les porter au progrès, par la vie attractive d'abord ; puis moléculaire, sensitive et, enfin, animale, avec ses innombrables degrés. Arrivée là, la vie s'arrête-t-elle ? Non ! — rien ne s'arrête dans la nature créée, tout arrêt amènerait infailliblement une désagrégation immédiate ; la vie animale ne *s'arrête* pas, ELLE SE TRANSFORME.

L'animalité semble donc être le point le plus bas où puisse tomber L'ESPRIT, *et le point le plus culminant où puisse s'élever* LA MATIÈRE. Voilà ce qu'il nous fallait, tout d'abord, expliquer.

Au chapitre du « Périsprit », l'on verra comment les périsprits animaux *supérieurs* se transforment, par la fusion, pour devenir des périsprits humains *inférieurs*.

* * *

« Comme une seule et unique loi régit toutes choses, et que tout ce qui est créé, *naît*, *croît* et *progresse* par de successives transformations : comme toute parcelle, — qu'elle soit spirituelle ou matérielle — cherche toujours à se joindre à une parcelle de même nature, mais titrée différemment ; que tout a pour vœu de s'unir à tout, on retrouve cette même loi partout et toujours dans les études spirituelles comme dans celle des règnes inférieurs ; à travers les diverses essences et leurs attributs différents, on retrouve toujours la même substance, modifiée seulement d'après les milieux qu'elle traverse. »

La vie est une en sa dualité ; mais la substance, duelle aussi à sa source principiante, est modifiable à l'infini et peut épouser toutes les formes.

Liberté et *nécessité*, telles sont les lois qui régissent l'Esprit et la substance en leurs évolutions multiples.

La nécessité *seule* régit ce qui n'est pas encore « Esprit », c'est la loi qui régit les êtres inférieurs et *les force* à monter bon gré mal gré ; sans elle, sans cette force brutale, aveugle et sourde, rien ne progresserait !

« De même que le fusionnement de plusieurs Esprits, dans les sphères supérieures, ne fait qu'un Esprit d'un degré plus élevé : de même aussi la chute produit nécessairement la désintégration et fait deux esprits, — d'un ordre inférieur. »

Ce qui a été uni par le bien peut être désuni par le mal. C'est la loi ! c'est pourquoi l'être terrestre, scindé en deux entités, masculine et féminine, est un esprit faible et vacillant à peine sorti de l'animalité, où ses facultés *encore éparses* ne seront collectées complètement par lui que lorsqu'il aura reconquis sa conscience, qui est *la maturité* de l'Être.

L'embryon humain passe, avant de devenir homme, par les phases principales de l'animalité, non dans son principe spirituel, mais *dans sa forme*. La forme animale est la manifestation matérielle et visible des instincts, comme la forme humaine est la manifestation de ses instincts et de son intelligence.

Ceci est la clé de la science physiognomonique.

GENÈSE DES FLUIDES ET DES ÉLÉMENTS

> *Oeth* provient de THEO ; ses reflets sont pareils : L'ombre des Elohim a créé les soleils !

« ... La première transformation de la substance universelle — que vous nommez : *Lumière Astrale* — est l'ETHER ; fluide très pur, très actif et très puissant, qui génère les autres fluides, générateurs eux-mêmes de la matière visible. »

La transformation de l'Ether en Air, produit d'abord le *fluide sonique* qui se forme avant l'Air, par le courant parallèle de l'Ether formé, et de l'Ether *à former*.

Vient ensuite l'Air, qui entoure tout globe, toutes sphères planétaires, jusqu'à une hauteur variable pour chacun d'eux, et qui est d'une densité en rapport avec cette hauteur atmosphérique.

L'Air est formé par un mouvement horizontal et tourbillonnant, qui lui imprime les larges nappes enroulantes que l'on remarque dans sa course. De l'Air, provient la lumière (visible pour vous), par le mouvement ondulatoire qui naît du mouvement aérien.

La Lumière (matérielle) possède en soi la Chaleur, l'électricité et la coloration. La chaleur a hérité du mouvement ondulatoire et ascensionnel de l'Air et de l'Ether ; l'Electricité possède le mouvement ondulatoire et, de plus, la rapidité de l'Ether.

La Couleur a le mouvement direct quand elle est réunie en faisceau ; mais si le faisceau se brise par la réfraction, elle affecte alors la série de lignes tronquées ou *rayons*.

Le mouvement oscillatoire est celui qui, de la Lumière,

forme les éléments constitutifs de *l'Eau ;* il est dû au mouvement giratoire de l'Electricité, et au mouvement direct de la Couleur proprement dite.

L'élément de la *terre* a été formé sous l'impulsion du mouvement rotatoire, issu du mouvement supérieur qui est : *la spirale* (sortie elle-même des deux forces principiantes combinées — le mouvement direct et le mouvement circulaire — agissant l'un sur l'autre d'une manière égale).

Vous voyez que les mouvements — ou forces naturelles — dérivent les uns des autres, en se compliquant par leurs résultats, lesquels deviennent *causes* aussitôt qu'*effets*, à l'inverse de la matière proprement dite, dont la loi ascensionnelle est l'*affinement* progressif.

Il se passe alors ce phénomène curieux : au fur et à mesure que la matière s'épure, les fluides qui l'animent se condensent et se matérialisent ; on pourrait presque dire qu'ils *s'avilissent*, en entrant dans la voie des transformations.

— C'est toujours par le même esprit de sacrifice que s'accomplit le progrès ; le grain de blé, mis en terre, se pourrit pour former l'épi ; le supérieur se sacrifie pour l'inférieur, le bon pour les méchants ; c'est pourquoi aussi le *Verbe s'est fait chair* pour rendre à l'humanité pensante *le libre arbitre* qu'elle avait perdu par ses chutes successives.

O Mystère profond et sublime ; ô puissance inénarrable de la douleur et de l'abnégation ; on te retrouve partout : dans la glorieuse venue des Messies, comme dans les règnes inférieurs de la matière inerte !

« ... Les fluides naturels ne sont, en réalité, que *des forces* au service des Elohim — gouverneurs des Mondes et des Univers ; tandis que les Etres vivants et pensants sont l'asile du principe spirituel qui doit — tôt ou tard — les porter aux sommets de la perfection. »

— Tout fluide se meut par ondes plus ou moins pressées et rapides, selon sa nature intime.

Le fluide *lumineux*, est le plus rapide en sa marche vertigineuse.

Le fluide *sonique*, a des ondes plus larges et plus lentes.

Le fluide *calorique*, a des ondulations qui rappellent un peu celles de la vapeur d'eau et du gaz hydrogène ; mais ces dernières sont *horizontales* dans leurs mouvements, tandis que les ondes caloriques se meuvent de bas en haut.

Le fluide du magnétisme animal va par ondes inégales et raboteuses.

Le fluide aérien se meut par vagues tourbillonnantes séparées les unes des autres.

*
**

« Sur terre, le principe animique provient de l'électricité solaire ; tandis que le principe matériel est contenu dans l'électricité terrestre. Ce principe matériel préside à *la forme* des choses, à leur accroissement, à leur force physique, à leur durée ; le principe animique préside à *la maturité* des êtres et des choses : C'est toujours la lumière qui donne à l'être humain la conscience ; et aux fruits de la terre, la couleur, l'arome et le sucre. »

Le principe animique tend à se dégager peu à peu du principe matériel, et cherche à l'annihiler pour régner sur lui d'abord, et ensuite *sans lui*.

L'Electricité terrestre n'est qu'un dérivé de l'Electricité solaire.

Le rayon électrique solaire, qui s'enroule constamment autour de votre globe, produit d'abord du fluide magnétique, dont la boussole vous enseigne les deux polarités ; puis, ce fluide magnétique se transforme à nouveau en électricité terrestre, par le mouvement de rotation de la terre, comme, par vos machines, vous transformez le magnétisme en électricité.

Le soleil est la source vitale et fluidique où s'alimentent tous les Mondes de son système. Cette « source » a elle-même son principe dans l'Ether, première combinaison de la Substance Universelle, qui remplit les Espaces interplanétaires.

Ce sont les combinaisons multiples de l'Ether sur lui-même, qui engendrent le fluide électrique. L'Electricité elle-même se combine de plusieurs manières de par ses puissances : *positive*, *neutre* et *négative*.

Le fluide neutre — ou fluide galvanique — est la base du périsprit matériel.

Le fluide magnétique animal est formé d'une combinaison du fluide nerveux humain, avec le fluide galvanique du périsprit. Il est — comme on le sait — un dérivé de l'électricité.

Les différents instincts, chez l'homme comme chez les animaux, sont la résultante de l'électricité mise au service des sens, et combinée avec le fluide nerveux.

L'Electricité provient de la Lumière solaire ; elle se dédouble au contact de l'écorce terrestre et entoure votre globe en le pénétrant de part en part. C'est le « fluide nerveux » des Mondes qui se constitue de la même manière que le fluide nerveux humain, lequel se forme du sang alimenté par les organes de la nutrition et de la respiration. Le système planétaire a aussi son estomac, ses poumons, son foie, la pompe aspirante et foulante du cœur ; ses reins qui génèrent, et son cerveau qui pense. La terre est la miniature du système tout entier, et l'homme, chef-d'œuvre de la Création, recèle en lui tout ce que contient la planète qui le porte.

Comme vous l'indique l'entomologie, un nouvel agent ou un nouvel être est toujours produit par la transformation. Toute transformation est une métamorphose.

Des données plus scientifiques, plus techniques, ne vous apprendraient rien de plus que ces explications en langage vulgaire ; suivez en vous-mêmes, par la réflexion, la marche ordinaire de vos idées ; vous y verrez agir successivement l'*électricité animale*, que votre nature emmagasine constamment et qui provient des rayons solaires ; ensuite, *le fluide nerveux*, perfectionnement de cette électricité ; la première, étant élaborée par le sang artériel, et la seconde, par le sang veineux ; puis, *le fluide périsprital*, qui est une transformation supérieure de ce dernier, due à l'influence de l'Esprit ; enfin, *le fluide spirituel*, qui est le lien, le transmetteur spécial entre l'Esprit et le périsprit semi-matériel, celui que les Kabbalistes nomment : *la Mercabdh* : le « char » de l'âme !

Il y a aussi *le fluide galvanique*, le plus matériel de tous ; c'est lui qui préside au fonctionnement de la vie végétale et animale en vous ; lui qui relie entre eux vos organes internes ; c'est, à proprement parler, « la vie du corps », l'âme de la matière ; c'est ce fluide, dont nous avons parlé déjà au chapitre de la « Désincarnation », qui, après le départ du périsprit, commence, dans le corps inerte, le travail désorganisateur ; il est — pour nous servir d'une expression triviale mais vraie — « l'équarrisseur » fluidique, dont la lugubre fonction est de travailler sur les cadavres.

*
**

« ... L'Ether, que nous avons présenté au commencement de ce chapitre comme étant la première transformation de la « substance universelle », malgré son inconcevable puissance et sa supériorité primordiale, n'est pourtant qu'un agent inférieur de la source pure d'où il est émané ; de la substance première qui est le principe absolu de tout ce qui est, le pur rayonnement des Elohim Créateurs, et dont l'intensité lumineuse, le degré de pureté, et la fécondité prodigieuse sont absolument indescriptibles et inénarrables. Nous ne pouvons élever ni notre regard ni notre pensée plus haut que l'Ether — son dérivé immédiat — autrement la confusion se mettrait dans nos idées et dans nos paroles !... »

Tout possède LA VIE ; toute émanation de la Substance Universelle contient en potentialité la contingence des êtres futurs. Elle les contient d'abord en principe ; puis, en réalité vivante, au fur et à mesure qu'ils naissent et se développent.

L'Ether est peuplé d'Etres purs inhérents à sa nature supérieure ; l'air, de même, ainsi que la Lumière, l'eau et la Terre.

Les Mondes sont infinis, comme les Etres qui les peuplent; et les éléments primordiaux de ces Mondes ne peuvent être stériles, puisqu'ils sont dotés d'Etres multiples appropriés à la nature particulière de chacun d'eux.

Pour « créer », les Esprits se servent de la substance première ou Fluide cosmique-universel, à l'aide de leur puissance propre et en utilisant savamment LES LOIS dont ils connaissent à fond l'action et les réactions sur la nature d'un Monde.

L'Esprit, qui a pour mission d'opérer sur un Monde quelconque, soumet le Fluide cosmique aux lois qui, potentiellement, doivent créer et régir ce Monde, et tout s'accomplit sous la prodigieuse puissance de leur Verbe créateur.

Telle est la genèse de toute création.

***

« ... La Substance Universelle possède la Vie, puisqu'elle est elle-même la plus haute manifestation vitale. Le mouvement, qui est la manifestation de la vie, existe donc en ELLE à tous les degrés. »

C'est par le mouvement qu'ont lieu toutes les combinaisons et les transformations de la Substance première et Universelle que les Kabbalistes nomment : AZOTH, et que tout être s'assimile d'après son degré d'avancement et de pureté, c'est-à-dire d'après l'analogie de son être avec cette source universelle de la vie.

Ceci est la clé des prodiges de *la Magie* savante, et de ceux qu'opère *la Sainteté* (ignorante des choses de la Magie); la clé aussi de ce que l'on nomme vulgairement « Miracles », lesquels ne sont que des manifestations Vitales encore incomprises du Vulgaire.

Tout ce qui est visible à vos yeux, tout ce qui est compréhensible à votre pensée, n'est qu'un atome pour cette Grande créatrice qu'est la Substance Universelle.

Les fluides sont les agents supérieurs de la création; ils

sont *les moteurs* de tout ce qui existe ; ce sont eux qui, par leurs combinaisons et leurs mélanges, ont formé la matière proprement dite. A l'état naturel de leur essence, ils sont insaisissables, invisibles, impondérables, sans odeur ni saveur.

Tout ce qui est au-dessus de la matière est fluide, depuis la vapeur d'eau qui donne le mouvement à vos machines, jusques à l'Ether qui donne la vie aux planètes de l'Espace.

Dans l'homme, on trouve les cinq grands fluides qui animent la nature entière :

1° La Substance Universelle, véhicule de la Vie spiritualisée.

2° Les fluides spirituels, instruments de l'Esprit.

3° Le fluide magnétique, instrument du périsprit supérieur.

4° Le fluide nerveux, instrument du périsprit inférieur.

5° Le fluide galvanique, instrument des organes et des sens.

C'est à l'aide de la substance universelle que les Thaumaturges opèrent leurs prodiges, que les Thérapeutes obtiennent des guérisons merveilleuses, et que les Alchimistes transmuent en or les métaux les plus vils ; mais, pour atteindre à ces pouvoirs transcendantaux, il faut avoir d'abord transformé tout son être, car le pouvoir sur les êtres et sur les choses, est toujours en rapport exact avec le pouvoir que le Mage exerce sur soi-même.

Le seul Véritable Athanor, c'est le Microcosme.

GENÈSE DU PÉRISPRIT

> « Le périsprit se modifie à chaque nouvelle incarnation, puisque le corps qu'il doit former n'est plus le même ».
>
> ALLAN KARDEC.

Nous aurions dû mettre ce titre au pluriel, car le périsprit est double ; il est peut-être même *triple*.

— Le revêtement de l'âme supérieure, ou « Esprit divin ».

— Le revêtoment de l'âme humaine.

— La doublure du corps matériel, ou « Corps » proprement dit.

Nous allons examiner successivement chacune de ces substances fluidiques, d'après ce qu'en disent les êtres de l'Au-delà.

L'homme a trois centres vitaux : *le cerveau*, siège de la pensée et des facultés intellectuelles ; *le Plexus solaire*, siège des facultés affectives, de la sympathie, du dévouement ; et *le ventre*, siège de la vie matérielle, des instincts, des appétits et des passions animales. Ce sont ces trois centres que les Kabbalistes nomment : NESCHAMAH, ROUACH, et NEPHESCH ; « la trinité humaine ».

Dans leurs très intéressantes communications, les « Esprits », auxquels nous empruntons en ce moment une partie de la teneur de ces chapitres, ne parlent que du « périsprit virtuel » — enveloppe fluidique de l'Esprit et du « périsprit lourd », le formateur du corps matériel. Comme deux termes opposés ne peuvent exister qu'à la condition de donner naissance à un troisième qui procède des deux premiers en les reliant, après l'étude des deux périsprits dont ils donnent la claire description, il nous sera très facile de reconstituer analogiquement le troisième, le périsprit affectif dont le rôle, dans l'existence humaine, est au moins — sinon plus — important que les deux autres.

*
**

« ... Le périsprit virtuel, — ou enveloppe de l'Etincelle Divine — est emprunté au règne aromal qui est la quintessence de la matière fluidique. Les Mondes Célestes contiennent cet arome à l'état d'atmosphère. Les Esprits purs sont revêtus de cette enveloppe fluide, qui sert à les mettre en rapport avec l'ambiance du milieu lumineux qu'ils habitent. Ce périsprit, formé du fluide le plus affiné, communique avec le périsprit lourd par l'entremise du fluide nerveux.

— Voilà donc le troisième terme que nous désirions trouver au commencement de ce chapitre. De l'avis même des « Esprits » de l'Au-delà, — qui sont mieux placés que nous pour juger de l'intrinsèque qualité des Fluides en général, de leurs multiples combinaisons, et de leurs rôles variés et importants, — le « fluide nerveux » serait donc le trucheman, le lien, le transmetteur nécessaire, entre le périsprit supérieur et le périsprit inférieur.

« ... Le périsprit semi-matériel humain est formé *des périsprits animaux* de la contrée habitée par l'individu. »

« Votre planète, — où végète encore l'homme primitif, sorti récemment de l'animalité, domestique ou libre, — a besoin du périsprit de ces derniers pour contribuer à la formation de son type. Cependant, à l'heure actuelle, les races animales dont la terre est peuplée ne sont plus en rapport avec la population inférieure de la Terre. — Il faut donc que les animaux supérieurs maintenant disparus, ou sacrifiés par l'homme, trouvent autre part un emploi judicieux de leurs facultés instinctives. Cet emploi est dans les Cieux inférieurs, (les trois premiers), où ils sont parvenus, et sont utilisés et domestiqués en attendant leur réincarnation avec la prochaine race humaine ascendante. »

Il est possible de pressentir à quelles espèces animales tel ou tel être humain a emprunté son périsprit, car « l'instinct » qui sourd au dedans de chaque être en est l'exacte traduction ; l'être pacifique, impressionnable et timide aura un périsprit formé d'âmes animales de même nature, et il est facile de conclure que les tribus guerrières, indomptables et froidement cruelles, les peuplades aux instincts féroces, ont réellement des âmes de félins et d'ophidiens.

N'oubliez pas que toute essence attire invinciblement à elle les attributs et les qualités qui lui appartiennent.

Indépendamment des instincts — manifestations intimes de l'âme animale — l'homme est sujet à des mécontentements intimes, à des tristesses, à des découragements que bien souvent rien ne motive ; plusieurs opinions se heurtent en lui ; des contradictions s'élèvent ; des voix que l'on ne consulte point se font entendre et veulent être écoutées. D'où vient ce tumulte ?

Vous avez en vous-même une réunion de serviteurs qui aspirent à devenir les maîtres ; voguant sur l'océan de la vie, un peu à l'aventure, il arrive que, très souvent, il y a de la révolte à bord ! Pour un peu, les subalternes arrogants et quinteux détrôneraient leur chef légitime, et s'arrogeraient injustement chacun une bribe du pouvoir.

L'homme actuel, c'est l'homme anarchique, l'homme futur, sera l'être harmonique.

*
**

Tant qu'un Esprit s'incarne sur la terre, il a besoin du périsprit pour s'y individualiser.

Le périsprit participe du corps, ou mieux, le corps procède du périsprit. Ce dernier, est le type dont le corps matériel n'est que la copie ; il *agit* sur le corps, et le corps réagit sur le périsprit, car ils sont unis par des liens galvaniques très forts et très résistants.

Durant toute la durée de l'existence terrestre, le corps doit fournir au périsprit sa substance de par les fluides contenues dans l'atmosphère, et que la respiration emmagasine. C'est pourquoi les senteurs et les parfums ont un tel pouvoir sur lui, et pourquoi aussi, dans les cas de syncope, — où le périsprit s'est éloigné du corps — les substances volatiles ont le pouvoir de le rappeler, et de rétablir dans les organes le mouvement, la chaleur et la connaissance, qui dépendent absolument de son domaine.

L'éther sulfurique, le chloroforme, les gaz et les vapeurs, ont sur le périsprit des pouvoirs multiples qui vous sont connus.

Le fumet des vins, l'arome des mets que, dans les anciens cultes, on offrait aux mânes des ancêtres, étaient certainement une nourriture pour leurs corps fluidiques, de même que l'odeur fétide du sang fraîchement versé est un régal savoureux pour les esprits méchants et cruels de l'Au-delà.

Ces offrandes de sang répandu expliquent aussi le « Vampirisme » dont parlent les légendes, où des vivants auraient été victimes de certains êtres : goules ou stryges, qui seraient venus, pendant le sommeil, aspirer fluidiquement leur vitalité jusqu'à ce que mort s'ensuive.

Aux dieux de l'Olympe, on offrait le Nectar de l'Ambroisie; aux dieux lares, du lait, du miel, du riz, du parfum ou des aromates... « Le périsprit » se nourrit toujours de substances en rapport avec sa nature intime : les Esprits purs se substantent d'aromes, et leurs festins consistent à respirer amoureusement le parfum suave des fleurs splendides qui croissent d'elles-mêmes dans les ravissants bosquets parfumés des enviables demeures célestes.

MARIAGE

ET « FUSION » DES ESPRITS

> « On nomme Mariage de convenance, celui où toutes choses se conviennent, — hormis les cœurs ! »
>
> HONORÉ SCLAFER.

Au vu de ce titre, plus d'une personne sceptique va se récrier. — « Comment, les Esprits de l'Au-delà se marient donc ? »

Oui certes, les Esprits se marient ! Je dirai même que c'est seulement lorsqu'elles arrivent dans les premiers Cieux que les âmes aimantes se marient *réellement*.

Sur Terre, — à de très rares exceptions près, — on ne se marie pas, on s'accouple !

Ce qui constitue le mariage *vrai*, c'est la fusion de deux âmes libres ; — ce n'est, ni l'audition monotone de tel ou tel paragraphe du code, flanquée du traditionnel « Au nom de la Loi, vous êtes unis » ; ni la bénédiction sacramentelle donnée avec plus ou moins de pompe par tel ou tel rite ; non plus la cohabitation des conjoints ; — puisque, malgré tout cela, deux êtres dûment mariés d'après le Code, le Temple et le reste, peuvent se haïr mutuellement au point de solliciter leur divorce !

Nous désirons cependant que l'on ne se méprenne point sur nos intentions, ce n'est pas le mariage que nous trouvons blâmable, c'est la manière dont on se marie !

En soi-même, le mariage, malgré ses imperfections, est encore la seule garantie morale que puissent offrir à deux êtres qui s'aiment, — ou qui croient s'aimer, — nos lois civiles et religieuses. Nous ne blâmons ici que les mariages criminels basés sur l'intérêt des contractants, et sur les goûts ou les ambitions des parents. Ce sont ces marchés honteux que V. Sardou a voulu flétrir lorsqu'il a écrit cette boutade : « Un mariage mal assorti, c'est une femme de plus, et un homme de moins ! »

Laissons donc à notre humanité malade ses pseudo-mariages, et voyons si, de l'autre côté du « rideau », les unions d'Esprits ne se passent pas d'une manière plus désintéressée, plus noble, plus aimante et plus harmonique.

⁂

« ... L'âme qui est arrivée, de par un empire constant sur elle-même, à surmouter le mal, à dominer le despotisme des instincts, à maintenir au dedans d'elle-même le doux rayonnement de la paix — même au milieu des ferments de discorde, — verra peu à peu diminuer l'aridité de sa tâche, et s'adoucir les éléments de ses luttes intimes. Parvenue déjà à transformer en sentiments, — voire en vertus, — les forces hostiles qui lui faisaient la guerre, à transmuer en attributs spirituels ses désirs et ses aspirations, elle rentre, de par ce fait même, en possession virtuelle de sa double nature, de sa complète individualité, et se trouve toute prête à contracter le mariage spirituel. Déjà, par anticipation, elle est en communication intime avec son âme-sœur, sur quelque point de la Terre ou des Cieux que celle-ci fasse son stage douloureux ou préparatoire. »

« ... Le « mariage » des âmes peut avoir lieu dès le premier Ciel. Il se forme sous l'empire d'un sentiment profond et véritable, d'une sympathie réciproque, éclairée par la vue distincte des pensées mutuelles. Union de natures identiques, d'aspirations élevées, de volontés ardentes et de fluides épurés, tels sont les éléments de l'union spirituelle.

La joie continuelle de se sentir aimé, compris, préféré par un autre soi-même, est alors la seule ambition rêvée des conjoints, et intégralement réalisée par leur union harmonique, parce que les contractants se connaissent de la manière la plus intime, et que l'un est le parfait complément de l'autre.

La « paternité », qui incombe au couple uni par le mariage, est toute d'adoption ; les Esprits nouvellement émanés des Elohim (ou Dieux créateurs), sont, à un moment donné, appelés sympathiquement par les couples des premiers cieux qui désirent avoir une famille à guider et à instruire.

En ce sens, les occupations des parents spirituels ne diffèrent pas, essentiellement, de celles des êtres terrestres, sauf dans leurs raffinements et leur incontestable supériorité, due au milieu plus pur dans lequel ils se meuvent, et à leurs facultés, qui sont beaucoup plus puissantes. Il s'ensuit qu'aux premiers Cieux, les déceptions et les erreurs sont beaucoup plus rares que sur la Terre, parce que la confiance réciproque des conjoints, la tendresse et le dévouement absolu qu'ils ont l'un pour l'autre, leur est en même temps une lumière et les éléments de leur bonheur.

Comprenez l'ineffable joie de deux êtres confondus en une même puissante sympathie, et sentant vibrer réciproquement en eux-mêmes, leur double personnalité avec d'autant plus de force que leur attraction mutuelle est déjà plus intense. Lui se sent vivre en Elle et Elle en Lui, non pas seulement par une simple addition de leurs facultés individuelles, mais bien par la multiplication réciproque de ces mêmes facultés ; ainsi, leur trilogie ne doit pas se chiffrer par 3 + 3, mais par 3 × 3.

Quant à la question du « moi », qui semble vous inquiéter un peu en ce moment, touchant à ces questions sublimes, — mais troublantes pour vous — du mariage et de la fusion des âmes dans les Cieux supérieurs, laissez-moi vous dire que, dans l'état individuel et isolé de l'Esprit terrestre scindé en deux entités sexuelles, il y a, en réalité, une conscience du *moi* beaucoup moindre qu'après la réunion de ces deux entités par le mariage, ou leur réunion totale par la fusion, et voici pourquoi : — Si, dans la plante, la séparation des sexes est l'apanage de certaines d'entre elles, il est cependant certain que les espèces dites « fleuronnées », ainsi que celles dont on a supprimé les étamines au profit des pétales, — en faisant ainsi un être *fusionné* — sont, en général, les fleurs qui ont toujours le plus d'éclat et le parfum le plus intense.

L'animal n'a pas — ou à peine — la conscience du « moi » parce que ses facultés, purement instinctives, ont toutes pour objet le but, unique en sa dualité, de la conservation de l'être et de la perpétuation de l'espèce.

L'homme a encore en lui beaucoup de ces facultés animales, tandis qu'au-dessus de l'humanité terrestre, toute trace d'instinct a disparu pour faire place à des facultés élevées à un tout autre ordre de puissance ; aussi le « moi » égoïste et faux a-t-il disparu complètement pour faire place au nous, ce « moi » collectif. L'union fait la force partout, aux Cieux comme sur la Terre. Ce « moi » auquel vous semblez tenir tant durant votre incarnation terrestre, n'est qu'un sentiment dérivé de vos instincts animaux, partant, un mirage, une pure illusion... Dans vos unions passionnelles, — alors qu'il vous semble que vous êtes tout prêts à annihiler votre personnalité pour la confondre à celle de l'être aimé, c'est alors que votre faux « moi » se montre le plus égoïstement ; vous avez beau vouloir vous donner complètement, la nature matérielle est là, — infranchisable barrière — qui vient donner un démenti formel à vos sentiments, car c'est durant vos transports les plus intimes que, malgré vous, le moi personnel s'accuse avec le plus d'intensité.

L'annihilation de la personnalité par la fusion, équivaudrait alors à l'erreur préconisée par certains Bouddhistes ; elle ressemblerait au « Nirvanah » Hindou, lequel n'est qu'une fausse conception des fusions supérieures, de l'absorption définitive des Esprits purs par le Grand foyer central de la Divinité.

Dans l'Etre fusionné, l'individualité ascendante, de plus en plus complexe, — et comparable à un faisceau de gerbes lumineuses réunies en un gigantesque et éclatant soleil, — se distingue toujours elle-même, *altruistement*, des autres individualités de sa fusion. Unis, — quoique séparés *essentiellement*, telle est la nature intime des Etres supérieurs, — ils sont plusieurs, et ils sont UN.

L'Etre suprême est le type absolu et le summum du fusionnement unitaire ; en LUI, sont trois natures distinctes : *le Père*, qui est Force et Puissance ; *le Fils*, Sagesse et Distinction ; l'Esprit-Saint, Amour et Fusionnement des trois Personnalités Divines en un Dieu unique, éternel, immuable !

Le « mariage » des premiers Cieux, n'est en rien comparable au fusionnement du premier degré qui s'accomplit seulement au quatrième Ciel, sur la radieuse sphère du Soleil ; mais il est déjà, pour l'Esprit avancé, un énorme progrès accompli, c'est la première étape vers la reconstitution définitive que vos Sages nomment judicieusement : « la Réalisation du GRAND-ŒUVRE ! »

Réuni à son entité spirituelle, l'Esprit fusionné est assez fort dorénavant et suffisamment éclairé pour subir à nouveau « l'Epreuve » dont le triomphe lui ouvrira, à brève échéance, l'accès des Cieux supérieurs.

« ...La *fusion* est supérieure au Mariage. Ce dernier n'est que la reconstitution *en une seule entité*, de l'être scindé par la chute, en la dualité des sexes.

La fusion suprême, — qui ne s'opère qu'à partir du quatrième Ciel, en la rayonnante sphère du soleil, — est l'intime réunion *en un nouvel être* supérieur, de deux entités complétées déjà par la fusion du premier degré.

Si, nous servant de termes connus, nous nommons « Ange » l'être reconstitué au premier titre ; la fusion de deux Anges produira un *Archange*. A l'octave supérieure, la fusion de deux Archanges produira une « Principauté », et ainsi de suite, jusques au groupement unique des « Séraphins » brûlants de zèle, dont la hiérarchie Céleste, — analogue à la planète rapide qui, vue de la Terre, semble se mouvoir au milieu de l'irradiation solaire, — se baigne amoureusement dans l'inénarrable rayonnement émané du Trône de l'Eternel ; rayonnement tellement intense en sa lumineuse splendeur, que les Chérubins eux-mêmes doivent, pour ne point être éblouis, ramener comme un voile protecteur leur six paires d'ailes fulgurantes devant leurs yeux incandescants !

La formation d'un Esprit *fusionné* est analogue à l'échelon correspondant, — à trois octaves au-dessous — du groupement des âmes animales qui produisent l'être humain sur le plan de l'évolution.

Se « fusionner » c'est fondre son entité en une ou plusieurs autres. L'individualité persiste encore dans cet état supérieur, mais les facultés, maintenant harmonisées, sont mises en commun. Le terme juste et parfaitement exact nous manque pour vous expliquer clairement la puissance collective et, tout ensemble, l'autonomie individuelle d'une entité fondue en un ou plusieurs Etres !

Que vous dirai-je de la « Fusion » des Esprits ? Qu'elle est, au moral, le plus puissant élément de la vie spirituelle, de l'enthousiasme divin, de la charité la plus intense et du bonheur le plus parfait.

Au jour et à l'heure convenus, une foule innombrable d'Esprits s'assemble où doit avoir lieu l'imposante et sublime cérémonie.

Sous une sorte de dais splendidement décoré d'étoffes soyeuses et légères, se trouve un trône en diamant fluide, dont les reflets multicolores scintillent sous les splendides rayons solaires, comme autant d'yeux rayonnants et charmeurs. Une brise, douce et suave, agite doucement les oriflammes, dont les nuances forment une gamme à la fois chromatique et musicale, et gonfle gracieusement le tissu vaporeux des bannières éblouissantes de blancheur, comme autant de seins neigeux de jeunes Vierges.

Une invisible mélodie, émanée du parfum lumineux des féeriques bosquets voisins, berce doucement l'Ame attentive et recueillie des assistants. La joie est partout : — dans l'air qui frémit ; dans la flore embaumée, qui semble heureuse d'émettre, en cette fête sacrée, ses plus suaves aromes ; dans la gent ailée, qui gazouille amoureusement, ou lance dans l'azur la stridente cascade de ses trilles, comme prélude à ce qui va se passer.

Soudain, un chœur de voix majestueuses, tout ruisselant d'harmonies enchanteresses ; un hymne de joie et de triomphe retentit, vibrations saintes de toutes les lèvres, épanchement de tous les cœurs, débordement spontané de toutes les religieuses et douces émotions de l'Assemblée spirituelle. — Deux chars, lumineux comme des soleils, viennent d'apparaître sous la coupole céleste ; l'un, à l'Orient, — celui de l'âme masculine, — l'autre, — celui de sa pure Fiancée, — à l'Occident. Rapides comme l'éclair, ils s'avancent, se rapprochent et, en une durée inappréciable, se sont confondus en une immense Auréole lumineuse, au milieu d'une explosion formidable d'accords séraphiques et de voix mélodieuses, rendant grâces à l'Eternel de l'Etre nouveau qui vient de se reconstituer en son intégralité spirituelle, et que, tout vibrant encore d'une émotion indescriptible, les « Chérubs » célébrants conduisent en grande pompe vers son trône, dont l'éclat éblouissant est maintenant terne devant le majestueux rayonnement qui entoure l'Etre radieux, le nouvel Ange ravi dans sa divine extase !!!...

*
* *

— Chers amis, je ne puis vous retracer ces choses que d'une manière insuffisante et terne, parce que rien, dans vos idées ni dans votre langage, ne concorde et ne peut se prêter à l'exacte reproduction des idées et des faits des Cieux supérieurs, sinon par l'analogie.

Quand vous unissez ensemble la flamme de deux gaz différents, la nouvelle lumière obtenue par cette combinaison est plus que *doublée* : il en est de même pour les facultés de l'Esprit réintégré.

Dans vos rêves, la rapidité s'unit à la facilité d'exécution : la pensée enfante ce qu'elle conçoit et réalise son sujet aussitôt qu'elle l'a conçu. Nous sommes ainsi : — rapides, lumineux, heureux, vivant sans obstacles, sans luttes, nous réalisons instantanément, par *la volonté* agissant *sur l'imagination*, le désir rationnel qui naît au dedans de nous.

La satiété ne peut atteindre l'Etre qui nage ainsi dans l'infini de la Vie ; dans les combinaisons sans nombre du bonheur !

Rassérénez vos cœurs, calmez votre imagination inquiète, essuyez vos larmes ; reprenez avec courage votre tâche de vivre. Espérez surtout, espérez toujours !... Rien, ni personne ne peut vous ôter votre acquis... que vous-mêmes ! Faites-le croître, cet acquis, faites-le prospérer ; c'est le précieux et inaliénable capital formé de vos bonnes pensées, de vos actions méritoires, de vos aspirations légitimes, de vos douleurs supportées avec résignation ; toutes ces choses vous enrichissent et vous rapprochent du but suprême : tout cela vous assimile par anticipation à la Vie supérieure, vous édifie parmi nous des grades élevés, des sympathies protectrices, des pouvoirs latents, une demeure riante et luxueuse ; tout cela est le gage de la réunion future et les éléments spirituels DE LA BIENHEUREUSE FÊTE DU RETOUR !...

APPARITIONS ET AGÉNÈRES

« ... Mais, que dire de ceux dont la terre recouvre le corps, et dont l'âme, captive de la matière, ne peut briser les liens qui l'enchaînent à son cadavre ! ... »

UNE AME EN PEINE.

Le lecteur sait déjà qu'un désincarné peut, immédiatement après la libération de sa prison corporelle, apparaître s'il le veut d'une manière tangible à ceux qu'il aime.

Le même phénomène peut aussi se reproduire dans d'autres cas ; le dernier ouvrage de C. Flammarion atteste, par des lettres authentiques, plus de mille cas d'apparitions survenues après la mort, pendant le sommeil ordinaire, ou provoquées par des syncopes, du coma, et par l'état cataleptique de certains sujets.

La tangibilité d'un périsprit, et son apparition pendant le sommeil ou la maladie d'un sujet, est toujours un signe de la haute élévation morale de ce dernier. Ce phénomène, étant inconscient, lui resterait toujours ignoré, si ses amis ne lui avouaient l'avoir *vu* en partie ou en totalité, tel jour et à tel endroit, malgré la distance, souvent considérable où se produisent ces apparitions.

Voici comment la tangibilité se produit.

Guidé et influencé par l'Esprit du sujet, le périsprit peut se former une apparence tangible en s'assimilant les molécules fluidiques de son degré, et en les concentrant de manière à remplir les mailles et les vides existant dans ce dernier, absolument comme le parenchyme remplit les mailles ténues et délicates des nervures d'une feuille. Alors, en la place du périsprit, vaporeux et invisible, se forme un corps momentanément *visible*, mais dont les particules peuvent redevenir fluidiques instantanément, selon la volonté qui les a préalablement concentrées.

Ces phénomènes de bi-corporéité et de tangibilité périspritales, se produisent aussi avec l'aide fluidique des médiums dits : « à matérialisation ». L'ouvrage si intéressant du médium canadien Lacroix — que nous avons signalé déjà à nos lecteurs — fourmille de faits de ce genre.

« ... Comparé au corps humain, le « périsprit » semble être une vapeur condensée ; comparé à l'Esprit pur, il paraît être un corps tangible. »

Sa séparation d'avec le corps devrait, normalement, l'affranchir des besoins et des attributions matérielles, mais durant l'existence du corps, si l'être s'est mal comporté, le périsprit se trouve matérialisé et comme souillé au contact des infirmités physiques découlant de l'infériorité morale d'un Esprit ignorant, malveillant ou vicieux ; alors, après la mort, ce périsprit matériel et lourd, se trouvant fixé dans un milieu moins dense que lui, continue le triste rôle du corps détruit, et se trouve, dans sa nouvelle condition, aussi pesant et matériel que l'était ce dernier sur la Terre. Il peut se trouver nu, abandonné, souffrant des intempéries ou des besoins de ses organes ; il peut avoir faim et soif, être accablé de fatigue par des marches longues et inutiles ; se trouver harassé par de lourds fardeaux ; chercher à se cacher comme un coupable ou un criminel !

Au lieu d'être délivré, allégé, transporté dans un milieu où les conditions de l'existence sont douces et faciles, où l'inquiétude et la crainte sont inconnues, où l'élévation de l'Esprit donne à la constitution périspritale un niveau supérieur et inconnu à la matière terrestre, l'Etre qui sort de l'Existence avec une conduite *volontairement* coupable, se condamne d'abord à un long supplice par la difficulté qu'il éprouve de rompre les liens qui retiennent captif le périsprit à son corps matériel ; c'est *un vivant enchaîné à un cadavre* en putréfaction, et qui cherche, par mille efforts, à s'en libérer !

Ce sont ces êtres dignes de la plus grande pitié, ces pauvres âmes en peine qui, dans les nuits sombres et lugubres des cimetières, apparaissent au voyageur épouvanté, semblables à des ballons captifs ballottés par la rafale ; et ne pouvant, malgré leurs efforts incessants, se détacher de la pierre tombale qu'ils secouent rageusement sans parvenir à détacher les mille invisibles liens qui les rattachent à la terre !

Leurs plaintes monotones se mêlent au bruit du vent, au cri funèbre du hibou, au hululement de la chouette peureuse. Ces sombres captifs de la mort, que l'on rencontre également partout où s'est passé quelque crime mystérieux et inconnu, ont parfois le triste privilège de se rendre visibles aux humains, soit dans un but de vengeance, soit pour solliciter d'eux des messes de délivrances, ou des prières de pardon.

C'est surtout aux époques de grandes calamités, alors que les cerveaux humains, affolés soit par la faim, par la crainte d'une catastrophe imminente, ou par la terreur d'une mort horrible, troublent par répercussion, non seulement les vibrations atmosphériques mais encore l'intime constitution de l'air respirable, que les « Agénères » font leur apparition.

Dans l'un de ses romans scientifiques (1), M. Marion Crawford prouve que la seule perturbation atmosphérique, provoquée par du trop ou du trop peu d'ozone, peut favoriser les apparitions fantômales.

Durant les jours mauvais, où l'anarchie règne en maîtresse, où les instincts de la populace se peuvent réveiller impunément dans toute leur férocité, l'on coudoie parfois des êtres immondes à face humaine que l'on n'avait jamais vus ni rencontrés nulle part ; des êtres étranges, dont le facies de brute méchante tient du félin, du faune et du démon : ce sont *des Agénères*, c'est-à-dire des Esprits mauvais provenant des basses régions de l'erraticité, qui, excités par le désordre am-

(1) *Avec les Immortels*, Fayard frères, éditeurs.

biant, ont pu, sciemment ou inconsciemment, se constituer une apparence humaine éphémère, mais qui disparaîtra d'elle-même avec la cause morbide qui a présidé à sa matérialisation. Trop peu tangibles pour faire eux-mêmes le mal, ils le font faire aux êtres qui ont avec eux le plus d'affinité ; ils conseillent aux foules avinées les plus monstrueux desseins, ils les excitent de la voix et du geste, et ricanent lugubrement pendant que se passent autour d'eux les faits les plus iniques et les plus monstreux : puis, quand le mal est fait, quand le lâche esprit collectif de la populace s'est bien repu des spectacles sanglants : crucifixion, bûcher, billot, guillotine, noyades traîtresses ou fusillades meurtrières, les Agénères disparaissent comme ils sont venus ; et la foule, enfin délivrée de l'obsession de ces esprits du mal, comprend — trop tard — qu'elle a été victime d'un entraînement mauvais, et sa honte alors, n'a pour palliatif que de cuisants et d'inutiles remords ! (1)

Les Agénères, formant un terme mixte, *ambigu* — comme dit Fourrier — entre les êtres visibles et invisibles, entre les humains et les désincarnés, doivent exister en partie double, comme tous les « mixtes » de la nature. Aux agénères du mal doit, nécessairement,s'opposer un clan composé des Agénères du bien.

De même que l'Esprit incarné peut, durant le sommeil de son corps matériel faire une incursion rapide sur les Mondes de son niveau, l'Esprit supérieur peut, par une loi inverse, mais analogue, apparaître sur la Terre.

Leur venue a toujours ceci de mystérieux que personne ne peut dire d'où ils viennent et quels sont leurs parents. Quel-

(1) On lit dans les *Amours historiques* de Ninon de Lenclos, à propos de la révolution populaire entre *Mazarins* et *Frondeurs*... : « on rencontrait partout des visages sinistres qui semblaient sortir de terre et se montrer ce jour-là POUR LA PREMIÈRE FOIS ! » (Tome I, page 468.)

quefois, ils condescendent à naître comme le commun des mortels, mais ils ne meurent point. — Moïse naquit d'une mère Juive, mais sa fin, qui eut lieu au pays de Moab, est restée comme un fait étrange : « il fut » — dit le Deutéronome — « enseveli par l'Eternel, dans une vallée située non loin de Beth-Péor, mais personne n'a jamais connu son tombeau ! »

Melchisédech n'eut point de parents.

Hénoch retourna au Ciel, enlevé par deux Anges.

Elie y monta sur un char de feu.

Apollonius de Thyane ne mourut pas non plus, et ne laissa aucune trace de son corps. — Tous ces Etres supérieurs furent évidemment des Agénères spirituels ; ils étaient venus sur Terre accomplir une mission sainte : puis, leur rôle sublime terminé, ils s'en sont allés vers l'Au-delà sans passer par l'humiliation du tombeau.

L'histoire est pleine de faits qui rappellent la présence des Agénères parmi nous : les Anges qui annoncèrent la ruine de Sodome ; l'Ange qui conduisit Tobie, fils de Tobie, au pays de Médie ; celui qui apparut à Manué, et de même ceux qui consolèrent l'apôtre Pierre, dans sa prison.

Mais ces temps sont bien loin de nous, et notre confiance désirerait peut-être des preuves moins aléatoires. En 18.. à Gallardon, près Evreux, un cultivateur aisé, nommé Thomas, eut, à différentes reprises, la visite d'un Etre Céleste qui se rendait visible a lui, et l'incitait à remplir une mission secrète près du Roi, Louis XVIII ; l'histoire est réelle, et fit en son temps beaucoup de bruit.

Lorsqu'un Esprit supérieur est envoyé en mission sur la Terre, son périsprit virtuel emprunte à l'atmosphère ambiant les fluides nécessaires à sa visibilité. Le périsprit virtuel ou quintessencié se dérobe alors sous la nuageuse transparence d'un périsprit fluidique qui devient de plus en plus dense à mesure qu'il traverse des milieux adéquats ; en arrivant sur le sol terrestre, le travail de condensation est terminé, et les sublimes envoyés peuvent alors se rendre visibles, mais seulement à ceux qu'ils visitent, non à tous. — Thomas de Gallardon, lors de la première apparition de « l'Ange », conduisait alors la charrue en pleins champs, et était accompagné de son frère qui surveillait les chevaux ; Thomas seul *vit et entendit* l'apparition ; son frère, à quelques pas de là, ne vit et n'entendit rien.

Pour se rendre « visible », l'Esprit supérieur rappelle à la surface de son périsprit virtuel, l'*apparence périspritale fluidique* de l'une de ses existences antérieures, par un tour de son imagination ; son vouloir puissant attire alors de l'ambiance qu'il traverse les fluides qui lui sont nécessaires, et, quand il arrive, prompt comme l'éclair, au lieu de sa destination, le prodige s'est accompli, presque à son insu, dès son entrée dans l'atmosphère même de la planète où il doit se rendre.

Les grands missionnaires célestes ne se recrutent que dans les sphères élevées où l'attraction planétaire terrestre n'exerce plus aucun pouvoir. Quand un ordre leur est donné, ils sont revêtus d'un signe spécial qui enjoint à tous les Esprits subalternes de leur obéir, tant que durera leur mission.

Les Cieux élevés n'ont plus le souvenir des choses de la Terre ; leurs sympathies n'y connaissent plus une seule âme à protéger. Quand les Esprits supérieurs de cette sublime hiérarchie sont envoyés sur la planète, c'est toujours pour une mission qui embrasse l'*humanité tout entière,* et non pour tel ou tel individu. Ils sont les bienfaisantes « Comètes » des sphères sidérales ; leur présence sur un Astre redonne à ce dernier une vigueur nouvelle, une infusion de vitalité morale, un ferment Divin qui agite toute la masse et l'empêche de se corrompre dans la torpeur de ses plaisirs, et la stagnation croupissante de ses passions morbides.

APHORISMES MAGIQUES

DICTÉS PAR LES ESPRITS DE LUMIÈRE

« Beaucoup d'idées en peu de mots... »

La vie est l'essence même de Dieu.

Elle est l'émanation permanente de son Etre spirituel et de son être aromal : de l'un, émane l'Esprit pur qui est son Verbe, son Essence spirituelle ; de l'autre, émane la Substance universelle, genèse de toutes créations.

L'Esprit, en son mouvement créateur, décrit une *ligne droite ;* la matière créée décrit *une ligne courbe,* elliptique ; l'Esprit uni à la matière suit une ligne dite : « Spirale sériaire », qui concilie les deux impulsions primitives en les maîtrisant l'une par l'autre.

La vie réside dans l'Esprit ; la matière animée n'a que *la Vitalité.*

Vérité, lumière, amour, charité, conscience, sont synonymes. Ce sont les cinq expressions de la Vie spirituelle.

⁂

L'analogie démontre que le but de la création visible ou extérieure est *la reproduction* des êtres ; tandis que son but spirituel ou interne, en est *la progression* et le perfectionnement incessant.

La Substance Universelle, (que les Kabbalistes nomment : Azoth), possède la Vie ; la possédant, elle peut nécessairement la transmettre. L'Etre réintégré, qui s'est rattaché à la vie, peut donc également la transmettre soit aux êtres, soit aux choses, par *la Thérapeutique* ou *la transmutation*, que les Alchimistes dénomment : *Elixir de longue Vie*, et *Spagirie transcendantale*, (ou art de faire de l'or).

Pour conquérir la Vie, il faut marcher dans la Lumière, qui est la voie du bien, la voie aride et douloureuse des Calvaires !

Le mouvement est la manifestation de la vie, et l'enthousiasme est la manifestation du mouvement spirituel, seul créateur.

Crois, et tu seras fort. Espère, et tu vivras.

C'est par le mouvement que se produisent les combinaisons

et les transformations sans nombre de la substance primordiale que les Mages nomment : le « Grand Agent Magique ».

La lumière visible naît de la chaleur et du mouvement du fluide électrique, combiné dans ses deux sexes.

Toute chose à naître, existe en principe dans la substance universelle, émanée de la Vie.

Les lois qui régissent la matière sortent d'elles-mêmes, dès que cette dernière a pris naissance au milieu des combinaisons successives du mouvement.

La vérité sera donnée à l'être confiant et bon qui croit simplement, et qui confie son sort à la Divine Providence, comme un enfant qui se jette dans les bras de sa mère.

La roue est le symbole du mouvement, manifestation de la vie.

La roue est une croix simple, doublée d'une croix de saint André, limitées par une circonférence.

La croix est le symbole de la vie spirituelle fécondant la

matière ; au début de la création, tout commence par cette figure sacrée.

Un flocon de neige qui se forme au haut des nues affecte la forme d'une petite croix, ce n'est qu'ensuite, et en tombant, qu'il s'adjoint à d'autres cristallisations cruciales, qui lui donnent la forme que vous connaissez.

Le principe animique est contenu dans l'électricité solaire, et le principe matériel l'est dans l'électricité terrestre.

Les Esprits Créateurs tâtonnent parfois avant d'arriver à leur idéal : la Terre créa, au début, des races humaines primitives très différentes de ce qu'elle voulait créer.

Ne croyez pas que l'humanité actuelle descende des grands singes ; cette race animale est un avortement dans un essai de création ; elle n'a jamais été, et ne deviendra une race humaine que bien plus tard, et après des transformations successives.

Chaque espèce, chaque série d'êtres est toujours formée d'une réunion d'êtres de la série immédiatement inférieure. L'humanité primitive ne fit son apparition sur la terre, que lorsque les animaux perfectionnés purent fournir à l'Ame centrale les éléments d'un type d'humanité inférieure.

Le nombre, l'analogie et la série sont les lois qui président à toute création, et régissent aussi toute créature, individuellement.

En étudiant les grandes Lois universelles, l'homme aurait dû y conformer l'ordre social. C'est parce qu'il s'est constitué en société hors de cette loi Divine, qu'il souffre et erre péniblement dans des impasses et des chemins de traverse.

Sur les Cieux comme sur la Terre, le travail est la loi universelle. Quiconque veut s'y soustraire sera ultérieurement puni.

L'homme est un petit monde (un Microcosme), semblable à l'Univers ; toutes les qualités et les attributs qui forment les divers degrés de l'Univers sont en lui, soit à l'état réel, à l'état analogique, ou à l'état emblématique.

Dieu — (les Elohim) — crée et absorde sans cesse, de même que l'homme aspire et respire. — Le mot-*clé* de la création, est : PERMANENCE ; celui de la créature : ANALOGIE.

Chaque fois que l'homme est mû par une pensée qui ne le

touche point dans son intérêt propre, cette pensée est une aspiration noble et d'essence supérieure.

Une révélation purement morale est comme la lumière du oleil, elle éclaire tous ceux qui la reçoivent.

La morale n'est autre que la Loi spirituelle.

Si tu veux être heureux, élève vers Dieu ta pensée, applique-toi à la maintenir aux altitudes et à la dégager petit à petit des exclusives préoccupations humaines et terrestres. Alors, ton être intime *se dédoublera*, sa partie spirituelle dégagée de l'autre rentrera dans son vrai domaine tout en conservant sa liberté d'action.

La morale est l'expression de la Sagesse Suprême répandue dans les êtres évolués ; mais chacun doit s'appliquer à provoquer en soi-même cette évolution nécessaire.

Qui peut méconnaître le rapport analogique existant entre les vertus de l'Ame et les fruits savoureux que donne la terre ? — Ils sont tous deux le produit de la culture, de la chaleur vivifiante, et des rayons lumineux !

Si vous voulez faire ascendre votre âme, commencez par la débarrasser de son « lest » matériel.

Le cœur de l'homme libre et droit, conçoit seul de Dieu une pensée juste, parce qu'il la conçoit hors de toute contrainte, de toute convention, de tout antropomorphisme, dans la lumière de son esprit.

La Mystérieuse Isis ne consent à soulever son triple voile que pour l'être simple, doué d'une foi vigoureuse, et qui recherche la Vérité au fond de soi-même dans la solitude des hommes, (qui est la compagnie de l'Esprit).

La chute de l'être spirituel et son rachat par l'expiation et la douleur, ne sont qu'*un accident* pour l'histoire universelle de la Nature, dont les Lois sont en perpétuel désaccord avec les lois humaines.

Qu'est-ce que la liberté ? — C'est le droit de faire son devoir !

La pensée est à l'Esprit ce que l'action est au corps ; elle est le résultat de l'idée, comme les actes corporels sont le produit de l'intelligence.

La Vérité est une lumière ; elle n'est pas une figure de rhétorique ni une ingénieuse allégorie ; c'est une entité rayonnante. Plus on fait ce qui est bien, plus on se sacrifie au devoir, plus on s'en approche, plus on la voit, et plus on la sent, radieuse, en soi et autour de soi.

La Vérité est le plus parfait des trois degrés proposés aux progrès de l'être humain : *la voie, la vie, la vérité ;* elle est le couronnement des vertus et le soleil spirituel de l'âme.

L'analogie est aussi une lumière ; c'est elle qui est *la voie* qui mène à la Vérité. Elle est aussi supérieure à la raison que la lumière du soleil l'est à vos lumières artificielles.

Nul ne peut contempler l'immarcessible beauté de la Vérité s'il n'a d'abord dépouillé tout amour-propre, tout égoïsme, et noyé, — pour ainsi dire — toutes ses facultés dans l'amour de Dieu.

Que toutes choses terrestres vous deviennent indifférentes ; que tout s'efface devant l'espoir unique et immense du bonheur spirituel ; que rien ne puisse affliger, maîtriser, ni envahir votre esprit ; car, en dehors de cette splendide Vision, il n'y a que mirages et déceptions.

L'Ame est un pur foyer qui deviendra Soleil.

La tâche la plus sainte, sur Terre, est de s'entr'aider mutuellement.

Si vous ne pouvez aider, *donnez ;* si vous ne pouvez donner, *consolez ;* si vous ne pouvez consoler, *plaignez ;* et si vous ne pouvez plaindre, écoutez au moins les plaintes ; et vous aurez fait la charité.

L'admiration est la chrysalide du génie.

Es-tu riche ?... Donne ! — Es-tu savant ?... Ordonne ! — Es-tu fort ?... pardonne !

« Il faut prier sans cesse » — a dit Jésus. — La pensée, constamment dirigée vers le bien, est une prière permanente.

Seul, l'hommage rendu à Dieu est la prière véritablement efficace.

Une prière, qui sollicite, est comme un ballon trop lesté : elle ne peut monter ni atteindre son but.

Celui qui prie pour lui-même est un égoïste qui ne recevra que ce qui lui est destiné.

La prière altruiste est un rayon lumineux, un fluide spirituel qui agit toujours selon l'intention bienveillante de qui la profère humblement.

Si l'homme connaissait l'énorme puissance de la prière sur les choses spirituelles, il ferait des prodiges.

La prière arrive à Dieu directement et sans intermédiaire ; mais elle est exaucée par les Esprits supérieurs chargés d'en réaliser les effets.

Le fluide spirituel le plus puissant dont l'homme puisse faire usage, c'est la prière. — Même en ce qui concerne les biens terrestres, la santé, la réussite, la prière qui n'est point égoïste sera exaucée.

∴

La prière est *la seule manière* que l'homme possède de manipuler le fluide spirituel, source de toute vie, de toute force et de toute lumière. Point n'est besoin pour cela d'initiation préalable !

***

O homme ! connais donc enfin ton pouvoir, et sache t'en servir avec fruit. Tu peux hâter le bonheur d'une âme, en tirer une autre de l'abîme où elle souffre dans le désespoir de l'isolement, car la prière est *la clef* qui ouvre aussi bien la porte des Cieux supérieurs que celle des sombres demeures de l'Inferno.

ÉVOCATION DES ESPRITS

« Les morts sont les disparus, mais ils ne sont pas les absents ! »

« Je dis que le tombeau, qui sur les morts se ferme
Ouvre le Firmament,
Et que, ce qu'ici-bas, nous prenons pour le terme,
Est le commencement. »

V. Hugo.

Exaltée par beaucoup, niée ou calomniée par d'autres, la science du Spiritisme est cependant le mystérieux pont qui relie le connu à l'inconnu, le visible à l'invisible, le fini transitoire à l'infini, éternel comme son Créateur.

Parodiant le mot de Voltaire, l'on peut dire d'elle, — tellement sa nécessité s'impose à l'esprit du philosophe — que si les *Médiums* n'existaient pas, il faudrait les inventer.

Comment cette science étrange s'est-elle fait jour au milieu du cercle des connaissances humaines, c'est ce que nous n'avons pas à voir ici ; des ouvrages spéciaux (1) traitent de cette intéressante genèse, et nous y renvoyons le lecteur.

L'Evocation d'un Esprit ne nécessite aucune initiation préalable : un modeste guéridon comme « Autel », un Médium pour « officiant », une prière fervente comme rite, et c'est tout ; le phénomène prévu ne se fait pas longtemps attendre, surtout si les évocateurs se sont placés dans les conditions voulues, qui sont : la bonne foi, le sérieux et l'opportunité.

Selon l'entraînement des « Médiums », l'Esprit évoqué se

(1) Voir les ouvrages d'Allan Kardec, chez Chacornac, éditeur, 11 quai Saint-Michel.

manifeste, soit par de simples craquements dans l'épaisseur de la table, ou en l'air ; par des oscillations rythmées du guéridon, par des coups frappés avec le pied du meuble, par de l'écriture obtenue mécaniquemnnt ou intuitivement, et enfin, grâce aux fluides spéciaux de certains Médiums, il peut même *se matérialiser* partiellement ou devenir visible en entier.

Nous n'avons pas l'intention de faire ici un cours de cette science, mais bien de mettre en garde les évocateurs inexpérimentés contre les dangers que présente la pratique du spiritisme expérimental, — dangers assez graves pour entraîner parfois la perte de la raison ou de la vie. Nous connaissons les noms d'hommes éminents par leur savoir, qui, grisés par ces faciles et passionnantes pratiques, ont vu leur intelligence sombrer sous la terrible emprise d'une obsession tenace et malfaisante ; et d'autres, y contracter le germe d'un mal nerveux à la guérison duquel la médecine ordinaire se déclarait impuissante.

Il faut donc, si l'on désire éviter ces dangers trop réels, prendre certaines précautions préalables, et ne point considérer les évocations spirites comme un passe-temps frivole et inoffensif.

Il y a autant de dangers à faire du spiritisme sans connaissances spéciales, qu'à visiter imprudemment, la nuit et sans guide, les repaires infects où pullulent les bandits de nos grandes cités : l'on peut en revenir estropié, ou n'en pas revenir du tout !

Est-ce à dire que, par prudence, on doive s'en abstenir tout à fait ? Nous n'avons point voulu dire cela ; mais le monde de l'Au-delà, étant le décalque absolu de celui-ci, il s'y trouve certainement des êtres sans foi ni loi qui font le mal pour le seul plaisir de le faire. Les deux plans de l'erraticité, — l'inférieur et le supérieur, — grouillent littéralement d'êtres immondes appartenant à cette triste catégorie... et pourtant, nous n'avons parlé encore que de ceux qui ont vécu sur la terre ; mais, comme nous l'avons signalé déjà, il est, sur ces plans, *d'autres espèces d'êtres*, qui n'ont jamais été, ne sont pas, et ne seront peut-être jamais des humains ; cette classe méchante *hait* instinctivement l'homme, et surtout l'homme de bien ; c'est cette race maudite, de larves malfaisantes, qu'il faut bien se garder de recevoir inconsciemment dans les cercles souvent trop crédules et trop confiants des évocations spirites !...

Les mots orduriers, les communications obscènes, obtenus spontanément par certains amateurs mal préparés, sont une preuve irréfutable de ce que nous avançons ; il suffit d'essayer pour s'en convaincre !

Nous avons l'horreur des « citations » parce qu'elles allongent le texte d'un ouvrage, sans lui fournir aucune clarté nouvelle, c'est pourquoi nous n'en voulons point faire pour étayer nos assertions.

Le lecteur est prévenu, cela nous suffit.

Pour éviter, autant que faire se peut, ces contacts grossiers avec les invisibles des plans inférieurs, nous recommandons aux amateurs, pour la pratique du spiritisme, les quelques observations suivantes :

— Ne jamais faire d'évocations solitaires. C'est surtout dans la solitude que le Médium, — typtologue ou écrivain, voyant ou auditif — est le plus exposé aux maléfices des communications dangereuses qui, sous le fallacieux prétexte de révélations scientifiques abracadabrantes, exalteront l'amour-propre d'abord, et l'orgueil ensuite, de l'imprudent qui aura prêté trop d'attention à ces mirages creux ; jusqu'à ce qu'enfin, et petit à petit, le scripteur naïf et trop confiant, se sente entouré de mille petits liens invisibles, mais solides, qui aliéneront sa pensée, son imagination, sa volonté, et son libre arbitre.

Spirites amateurs, tenez-vous sur vos gardes ; cette science redoutable est une arme à deux tranchants, qui peut blesser mortellement celui qui s'en sert d'une manière inexpérimentée. Si donc, vous voulez obtenir des communications consolantes et vraies avec toute l'innocuité désirable, groupez-vous sympathiquement, soyez toujours au moins trois personnes, et n'évoquez jamais étant seul ; car *là est le danger !*

— Défiez-vous des communications au style ampoulé et relativement obscur. Rien n'est clair et simple comme la vérité.

— Si l'on vous prédit un avenir chatoyant, sous prétexte de missions qui doivent rénover le genre humain, défiez-vous, c'est un leurre! « Vous reconnaîtrez l'arbre à ses fruits » — a dit Jésus; les forces intelligentes de l'Au-delà peuvent quelquefois, pendant un temps plus ou moins long, *simuler* la piété et la sagesse; mais ce rôle sublime n'étant point fait pour eux, leur nature hypocrite et fourbe ne tarde pas à reprendre le dessus, et c'est presque toujours *par la flatterie* que se révèle leur basse extraction et le but coupable de leur emprise.

Dans sa fable humoristique du Corbeau et du Renard, le bon Lafontaine fait dire à ce dernier : « Tout flatteur vit toujours aux dépens de celui qui l'écoute! » Ne permettons donc pas aux renards de l'espace, de vivre aux dépens de notre confiance, de notre paix intérieure; et sachons garder, comme un dépôt sacré, notre moi intellectuel et physique dans toutes les circonstances de la vie.

« Souffrez qu'on vous critique, et non pas qu'on vous loue », est une maxime que les évocateurs novices devraient avoir toujours présente à la mémoire, elle leur épargnerait bien des mécomptes! On a dit : « Quand la flatterie ne réussit pas, ce n'est pas de sa faute, c'est celle du flatteur maladroit »; les Esprits hostiles connaissent mieux que nous ce terrible défaut de notre cuirasse, et c'est toujours par là qu'ils nous touchent et nous peuvent attirer dans leurs pièges morbides. Si donc, nous obtenons des « communications » signées de noms Archangéliques ou Divins, c'est une preuve certaine que nous sommes en rapport avec une entité mauvaise qu'il faut démasquer au plus vite, en lui prouvant péremptoirement l'inanité de sa prose mensongère et de son plagiat blasphématoire.

Les Esprits de Lumière, sachant que la douleur et le sacrifice sont la seule monnaie qui ait cours là-haut, ne peuvent que nous inciter au courage et à la résignation par la foi et l'espérance; c'est ainsi qu'ils nous enseignent la charité, la seule voie qui puisse nous ramener vers eux.

LIVRE DEUXIÈME

LOIS UNIVERSELLES

Le Nombre. — Les Formes. — Les Couleurs.

(Leurs rôles dans la nature et dans l'humanité.)

LES HARMONIES DU NOMBRE

L'UNITÉ

« L'Unité, émanée du zéro potentiel, a engendré deux ; deux a produit trois ; et trois a fait tout le reste. »

THÉOGONIE CHINOISE.

Après les révélations spirituelles qui nous ont instruits sur les *principes* des Etres et des choses, nous allons étudier maintenant LES LOIS émanées des principes présidant à toutes créations. Ces lois sont : *le nombre, la forme* et *la couleur*, d'où découlent le mouvement, l'espace et la durée.

Les principes répondent à l'unité ; les lois, au ternaire ; la forme, au quaternaire ; et les couleurs, au septénaire.

Tout, dans la nature, peut être analysé savamment à l'aide de ce simple énoncé.

Le nombre procède de la vie, dont il est l'expression parfaite ; la forme est la limite de la matière ; la couleur est la résultante de l'influence réciproque de la vie sur la forme.

VITA, VERBUM, LUX, tel est le ternaire mystérieux à l'aide duquel tous les problèmes, psychiques et matériels, peuvent être immédiatement résolus.

Connaître le nombre qui a présidé à la genèse d'un être, c'est connaître les forces potentielles de cet être au triple point de vue *du mouvement* (ou de sa force) ; *de l'espace* (ou de sa forme) ; *du temps* (ou de sa durée).

Nous allons commencer par l'intéressante étude du Nombre, de sa genèse, de son développement et de ses harmonies. Cette lecture n'a rien d'abstrait, et nous prions instamment nos bienveillants lecteurs de ne point confondre le nombre, qui ne demande qu'à livrer ses merveilleux secrets, avec le casse-tête chinois des mathématiques, dont la connaissance exige des aptitudes spéciales.

— Le zéro est l'œuf mystérieux d'où sort l'Unité-principiante.

— L'Unité contient en soi tous les Nombres.

— Le Nombre est la forme spirituelle de la Vie, dont le mouvement est la manifestation.

Telles sont les trois assertions fondamentales concernant la loi du Nombre.

Le nombre, dont la nature intime est hybride, exige, pour être bien compris, une étude soigneuse ; mais, — semblable en cela aux esprits timides et impressionnables qui, dès l'abord, s'effarouchent et se lient difficilement, et qui, une fois la glace rompue, se complaisent en d'intimes et cordiaux épanchements, — ses mystères, pour énigmatiques qu'ils soient, se laissent pourtant pénétrer assez facilement par le chercheur et lui livrent ensuite, avec une munificence toute royale, leurs secrets les plus intimes, et l'éblouissement des trésors qu'ils recèlent.

On a beaucoup écrit sur le nombre, que les anciens sages de la Grèce florissante vénéraient à l'égal d'un dieu. On dit même que Pythagore avait fait inscrire, au fronton du Collège sacré dont il était l'Hiérophante et le grand initiateur, cette devise : *Nul n'entre ici s'il n'est géomètre.* (Nous pensons que l'expression : « géomètre » contenait tacitement celle de « mathématicien ».)

Un auteur moderne, enthousiaste du nombre (1), a écrit, sur l'unité seulement, deux fort intéressants volumes in-octavo.

Saint Martin, — dit le Philosophe inconnu — a donné

(1) D'Etchegoyen. — L'Unité.

sur le nombre des explications tellement peu claires, que la lecture de son livre peut donner certainement la migraine au lecteur, plutôt qu'une solution nette du sujet proposé. Comme l'Allemand Fichte, en ses digressions filandreuses sur la métaphysique, saint Martin, dans ses écrits sur tout ce qui touche à l'occultisme, est toujours un peu nébuleux.

Nous lui préférons de beaucoup le docte et poétique Eliphas Lévy, et le courageux Lacuria, dont les explications sur le nombre ont au moins le précieux mérite d'être claires.

Après ces auteurs éminents, il est peut-être téméraire à nous de venir traiter de ces transcendantales questions. Je ne me souviens plus quel esprit farceur a dit, en parlant d'un écrivain qui avait fait paraître récemment un volume de fables: « Celui qui a osé faire des fables après Lafontaine et Florian, est *une bête* que ces deux savants auteurs n'auraient pu faire parler ! » — Nous prions donc nos lecteurs de ne point nous juger trop sévèrement ; car, si dans l'exposé — toujours un peu ardu — de cette puissance mystérieuse qu'est le nombre, nous n'avons point la prétention d'être plus savant que les auteurs précités, qu'il nous soit au moins permis d'avoir celle, plus modeste, de vouloir être compris, en exposant simplement les études personnelles que nous avons faites sur ce très intéressant sujet.

Tout d'abord, il nous semble que ce n'est pas tant le nombre en soi, qui est d'une étude difficile, mais bien plutôt l'usage que l'on en fait. Si beaucoup d'intelligences rebelles, — à l'instar de la mienne, — se refusent obstinément à la compréhension des hauts problèmes mathématiques, nous sommes cependant certain que l'on nous suivra volontiers dans l'attrayante étude que nous allons faire des neuf premiers chiffres ; nous n'avons pas la prétention d'aller plus loin. La Vérité, cette rayonnante Déesse, est toujours simple et claire ; l'erreur seule, a le triste monopole d'être obscure et enchevêtrée.

Un tout jeune enfant, dès que son intelligence s'éveille, comprend déjà l'ineffable charme des caresses de sa tendre mère, et sait distinguer le chaud rayon du sourire de son père d'avec l'aspect froid de son visage soucieux ou irrité.

Dans l'admirable enchaînement des Lois qui président à la création, tout commence par l'*ovule*, — depuis la graine jusques à l'homme.

Le zéro, d'où émane l'unité, a aussi la forme et les vertus potentielles de l'ovule. Il est le lien entre l'unité matérielle et l'unité spirituelle. Il est *le rien*, et il est *le tout !*

S'il nous était permis de comparer la puissance fécondante du zéro à une graine d'arbre, nous dirions alors que les nombres premiers, — d'où émanent tous les autres, — sont *ses racines*, qui deviennent d'autant plus ténues et filiformes qu'elles s'éloignent du germe nourricier — et que l'échelle sacrée des nombres qui sont au-dessus du zéro, sont *ses branches*, lesquelles s'élèvent majestueusement vers la lumière, produisant seules des fleurs embaumées et des fruits savoureux.

Mais, qu'est-ce donc que ces nombres hypothétiques qui sont *au-dessus* du zéro ?

Ce sont ceux qui chiffrent les puissances invisibles et les entités de l'Au-delà.

Dans le domaine matériel, notre compréhension ne peut remonter plus haut que l'unité, source et principe de tous les nombres ; pour saisir imaginativement leur échelle supérieure, il faut nous reporter à la page 104 du livre précédent, et voir comment elle se forme dans le domaine de l'Esprit.

Nous avons dit déjà que toute chose visible avait son corollaire dans l'invisible ; cette loi est toujours vraie, aussi bien dans le domaine des choses que dans celui des êtres. L'aphorisme d'Hermès : « Ce qui est en haut, est analogue à ce qui est en bas », peut s'appliquer à toute la création.

Nous appuyant sur ce principe, nous pouvons donc judicieusement inférer que l'unité matérielle, le *un*, implique nécessairement une unité spirituelle, c'est logique! Mais, que sera donc cette unité spirituelle — une chose pouvant être analogue à une autre chose sans lui être semblable?

L'unité spirituelle est *la fusion* de deux unités matérielles, mais ce n'est point *le deux*, c'est *l'unité parfaite* dont l'unité matérielle n'est que l'ombre. Que le lecteur attentif veuille bien se reporter au chapitre de la « Fusion des Esprits », page 99, et il comprendra plus vite et mieux.

Dans l'échelle supérieure des nombres, on ne compte plus comme nous : 1, 2, 3, 4, 5, etc., mais bien : 1, 2, 4, 8, 16, 32, et ainsi de suite jusqu'à l'insondable infini, jusques à l'incognoscible Unité. Il s'ensuit que l'échelle descendante des nombres ordinaires, de ceux qui nous servent à chiffrer la matière visible — êtres et choses — procède par le morcellement, par *la division* de l'unité-principe; tandis, qu'au contraire, sur l'échelle ascendante, les êtres se trouvent *groupés* en unités complexes, qui vont toujours, en se doublant, jusqu'au centre qui est Dieu!

Nous avons vu, dans le livre premier, que l'être humain — homme ou femme — n'est qu'*une entité* scindée en deux parts, dont l'une est titrée en positif, l'autre en négatif, et que sa reconstitution — but suprême de l'existence — forme alors un être *complet* que Balzac, avant nous, a qualifié du titre d'Ange (1).

Deux « Anges », se groupant, forment un Archange; deux Archanges groupés, une principauté, et ainsi de suite; ce qui donne déjà, pour *un* séraphin, le joli total de *deux cent cinquante-six* entités spirituelles fusionnées en un être unique.

Or, ce qui est vrai pour les êtres est également vrai pour les choses; dans les nombres ordinaires, ce que nous croyons être une multiplication, n'est en réalité — pour la métaphysique — qu'une division; ainsi, 100, n'est réellement que $\frac{1}{100}$

(1) Dans : *Séraphitus-Séraphita*.

de l'unité primordiale issue du Zéro.

— Mais, — me demandera-t-on — entre les deux unités, celle illusoire du monde visible et celle, reconstituée en son intégralité, du monde invisible, quel rôle joue le Zéro ?

— Son rôle est double, comme est double le rôle de tous les points de transition ; de l'invisible au visible — dans le domaine des êtres humains — il est *le berceau ;* et du visible à l'invisible, il est cet autre berceau que l'on nomme *une tombe.* Entre ces deux domaines, le Zéro n'est autre que le double mystère de la naissance et de la mort !

D'après cette théorie — beaucoup plus rationnelle qu'hypothétique — l'on voit que, dans le domaine de la matière, plus on descend l'échelle inférieure des êtres, plus on s'éloigne de l'unité qui est le grand centre vital, et plus aussi l'être se trouve morcelé, divisé avec lui-même ; ceci nous prouve péremptoirement que les « mauvais esprits » ou démons — qui sont bien plus bas sur l'échelle des êtres que l'animal — ne sont que des entités fragmentées, ce qui explique pourquoi, dans l'Ecriture, Satan se dit « légion ». — Ces êtres, divisés avec eux-mêmes par le mal, se trouvent donc réduits à l'état de parcelles, comme les grains de cendre d'une matière calcinée et privée de vie.

Dans l'échelle des nombres inférieurs — dont nous allons maintenant parler spécialement — le Zéro sera, comme point de départ, le Symbole de la vie non encore manifestée.

Comment le Zéro engendre-t-il l'unité ? De la même manière que les Elohim engendrent une âme neuve : *par émanation.*

L'unité, c'est la vie manifestée ; c'est la Lumière devenue visible, tandis que le Zéro n'est que le « tohu-bohu » qui précède toutes créations.

« Entre l'Esprit et la matière » — dit Lacuria — « entre le fait et l'idée, entre la foi et la science, il y a une espèce d'être intermédiaire dont l'existence est absolument mystérieuse ;

être, qui est un lien entre le Ciel et la Terre ; être, qui n'est ni fini ni infini, mais qui fait communiquer l'un avec l'autre ; être, qui est en même temps immatériel et formé de matière ; qui se trouve à la fois dans le Créateur et dans la dernière des créatures ; être, par conséquent, qui doit jouer un rôle important dans cette union de l'Esprit et de la matière, de la foi et de la science, — que la société appelle de tous ses vœux — cet être, c'est le nombre (1). »

En Occultisme, l'étude du nombre s'impose tout d'abord au Néophyte, parce qu'il est *la clé* qui ouvre la porte du sanctuaire des mystères sacrés.

Pythagore croyait voir dans les nombres la source même et l'essence des choses.

Le comte de Maistre — dit Lacuria — nomme le nombre : « le miroir de l'intelligence ».

Le nombre n'est *la cause* de rien, mais il est l'expression de tout. De même que l'intelligence est la forme de la pensée, le nombre est lui-même la forme de l'intelligence.

L'unité est le seul de tous les nombres qui ne puisse être ni multiplié, ni divisé *par lui-même* : $1 \times 1 = 1$; et $\frac{1}{1} = 1$. La raison en est que l'unité est d'essence spirituelle.

Ne pouvant être scindée en son essence, comment l'unité produira-t-elle le nombre deux ?

Par un *reflet* d'elle-même !

Sur l'échelle des nombres concrets, un abîme sépare l'unité du nombre deux ; la différence essentielle, existant entre ces deux nombres, est que l'unité jouit de la pleine possession de son individualité, de son intégralité, tandis que le *deux* — semblable à notre satellite, qui n'a de lumière que celle qu'il reçoit du soleil — n'est en réalité qu'*un reflet ;* sa lumière relative ne lui appartient pas en propre; ce n'est qu'une ombre lumineuse, comme la flamme d'un flambeau reflétée par un miroir.

Pour que le nombre deux — ou binaire — puisse retourner

(1) *Les Harmonies de l'Etre.*

à l'unité primordiale, il est de toute nécessité qu'il subisse une transformation identique à celle que subit l'âme humaine lorsqu'elle quitte son enveloppe matérielle : il faut qu'elle se dépouille *de son double* illusoire pour rentrer dans l'unité réelle.

Un très profond mystère gît au fond de cet aperçu ! Nous voyons qu'en nous, l'*unité* est l'Etincelle Divine (que certains auteurs nomment l'Esprit, d'autres : *l'Ame Supérieure*) ; cette étincelle divine, qui est notre *moi Divin*, notre soleil spirituel — immarcessible rayon que rien de matériel ne saurait atteindre — éclaire l'âme (qui est *le moi humain*) exactement comme le soleil prête de sa clarté à la Lune, en interférant ses rayons.

Le rayon solaire-unité, l'Etincelle Divine en nous, a *seule* le privilège de nous transmettre la Vérité parce que, seule, elle la possède ; lorsque notre intelligence, lorsque notre pensée paresseuse s'informe seulement aux reflets illusoires de l'âme (que nous nommons « l'imagination »), elle risque fort — selon que cet astre intérieur se trouve, en ses mouvements incessants, soit en aspect de conjonction, d'opposition ou de quadrature avec le soleil central supérieur — de ne fournir à la pensée qu'une lumière, *erronée* ou *nulle* dans l'aspect de conjonction ; *incomplète* dans ceux de la quadrature ; très intense, mais *renversée*, dans l'aspect d'opposition.

L'on voit, qu'en nous, l'Imagination se comporte exactement, vis-à-vis de la Raison, comme, dans la nature, la Lune se comporte vis-à-vis du soleil.

Notre soleil spirituel, source de toute Vérité — parce qu'il est une pure émanation Divine — est l'objet d'un Culte particulier dans toutes les religions éclairées ; l'antiquité l'adorait sous le vocable d'Osiris ; les Adeptes modernes reconnaissent en lui la Femme de l'Apocalypse : *Amicta Solæ !* et les Chrétiens lui rendent hommage sous le doux nom de : *la Sainte Vierge.*

LE TERNAIRE

> « Il monte de la Terre au Ciel, et derechef il descend en Terre ; et ainsi il reçoit la force des choses supérieures et inférieures. »
>
> SMARAGDINE D'HERMÈS.

Entre l'unité primordiale et son reflet, entre le radieux Soleil de Vérité et le binaire qui symbolise l'âme humaine (ou l'Imagination), des rapports constants existent, et ce sont ces rapports qui constituent le troisième terme du Ternaire Sacré.

De même que M. d'Etchegoyen écrivit tout un livre sur l'unité, il y aurait aussi, sur la Trinité, matière à faire un volume très intéressant, car le nombre 3 est le plus mystérieux de tous ; sa compréhension parfaite donne la clé des plus profonds problèmes théologiques, cosmologiques et spirituels.

Aux noms du PÈRE, du FILS, et du SAINT-ESPRIT, se rattache, en même temps que le plus ineffable des mystères, la plus réelle et la plus splendide des révélations. Cette révélation, dont la source est Divine, a été de nouveau transmise à l'humanité pensante, il y a dix-neuf siècles, par Jean, le disciple bien-aimé du Christ, afin que les hommes de bonne volonté se reconnaissent dans la Trinité, et puissent, de par la compréhension de ce mystère sacré, ressaisir le sceptre de leur autonomie ; de par les mérites du sacrifice de l'Homme-Dieu, reconquérir leur âme supérieure et communier avec la Vérité ; enfin, de par leurs efforts personnels, gravir les degrés de la réintégration Adamique, but suprême de l'Initié, et réalisation du GRAND-ŒUVRE !

*
**

Prenons la peine de méditer un instant sur la Trinité Divine, car elle est le prototype de toutes les autres, et la clé absolue du ternaire ; sa base solide, lumineuse et féconde, nous soutiendra dans nos recherches, nous éclairera de ses splendeurs et nous inspirera utilement.

La Trinité Divine, dit l'Apôtre, en son Evangile mystique, est VIE, VERBE et LUMIÈRE.

La Vie se manifeste par *le mouvement*, se différencie par *le nombre* et se réalise par *la forme.*

Le Verbe est en même temps la parole, le nombre et la forme, — triple manifestation de la pensée.

La Lumière, — qui procède de la Vie et de la Forme, — se manifeste par la conscience ou lumière morale ; par la certitude, qui est la lumière intellectuelle ; et par l'amour — ou la beauté — qui est la lumière de la forme.

— Dans la Trinité Divine, le Père, c'est *la vie* de la vie. Il est la vie expansive, la source même de la vie.

Le Fils, c'est *la forme* dans la vie ; c'est l'unité qui s'est distinguée d'elle-même.

Le Saint-Esprit, c'est *la Lumière* dans la vie ; c'est l'amour, qui n'est autre que l'altruisme, le dévouement, le sacrifice de soi.

— Dans les nombres, l'*unité* est analogue au Père ; le nombre *deux* — ou binaire — au Fils ; et le nombre *trois*, — ou ternaire — au Saint-Esprit.

Dans les formes, *le point* est analogue à l'unité ; *la ligne*, au binaire ; et *le triangle*, — le premier plan parfait — analogue au ternaire.

— Dans la lumière, — manifestée par les couleurs fondamentales — *le rouge* est analogue au point ; *le bleu*, à la ligne ; et *le Jaune*, au triangle lumineux.

Vie, forme, couleur, telle est la Clé universelle qui ouvre tous les mystères dans le domaine des êtres et dans celui des choses.

*
**

En elle-même, la vie ne saurait être définie, parce que son essence est divine, et qu'elle échappe à notre intuition. La cause du mouvement, aussi bien que la genèse du nombre, ne sont point non plus accessibles à notre intellect débile et voilé; mais Dieu, ayant créé l'homme à son image et à sa ressemblance, se communique à lui par la volonté, qui est l'attribut du Père; par la perception du vrai et du bien, attributs du Fils; et par l'intuition du beau idéal, attribut du Saint-Esprit.

— Dans l'humanité, la vie de la vie, c'est *la foi*, (qui n'est autre que l'adhésion volontaire au vrai); la forme de la vie, c'est l'*intelligence* (qui est *la science* de la vie dans les formes); et la Lumière de la Vie, c'est l'*intuition*, ou la certitude philosophique.

— Nous avons en nous trois centres de VIE, la vie du corps qui est régie par l'imagination; la vie de la tête, par l'intelligence; et la vie du cœur, par les sentiments.

— Ces trois centres de vie, impliquent nécessairement trois FORMES différentes: la forme visible du corps; celle du *périsprit* sur laquelle le corps matériel a été modelé; et la forme du *périsprit virtuel* ou supérieur, qui est l'enveloppe et « le Char » de l'âme; (la *Mercabah* des Kabbalistes hébreux).

— Quant aux trois LUMIÈRES de l'être humain, elles sont, comme chacun le sait: l'*intuition*, lumière morale; *la pensée*, lumière intellectuelle; et l'*instinct*, lumière aveugle de la vie animale.

Au-dessus de la Trinité Divine, que nous avons comparée analogiquement aux nombres 1, 2 et 3; avant l'unité positive, le binaire négatif et le ternaire harmonique, trône, en sa Majestueuse Splendeur, l'ANCIEN DES JOURS, le Dieu Incognoscible, dont le nombre analogique est le zéro potentiel, vivant symbole des futures parturitions Divines.

*
**

Le Ternaire manifesté, quoique triple en ses attributs, est UN dans son essence ; la vie, la forme et la Lumière ne sont ensemble qu'une seule et même Vie.

De l'incessante attraction de la Vie pour la forme, et de la forme pour la vie, procède, naturellement, le troisième terme qui est *amour* ; tout amour est Lumière, aussi bien dans l'humanité supérieure que parmi les pures phalanges des régions célestes.

Qui possède la Lumière, n'a pu la conquérir que par l'amour, c'est-à-dire par l'abnégation et le dévouement.

La conquête de la Lumière se fait par l'*assomption* de l'âme humaine dans la sphère rayonnante de l'âme supérieure ; c'est ce que les mystiques de l'école de Jacob Bœme nomment judicieusement : « le mariage de l'Agneau ».

A force d'aspirer à une chose, cette chose descend en nous et nous montons vers elle ; aspirer à la lumière, c'est ascendre en réalité vers les Sphères lumineuses.

Dans l'ineffable Trinité, le Père se donne par l'expansion de sa vie ; le Fils, par l'extension de sa forme ; et l'Esprit-Saint, par l'effusion de sa Lumière.

Dans l'humanité, l'homme est analogue au Père qui donne de sa vie ; la Mère, analogue au Fils, se sacrifie dans sa forme ; et l'enfant, qui procède du père et de la mère, est analogue au Saint-Esprit, parce qu'il unit ses parents par un indissoluble et lumineux lien d'amour.

Cette loi sublime du ternaire crée tout, différencie tout, éclaire tout ; elle est la Clé absolue des mystères de l'existence, de la diversité des formes dans les êtres et dans les choses, et elle est aussi la Clé du savoir intégral, puisque son troisième terme est : *la certitude*.

Qui possède cette Clé Divine et universelle, et s'en sert dans ses études, ne tâtonne plus, ne croit plus aveuglément, ne cherche plus en vain : IL SAIT !

C'est la Clé du ternaire, qui donne l'exacte signification du nombre, des formes et des couleurs. C'est elle qui fut, dans l'antiquité savante, le fil d'Ariane à l'aide duquel le génie immortel des deux Bacon, d'Agrippa, de Paracelse, (surnommé « le divin »); de Berzélius, et de toute la radieuse pléiade des obstinés chercheurs, des patients observateurs des grandes lois qui régissent la nature, — découvrit les prodromes de la science merveilleuse dont notre xxe siècle s'enorgueillit actuellement.

⁂

En somme, la loi suprême du ternaire peut se résumer ainsi :

— Tout, dans la nature, revêt d'abord le caractère de la dualité.

Les deux termes de cette dualité sont toujours titrés, l'un en positif, et l'autre en négatif.

Entre ces deux points extrêmes, se trouve un terme mixte, procédant de l'un et de l'autre, et tendant à les unir.

En ses savants ouvrages sur la science occulte, Eliphas Lévy énonce la loi du ternaire par cet axiome : « L'HARMONIE RÉSULTE DE L'ANALOGIE DES CONTRAIRES ».

Chacun des termes du ternaire peut aussi parfois revêtir une triple acception, comme le lecteur l'a remarqué déjà dans les pages précédentes ; ainsi notre ternaire *type* peut se décomposer ainsi :

VIE	*morale*	la foi, la confiance, la religion.
	intellectuelle	la pensée, l'étude, le savoir.
	matérielle	l'alimentation, l'exercice, l'hygiène.
FORME	*morale*	le revêtement de l'Ame supérieure.
	intellectuelle	» » humaine.
	matérielle	» » animale : le corps.
LUMIÈRE	*morale*	la conscience, soleil de l'Esprit.
	intellectuelle	la certitude, soleil de l'intelligence.
	matérielle	l'instinct. La beauté.

Sachant que la vie est la force expansive et sans limite ; que la forme est la circonscription, l'individualisation de la vie ; et la lumière ou l'amour, l'harmonie qui résulte de ces deux facteurs opposés, l'on peut aussi chercher avec fruit dans le grand ternaire universel : *temps*, *mouvement*, *espace*, la vie de la vie, la vie de la forme et la vie de la lumière ; la forme de la vie, la forme de la forme, et la forme de la lumière ; la lumière de la vie, la lumière de la forme, et la lumière de la lumière.

L'expansion de la vie répond à l'éternité du *temps*.

L'immensité de la forme, à l'*espace* infini.

L'irradiation suprême de la lumière, au *mouvement* générateur de tout ce qui est.

Dans le temps, le terme positif, c'est *le futur* : le négatif, *le passé*, et le point mixte qui les relie, *le présent*.

Dans l'espace, le positif sera *la hauteur* ; le négatif, *la profondeur* ; et la résultante harmonique, les deux *largeurs*, ou les quatre points cardinaux.

Dans le mouvement, son côté positif, répondant à l'unité, sera *la force motrice* ; le négatif (analogue au binaire), *la résistance* ; et leur résultante harmonique : *la vitesse* obtenue, sa nature intime et sa durée.

Si nous portons plus spécialement nos études sur l'être humain, nous aurons alors à étudier : sa moralité, son degré d'intellectualité et ses forces vitales ; c'est-à-dire, sa vie affective ou sentimentale ; sa vie intellectuelle ou ses connaissances ; et sa vie animale ou ses appétits.

Au point de vue physiognomonique, sa vie spéciale nous sera révélée par l'*expression* de son visage ; sa forme, par *les traits* de sa figure ; et *sa lumière* ou son côté harmonique, par la couleur de son teint.

Mais, nous en avons dit assez pour être compris, et, du reste, les « principes » du livre premier, ainsi que les « lois » du présent livre, trouveront dans le livre troisième, spécialement consacré aux « faits », leurs judicieuses et savantes applications.

*
**

Il nous faut maintenant parler des trois grands fluides, qui sont la vitalité des êtres et des choses. La science exacte les dénomme : *chaleur*, *électricité*, *lumière*.

Dans la Trinité divine, la chaleur, dont le caractère est l'expansion, est analogue au Père ; l'électricité revêt une double attribution, elle est positive et négative ; sa nature duelle la rend analogue au Fils, à l'homme-Dieu ; enfin, la lumière est l'attribut essentiel de l'Esprit-Saint.

C'est par la volonté, — attribut positif — que nous pouvons nous mettre en rapport avec *la Chaleur expansive* qui se manifeste en nous par l'enthousiasme et la véhémence. — Toutes les substances existantes (dont le vin est encore la plus anodine, quand on en use modérément) ont la propriété d'exciter notre volonté et de nous porter à agir. Mais sa première manifestation est de nous délier la langue ; — « Quand le vin entre, le secret sort » — dit un proverbe arabe. Cette première manifestation de la volonté — analogue à la première personne Divine — sera donc un reflet de son expansion qui se manifestera de suite par « le Verbe » ou la parole. Comme, généralement, la surexcitation provoquée par le vin ne se produit jamais dans la solitude, mais bien en joyeuse compagnie, ce flux de paroles, amènera sûrement une discussion, et comme dit le proverbe : « de la discussion jaillit la lumière (1) ».

L'électricité, — produite par le mouvement, manifestation de la vie — et analogue au Verbe, sera donc, en sa dualité, le Symbole de la parole et du geste qui la souligne, en la nuançant selon les besoins de la cause. L'écriture aussi relève du Verbe, elle est, avec le geste, la matérialisation de la pensée.

(1) Nous demandons très humblement pardon au lecteur d'avoir cédé à la tentation de donner comme preuves du ternaire une image aussi prosaïque ; mais nous avons voulu, par cela même, démontrer que ces trois termes sont toujours vrais, aussi bien dans les faits les plus sublimes, que dans les cas les plus vulgaires de l'existence.

La parole échauffe, excite et favorise en nous le développement du fluide électrique ; de même que la surabondance du fluide nerveux nous incite à la volubilité.

Quand nous sommes mus par une pensée qui nous pousse à parler ou à écrire, il se passe alors un phénomène curieux que tous les orateurs et les écrivains connaissent ; c'est que parfois l'orateur, entraîné par la chaleur de sa péroraison, *se grise lui-même* et se surprend à émettre des idées qu'il ne se connaissait point, comme si elles lui avaient été inspirées au moment même ; ce fait est très fréquent chez l'orateur qui improvise. Le Poète et le Philosophe, en la solitude de leur cabinet de travail, constatent aussi le même fait ; il arrive fréquemment qu'en écrivant sur un sujet donné, la plume écrit des vérités, que l'auteur semblait ne point connaître tout d'abord, et il se surprend à dire : « je m'instruis autant en écrivant qu'en lisant ».

Ce phénomène s'explique maintenant de lui-même à l'aide de notre Clé : c'est la Volonté expansive agissant sur la forme de l'idée ; puis, cette même forme réagissant à son tour sur la volonté, sur la pensée active, qui produit naturellement le troisième terme du ternaire que nous savons être LA LUMIÈRE ou l'harmonie.

Pour expliquer les merveilleuses propriétés du ternaire lumineux, les Kabbalistes emploient trois vocables spéciaux ; ils nomment OD la puissance positive qui correspond à la chaleur : OB, la force négative correspondant à l'électricité double ; et OR, l'émanation harmonique qui répond à la lumière.

Od-ob-or, c'est le triple AOUR des hébreux que les initiés modernes nomment : *Lumière Astrale.*

Ces trois mots ne sont autres que les trois lumières de l'être.

— Ob, fluide négatif, répond aux instincts, à la vie animale.

— Od, fluide positif, correspond à l'intelligence, au savoir.

— Or, fluide harmonique, lumineux, répond à l'intuition, qui n'est autre que l'irradiation de la conscience (1).

La conscience, c'est la maturité de l'être.

Eliphas Levy, le docte auteur de « *Dogme et Rituel* de la Haute-Magie », s'est longuement étendu sur les forces mystérieuses de cet Agent qu'il nomme « Lumière Astrale » ; — « Fluide ambiant qui pénètre toutes choses » — dit-il dans l'un de ses savants ouvrages — « cet Ether électro-magnétique, ce calorique vital et lumineux, — image du Saint-Esprit qui renouvelle sans cesse la face de la Terre — est fixé par le poids de notre atmosphère, et par la force d'attraction centrale du globe.

C'est la « ceinture d'Isis » des Egyptiens, dont le cercle représente les divisions du temps, et la synthèse de l'éternité.

C'est la lumière physique quintessenciée, réalisation de la lumière intellectuelle, de même que celle-ci est la réalisation de la Lumière Divine.

C'est le « Livre des consciences », conservant à tout jamais l'impression de tous les Verbes, c'est-à-dire *de toutes les formes* possibles de l'être.

Une simple pensée se réalise en devenant parole, par les sens, par les signes et par les caractères des signes ; elle s'empreint aussitôt dans le fluide astral, par la parole, le geste ou l'écriture. Elle influence les Esprits en se reflétant sur eux, puis elle se réfracte en se traduisant par des actes.

Dans le symbolisme du Tarot, l'arcane XV (le Diable) se rapporte à Ob, la lumière fatale des instincts, dont la lame suivante montre les effets désastreux par « la Tour foudroyée ».

Or, est figuré par l'Arcane XIX (le soleil) ; et Od, par l'Arcane III : (la femme revêtue du soleil, ou l'Impératrice).

(1) Nous nous servons indifféremment des mots : Amour, Lumière, Harmonie, parce qu'ils sont, à notre point de vue, synonymes.

Le « ternaire » a, comme Symbole naturel, le triangle équilatéral, mais son symbolisme occulte réside dans le sceptre ailé entouré de deux serpents qui se regardent ; *le Caducée* étant l'emblème *du pouvoir* qui sait, et *du savoir* qui peut.

LE NOMBRE QUATRE

> « Le ternaire est le nombre de l'idée ; le quaternaire est le nombre de la réalisation de l'idée. »
>
> PLATON.

L'unité, — avons-nous dit déjà, — engendre le binaire en se reflétant elle-même. Entre ces deux forces opposées, naît le ternaire qui les relie en les harmonisant.

Le ternaire a toujours, forcément, une double acception, puisqu'il participe de l'unité et du binaire ; 3 est le résultat de $1 + 2$.

Quelle est donc la genèse du nombre 4 ? — Elle est, virtuellement, contenue dans le ternaire, *parce que ce dernier terme a toujours une double acception.*

Un exemple nous fera mieux comprendre. Dans la journée, il y a une partie lumineuse et positive consacrée au travail ; une partie ténébreuse et négative dévolue au repos ; mais, entre ces deux extrêmes, se placent les deux crépuscules ; celui du matin, qui est le passage de la nuit au jour, et celui du soir, qui est la transition des heures lumineuses aux heures obscures.

Le même fait se reproduit dans l'année par ses deux saisons mixtes, qui relient les chaleurs torrides de l'été aux brumes glaciales de l'hiver ; et, dans l'existence humaine, par les deux époques transitoires de la puberté et du retour d'âge, qui relient la virilité positive et féconde, aux deux bouts de la vie, — à l'impuissance de l'enfant et à la sénilité du vieillard.

Le ternaire de l'idée passe au quaternaire de la réalisation, ar *le sacrifice* de l'un de ses facteurs. Ainsi, les trois premiers nombres, 1, 2, 3, forment une trinité unique, une puissance immanente, une entité nettement définie, que nous avons étudiée sous ses trois attributs de *vie, verbe, lumière*; mais, ce ternaire supérieur resterait sans communication avec les autres nombres, ou mieux les autres nombres n'existeraient point, si l'un des facteurs de ce ternaire Virtuel ne consentait *à se matérialiser* pour former le nombre 4, symbole de la réalisation.

Dans la Trinité Divine, c'est le « Verbe », c'est la seconde personne qui, poussant l'abnégation jusques au sacrifice, consent à descendre dans la matière pour l'épurer, la revivifier, et lui permettre d'avoir des communications avec le ternaire spirituel. Le passage du Ternaire au Quaternaire est expliqué par le XIVe verset de l'Evangile selon saint Jean : *Et le Verbe s'est fait chair, et il a habité parmi nous* !

***

L'étude spéciale du ternaire appartient en propre à l'idée.

Celle du quaternaire se rapporte à l'idée *réalisée* par l'action.

Les nombres 1, 2, 3 sont les trois facteurs qui alimentent *la pensée*; c'est l'intuition, l'intelligence et l'instinct, ou la triple vie en nous.

Le second ternaire numéral : 3, 4, 5, appartient au Verbe, à la forme, et devient : la parole, l'écriture et le geste, les trois premières manifestations de la pensée.

Le troisième ternaire, 5, 6, 7, se rapporte à la lumière, il est : la conscience morale, la certitude et le pressentiment.

Quant au quatrième ternaire, — 7, 8, 9, — ce sont les trois éléments *matériels* : le feu, l'air et l'eau, — synthétisés par la terre, — et auquel le second terme, 3, 4, 5, donne la vie manifestée par LA FORME.

Le quaternaire est le nombre des *éléments matériels* que symbolise le signe de la Croix, (et chacun sait que le signe de la Croix est le Symbole du sacrifice !).

Sans le secours du ternaire, le quaternaire n'existerait pas ; sans la vie fluidique qui l'anime, la matière serait inerte ou plutôt ne serait pas du tout, car elle n'aurait même pas en elle l'attraction moléculaire qui est la vie intime du caillou.

Dans l'ordre des lois naturelles, une force ne peut agir sur une autre force inférieure, qu'en mettant son côté le plus négatif en rapport avec le côté le plus positif de cette dernière.

D'après cet axiome, l'on comprendra facilement que, parmi les fluides, c'est l'électricité *négative* qui, pour vivifier la matière élémentaire, devra se mettre en rapport avec le plus *positif*, le plus raffiné des éléments qui est *le feu*.

La matière est double, elle est fluidique et matérielle.

La matière *subtile*, ce sont les trois grands fluides dont nous avons donné la description dans le précédent chapitre.

La matière *visible* est constituée par les quatre éléments : *feu, air, eau, terre*.

C'est donc à l'aide des fluides, et surtout par le moyen de l'électricité, que nous pouvons transformer et même *transmuer* la matière solide (1).

Ceci est la Clé de la Véritable Alchimie.

La formule du ternaire est :

$+ \quad \infty \quad -$ (plus, équilibré, moins.)

Celle du quaternaire :

$$\begin{matrix} & + & \\ \infty & & \infty \\ & - & \end{matrix}$$

Dans les choses usuelles de la vie, le quaternaire peut se représenter ainsi :

— *Pensée*, agent primordial, positif.

— *Réflexion*, agent secondaire, négatif.

— *Détermination*, agent tertiaire, harmonique.

— *Action*, réalisation du fruit de la réflexion.

(1) L'homme meut la matière inerte à l'aide de deux fluides : *chaleur* (air chaud, gaz, vapeur) et *électricité* ; mais il est à la veille de découvrir le moyen de la mouvoir aussi à l'aide de la *lumière !*

Dans le domaine Divin, 3, c'est Dieu en lui-même ; et 4, Dieu manifesté par les splendeurs de la création.

Pour nous, 3, c'est l'idée pure, et 4, sa réalisation.

Dans le ternaire humain, *trois* est le nombre de l'Esprit ; *quatre*, le nombre de l'âme ; *cinq*, le nombre matériel du corps tangible.

Comme preuve de sa dualité, 4 (le nombre de l'âme) peut être formé par 1 + 3 ou par 2 + 2. Dans le premier cas, il montre l'âme comme étant *la vie* dans *la lumière* ; dans le second, il fait dire à l'âme : « j'ai une double forme. »

De même qu'il est facile de pressentir dans un ternaire quelconque son quatrième terme, de par la qualité duelle de l'un de ses trois facteurs ; de même aussi, dans presque tous les quaternaires, l'on peut réduire deux de ses termes en un seul ; et, conséquemment, y retrouver le ternaire ; ainsi, dans les éléments, *l'air* et *l'eau* n'en sont en réalité qu'un seul, que Moïse, en sa lumineuse Genèse, nomme : MAAÏM — *les Eaux*, (sous-entendu, — supérieures et inférieures).

Dans l'humanité, où l'on trouve ce quaternaire : *l'Ange*, *l'homme* proprement dit, *la bête* et *le démon*, les deux termes : homme et bête n'en sont en réalité qu'un seul, puisque la pensée humaine est, durant son incarnation, fatalement emprisonnée dans le corps d'un animal, (qui n'est pas toujours *raisonnable*, — quoi qu'en dise le catéchisme !).

Nous demandons au lecteur la permission de citer quelques quaternaires sur lesquels il pourra, si bon lui semble, méditer quelque peu, et s'exercer à les réduire en ternaires.

— L'art, c'est l'instinct *du beau*.

— Le savoir, l'intuition *du vrai*.

— La conscience, l'information *du bien*.

— L'équité, la pratique *du juste*.

— Les saisons influent sur le caractère et modifient les tempéraments :

— Le printemps rend joyeux, amoureux, poète et espérant.

— L'été rend expansif, bruyant, impétueux, coléreux.

— L'automne rend mélancolique et rêveur.

— L'hiver nous rend moroses et taciturnes.

— Quand nous nuisons à autrui, par paroles ou par actions, c'est *le démon* qui agit en nous ; quand nous nous satisfaisons, c'est *la bête* ; quand nous travaillons ou souffrons, c'est *l'homme* ; quand nous nous sacrifions pour autrui, c'est *l'Ange*.

— Les quatre grands pouvoirs terrestres : — l'Armée, la Magistrature, le Clergé et l'Université, ne sont que l'ombre des quatre grands Pouvoirs magiques contenus dans ces mots : *savoir*, *oser*, *vouloir*, *se taire*. Ce sont ces quatre puissances que symbolise le « Tarot », par *le Glaive*, *le Sceptre*, *le Sicle* et *la Coupe* ; mais qui, dans les époques troublées, ne signifient plus que : despotisme intransigeant, autorité usurpée, esclavage de l'or, obéissance aveugle !

— Quelles sont les quatre richesses de l'être ?

— La santé, la gaieté, l'harmonie, le savoir !

— Et ses quatre pauvretés ?

— L'injustice, la faiblesse, l'ignorance, l'intempérance !

*
* *

Dans l'antiquité, la tétrade était considérée comme sacrée, et on l'adorait comme une pure émanation divine. Dans presque toutes les langues, le nom de la Divinité est formé de quatre lettres ; en hébreu, il s'écrit ainsi : יהוה et s'épèle : *iod*, *hé*, *vau*, *hé*. Chacune des lettres du nom est une puissance occulte qui se rapporte *au principe* de l'un des éléments, ainsi : — le Iod, *au feu* ; le premier hé, à *l'eau* ; la lettre vau, *à l'air* ; et le second hé, à l'élément synthèse, à *la terre* (1).

Au-dessus de ces quatre éléments, trône « l'Esprit » en sa majestueuse splendeur ; c'est lui que nous allons étudier dans le chapitre suivant, sous la figure du nombre 5 et de ses dérivés.

(1) La *terre* n'est la synthèse des éléments qu'au point de vue naturel. Au point de vue humain, c'est le *feu* — symbole de la vie — qui est l'élément synthèse. L'être emprunte à l'air, à l'eau et à la terre, les aliments gazeux, liquides et solides qui entretiennent son existence.

LE NOMBRE V

« Ecce homo ! »

L'homme n'a qu'à se regarder soi-même pour comprendre la signification que les Elohim, ou Dieux créateurs, ont voulu donner au nombre 5.

Ce nombre magique est écrit à l'extrémité de ses mains et de ses pieds ; et l'ensemble de son corps, — la tête, symbole de l'intelligence, dominant les quatre membres, — reproduit exactement la figure sacrée du Pentagramme.

Cinq, — le quinaire, — est donc le nombre de l'homme, en même temps que le nombre de l'Esprit.

Le Pentagramme est la figure du « microcosme » ou du petit univers synthétisé dans l'homme.

L'on a vu, page 88, dans le chapitre intitulé : — Genèse des Fluides —, que l'Ether (la substance primordiale) donne, par ses transformations successives, naissance *aux principes* des quatre éléments matériels. Pour nous, humains, la substance est susceptible de revêtir cinq caractères différents ; elle est d'abord *éthérée*, puis *radiante*, puis *gazeuse*, et enfin *liquide* et *solide*.

Le nombre cinq, bien compris, sera donc la clé qui expliquera les mystères de l'être humain, dans son extériorité, et dans le jeu mystérieux de ses organes vitaux en intime relation avec les cinq sens, aussi bien que dans l'étude des fluides, des liquides et des solides qui constituent sa triple vie, et les rapports réciproques de ces divers facteurs les uns sur les autres.

L'homme a en soi cinq « fluides » qui concourent à ses fonctions vitales, de même qu'il a en lui cinq tempéraments (issus de ces mêmes fluides) ; cinq caractères principaux inhérents aux tempéraments ; et cinq sens, en harmonie avec les cinq organes essentiels (1).

Les anciens disaient que *le toucher* est le sens des membres (mais plus spécialement des mains).

Le goût, dont l'organe est la bouche, est le sens du ventre, — siège de la vie animale, instinctive.

L'odorat, dont l'organe est le nez, est le sens de la poitrine, siège de la vie sentimentale, affective.

La vue, dont les organes sont les yeux, est le sens spécial de la tête — synthèse humaine — et siège de la vie intellectuelle qui est la direction de l'être.

Enfin *l'ouïe*, dont les organes sont les oreilles, est le sens spécial de l'âme, siège de la vie spirituelle.

Dans l'état de coma, ou dans la léthargie, alors que les mouvements du patient sont paralysés, son regard éteint, sa respiration nulle et les battements du cœur absolument insensibles, *l'ouïe* persiste à fonctionner, et, comme s'il bénéficiait de l'atonie de ses congénères, atteint même parfois à une extraordinaire acuité.

Dans l'animalité, les sens sont actifs ou passifs, selon les circonstances ; l'homme seul a le privilège supérieur *de regarder, d'écouter, de fleurer, de savourer* et *de palper* ; tandis que les sens passifs de l'animal ne peuvent que voir, entendre, sentir, goûter et toucher rudimentairement.

C'est pour avoir méconnu les lois qui régissent le « Quinaire », et les rapports réciproques de ses facteurs entre eux, que les auteurs qui ont cherché à analyser l'être humain, soit dans son ensemble, soit dans ses parties essentielles, par *la phrénologie, la physiognomonie* et *la science qui traite des formes de la main*, ont produit des ouvrages spéciaux si prolixes dans leurs théories, et si peu compréhensibles dans leurs applications.

(1) Ces « fluides » et leurs attributs respectifs, sont les cinq éléments des *Tattwas* hindous, dont le maniement exige une initiation préalable.

Quand nous serons arrivé au chapitre des « faits », nous donnerons à nos lecteurs un aperçu de ce que peut apporter de clarté et de simplicité, dans une méthode scientifique, l'application des « Clés » que nous révélons en ce moment.

***

Puisque le nombre 5 est le nombre de l'humanité, l'on peut donc logiquement inférer que les diverses races humaines qui peuplent notre planète sont au nombre de cinq : la race *blanche*, la *jaune*, la *rouge*, la *noire*, et les races *mixtes*, qui sont aussi très nombreuses et importantes. Chacune de ces races est analogue au Pentagramme, qui comprend l'Ether générateur, et les quatre éléments ses dérivés :

— Les races *mixtes* répondent à l'Ether.

— La race *blanche* répond au feu.

— La race *jaune* répond à l'air.

— La race *rouge* répond à l'eau.

— La race *noire* répond à la terre.

L'on peut aussi classer les animaux sous la même loi ; il semble que les quadrupèdes répondent, de par leur force et leur énergie, à l'élément du *feu* ; les poissons, à *l'eau* ; les oiseaux, à *l'air* ; et les reptiles, à *la terre*.

Restent les insectes ; ces êtres étranges, autant par l'exiguïté de leur taille et la perfection de leurs organes que par leurs mystérieuses transformations, se trouveraient alors en analogie avec la substance supérieure qui, elle aussi, se transforme constamment.

Quant aux « infusoires », ces êtres microscopiques auraient aussi leurs quintuples divisions, et pourraient se classer d'après la loi ci-dessus énoncée.

Sans vouloir allonger démesurément ce chapitre, qu'il nous soit permis d'énoncer ici une loi qui s'applique aussi bien aux nombres qu'aux formes.

— Le nombre n'accuse son intrinsèque puissance réalisatrice, que lorsqu'il est multiplié par lui-même.

Dans le chapitre du ternaire, l'on a vu que nous l'avons déjà dévevoppé en un « neuvaire », en décrivant : la vie de la vie, la vie de la forme, la vie de la lumière, etc. (voir, page 141).

Chaque nombre, et chaque chose se rapportant à ce nombre, peut subir la même opération ; ainsi, dans les quatre éléments, il y a : le feu de l'air, le feu de l'eau et le feu de la terre ; ensuite : l'air du feu, de l'eau, de la terre, etc., etc.

Si nous appliquons cette loi aux animaux visibles, (laissant de côté les infusoires qui sont une classe distincte), nous obtiendrons ce tableau curieux et instructif :

INSECTES	*Insectes*	vermine.
	Oiseaux	moustiques, cousins, mannes, etc.
	Quadrupèdes	scorpions, araignées, perce-oreille, cafards, etc.
	Poissons	crevettes de mer et d'eau douce, etc.
	Reptiles	myriapodes, etc.

L'on peut, avec fruit, répéter ce tableau avec ses sous-divisions ; et, en se souvenant de la classification élémentaire que nous avons donnée à chaque classe d'animaux, en tirer certainement de très intéressantes déductions.

LE SEPTÉNAIRE

« Numero Deus impare gaudet. »

Les multiples vertus du nombre *sept* sont trop connues de tous, pour que nous ayons à les énumérer de nouveau. On a nombré les facultés de l'âme humaine sur ce chiffre sacré, sans doute en considération des sept planètes de notre système (1) et des sept jours de la semaine, auxquels chacune d'elles prête son nom (2).

La vertu magique, que l'on se plaît à attribuer au nombre sept, provient de ce que les deux facteurs qui concourent à sa formation, sont : le 3, créateur, et le 4, symbole de l'univers créé. Ce nombre est donc *parfait*, puisqu'il réunit en soi le Créateur et la créature ; l'Esprit et la matière ; la force et la substance ; les trois grands fluides animateurs et les quatre éléments.

Puisque 3 est l'idée pure, et 4 sa réalisation, 3 + 4 ou 7, sera la permanence de l'idée constamment réalisée : sept est donc le nombre qui préside à l'incessante, à l'éternelle création des êtres et des choses (du moins, au point de vue solaire).

La loi sacrée du Septénaire est inscrite dans la lumière par la diffusion des sept couleurs du prisme ; elle est écrite également dans les éléments — fluidiques et gazeux — qui constituent la matière solide ; les trois grands fluides, *chaleur*,

(1) Il y a, astronomiquement, *neuf* planètes issues du soleil ; en astrologie l'on n'en compte que *sept* ; sans doute parce que les plus éloignées n'ont que très peu d'influence sur nous.

(2) Puisque chaque planète prête son nom à l'un des jours de la semaine, pourquoi ne pas nommer le dimanche : *soldi*, comme aux siècles antérieurs ?

électricité, lumière ; puis les quatre éléments-principes : *oxigène, azote, hydrogène* et *carbone*.

Elle se retrouve dans l'harmonie musicale, aussi bien que dans la gamme moins connue des parfums et des saveurs ; et il existe, entre tous ces septénaires, une parfaite analogie qu'il est curieux de constater.

L'Astrologie ne compte que sept planètes, parce que ce nombre suffit à peindre les facultés de l'âme humaine qui, montées d'une octave, donnent les sept vertus, (les trois théologales et les sept cardinales) ; et baissées, au contraire, dépeignent les sept vices majeurs de l'humanité coupable.

Les sept planètes dont se sert la science astrologique pour l'obtention de ses présages — subjectifs et objectifs — ne sont, en réalité, que de simples étiquettes de convention. *La terre*, sur laquelle nous vivons, nous nous mouvons et souffrons, n'y paraît que par l'intérim de sa folle satellite, la lune. — Les « Astéroïdes » qui tiennent cependant une si large place dans le firmament, entre les planètes *Mars* et *Jupiter*, n'y figurent point non plus ; seuls, les astrologues américains placent « Uranus » — qu'ils nomment : *Herschell*, (nom de l'astronome Hanovrien qui découvrit cette planète le 13 mars 1781) ; quant à la planète *Neptune*, elle est délaissée tout à fait ; le vieux *Poseïdôn*, — le fils aîné de l'éclatant Phœbus, — s'étant, paraît-il, émancipé, et au dire de certains astronomes aurait « mal tourné », je veux dire qu'il opérerait sa révolution annuelle autour du soleil, *en sens inverse* des autres planètes de notre système, ce qui n'est encore qu'une hypothèse.

Mais alors ! où se trouve le bien fondé de l'Astrologie ?

Il réside dans la loi du *septenaire* qui fait resplendir son éternelle harmonie aussi bien parmi le champ éthéré des sphères sidérales que dans le corps des simples mortels ; les planètes, dont se sert l'Astrologie dans l'érection de son thème généthliaque, sont bien, en réalité, celles qui scintillent au firmament, mais elle ne s'en préoccupe point ; les planètes qu'elle étudie ne sont déjà plus les planètes sidérales dont elle n'a que faire, mais bien les planètes humaines, c'est-à-dire les facultés subjectives et objectives de l'âme humaine.

Sachant que les sept planètes célestes sont, — en comptant de leur distance de la terre — : *la Lune, Mercure, Vénus* (1), *le Soleil, Mars, Jupiter* et *Saturne*.

Que sont donc, en réalité, ces sept planètes au point de vue purement humain ?

Pour répondre clairement et sincèrement à cette question, nous n'avons qu'à les soumettre à la loi du « Septénaire » qui nous est connue déjà, et leur intrinsèque signification sera toute trouvée. Nous tiendrons compte seulement de leur configuration pour les adapter aux chiffres, et la solution désirée se présentera d'elle-même.

Au fond, cette étude est très intéressante — du moins telle que nous la sentons — et nous allons essayer de faire partager au lecteur attentif, tout le plaisir qu'elle nous a causé.

*
**

Dans le livre premier de cet ouvrage, au chapitre intitulé : « La genèse des Esprits », on a lu que « l'Esprit » nouveau, fraîchement émané des *Elohim* Créateurs, est absolument innocent, ignorant du bien et du mal ; puis que, grâce à la tendre sollicitude de ses parents d'adoption, cette jeune âme, dûment instruite de ses devoirs et de ses droits, arrivait enfin à l'âge, à l'époque où *sa puberté spirituelle* se faisant jour, une sorte de révolution (provenant d'une révélation) se passait en elle, — exactement comme l'éphèbe qui passe le redoutable et délicieux cap de la Virginité. — A ce moment, la science du bien et du mal lui est révélée intuitivement ; une

(1) Et encore là, il y a une interversion : c'est *Vénus* qui vient après la Lune et avant *Mercure*.

nouvelle faculté vient d'éclore en elle : c'est le LIBRE ARBITRE !

Son premier temps n'avait été qu'embryonnaire, que préparatoire. elle ne pouvait ni avancer ni décroître, — n'étant point moralement responsable ; tandis que maintenant, *elle sait* et peut agir dans un sens ou dans l'autre ; elle peut garder sa virginité ou la perdre, car les tentations ne lui manqueront pas ! mais *elle sait* à quoi elle s'expose, sa vue spirituelle s'est ouverte, et dorénavant elle agira *librement* et en connaissances de causes.

Les anciens Mages de la Chaldée, les pères de la science, les Créateurs savants et puissants des glyphes planétaires et des hiéroglyphes du Tarot, dédaignèrent de donner un schème spécial à l'adolescence de l'Esprit; en effet, tout être qui n'a point encore (ou qui a perdu) son libre arbitre, est un être aliéné ; il ne peut avoir comme symbole parmi les nombres que *le Zéro*, — qui est une circonférence veuve de son point central, — similaire au Fou du Tarot, l'emblème des « aliénations ».

Mais, l'ère du libre arbitre une fois arrivée, l'Esprit étant devenu responsable, les mages lui donnèrent comme symbole le signe de la croix, — + — qui est celui de la vie conquise par le renoncement ; le symbole sacré de la douleur expiatoire et du sacrifice volontaire. Au début, ce signe actif, énergique et puissamment vital, était le symbole du libre arbitre ; la ligne verticale de la croix, — l'homme debout et prêt à l'action,— signifiant *le bien*, et la ligne horizontale — l'homme couché, au repos — représentant *le mal*. L'on va voir pourquoi et comment ce signe crucial, attribué à MERCURE (symbole du libre arbitre), est devenu — ☿ —, le signe que l'on donne actuellement à cette puissance planétaire.

Au moment de son épreuve (1), l'Esprit, nanti de son libre arbitre, se trouvait placé entre *les deux routes* du bien et du mal, (Arcane VI du Tarot), et avait par conséquent à opter.

(1) Voir : *l'Epreuve de l'Esprit*, page 79.

Le bien, force active et lumineuse, émanée de son âme supérieure, (que nous avons comparée à « l'unité », fut représenté par un point au milieu d'une circonférence — ☉ —, symbole de la vie *limitée*, circonscrite, — accessible, par conséquent, malgré ou à cause de son irradiation.

Le mal, toujours louche, sombre, facile et ténébreux, fut représenté sous la forme d'un croissant — ☽ — ; la faucille de Cybèle ; le creux du gouffre attirant, la fausse lumière, le mirage, l'illusion, le mensonge, *le reflet de l'Ame inférieure.*

En donnant au symbolisme de Mercure le triple attribut de la figure cruciale jointe au cercle solaire et au croissant lunaire, c'est comme si l'on avait placé le libre arbitre entre l'arbre de vie et l'arbre de mort, telle que nous le représente la VIe lame du Tarot hermétique ; mais la croix seule est un symbole identique, si elle est placée au milieu de ces deux derniers symboles.

Alors, avait lieu la terrible et inéluctable *épreuve* ! Si l'Esprit en sortait triomphant, il avait encore à combattre contre l'orgueil qui aurait pu naître de son triomphe ; si, au contraire, il cédait malheureusement à la tentation, il subissait alors la peine de sa « chute » ; mais tout moyen de retour ne lui était point fermé ; l'on va voir, par l'arrangement planétaire ci-dessus, combien la Divine Providence, aussi juste que miséricordieuse, a droit à notre légitime admiration, et aussi, à notre adoration.

Le schéma des sept planètes découle entièrement de ceux ci-dessus, ainsi :

+ ou ☿ — *Mercure* (ou le libre arbitre).
— ☉ — *le Soleil* (le bien potentiel).
— ☽ — *la Lune* (le mal potentiel).
— ♀ — *Vénus* (le bien objectif).
— ♃ — *Jupiter* (le bien subjectif ; le mérite).
— ♂ — *Mars* (le mal objectif).
— ♄ — *Saturne* (le mal subjectif).

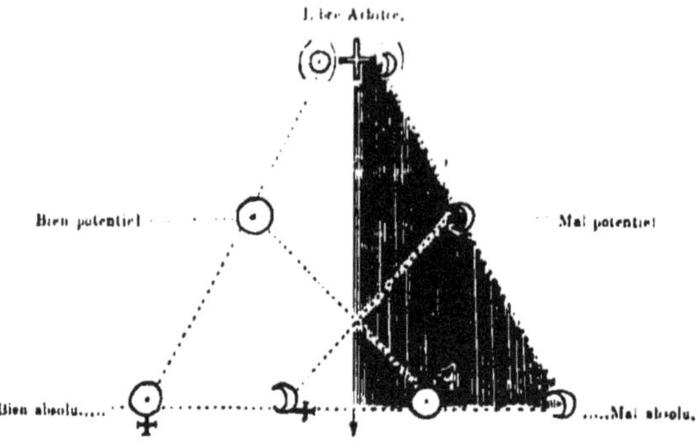

Ce schéma est à lui seul tout un résumé philosophique.

Au sommet du triangle, nous voyons Mercure, (symbolisé par la Croix), sollicité également, d'un côté, par *le Soleil*, source du bien ; de l'autre, par *la Lune*, source du mal ; si l'Esprit, triomphant de la tentation, va recevoir de Vénus sa récompense, il y a encore un rayon de lune — la planète Jupiter — qui va vers lui pour le tenter par l'orgueil satisfait ; si, au contraire, l'Esprit a cédé à la tentation du mal, un rayon solaire — la planète Mars — vient lui offrir le salut par l'expiation de la douleur !...

Lao-Tseu, le grand philosophe Chinois, a laissé, dans l'un de ses livres sacrés (le *Tao-te-King*), un schéma qui, sans être aussi puissamment éloquent que celui-ci, dit cependant à peu près la même chose :

(1) « Il ne faut pas trop regarder à travers les bonnes actions ! » (*Duc de Lévis.*)

L'érection d'un Horoscope se fait en cherchant, sur des tables astronomiques spéciales, quelle place occupaient les planètes, parmi les douze signes du zodiaque, le jour de la naissance du consultant, ainsi que l'orientation exacte du zodiaque lui-même; c'est-à-dire lequel des douze signes occupait alors « l'ascendant » ou première « Maison » solaire de l'horoscope (1).

Quant à son interprétation, voici quelles sont, — au point de vue *subjectif*, — les diverses significations que nous attribuons aux sept planètes.

*
**

— *Mercure.* — Avons-nous dit déjà — est le symbole du libre-arbitre; (il faut bien se garder de confondre cette faculté purement passive, avec *la liberté!* Cette dernière est une victoire, un triomphe sur soi-même, elle demande à être conquise!)

Mercure, c'est aussi l'intelligence; mais, on peut être très intelligent et n'être qu'un bandit; aussi, cette planète, infortunée, sur le zodiaque, ne signifie-t-elle plus que le « savoir-faire »; et, si Saturne lui est conjointe, le mensonge et le vol.

— *Le Soleil* est l'emblème de la Lumière, de la Vérité, de l'intégrité et de la conscience morale.

— *La Lune* est le symbole de la nuit, des embûches, du mirage, du caprice, de l'inconstance; elle est l'imagination vagabonde, l'erreur, la « folle du logis ».

Ces trois planètes : Mercure, Soleil, Lune, jouent, vis-à-vis des quatre autres, dont nous allons aussi donner l'explication, le même rôle que les trois grands fluides animateurs jouent vis-à-vis des éléments.

Ainsi, *la Lune* est analogue à la chaleur latente.

(1) La méthode astrologique que nous professons, — et qui nous donne chaque jour des résultats étonnants d'exactitude, — est d'une très grande simplicité. Nous l'avons créée spécialement pour les personnes qui ignorent « l'heure » qui les a vu naître; il nous suffit de connaître le quantième du mois et l'année de la naissance.

Mercure, à l'électricité (positive et négative).

Le Soleil, à la lumière intuitive, à la conscience, (qui est la lumière de l'être).

Les quatre autres planètes répondent au quaternaire des éléments, et aux quatre tempéraments qu'ils gouvernent.

— Jupiter est analogue à l'air, et au tempérament *sanguin*.

— Mars, au feu et au tempérament *bilieux*.

— Saturne, à l'eau et au tempérament *lymphatique*.

— Vénus, à la terre et au tempérament *nerveux*.

Au point de vue subjectif, Jupiter indique le bien dont Vénus est la récompense ; et Saturne, le mal dont Mars est la punition.

— Vénus est le devoir.

— Jupiter, le droit.

— Mars, l'exagération du droit.

— Saturne, le manquement aux devoirs.

Telles sont, succinctement décrites, les significations des sept planètes, auxquelles on peut joindre aussi les sept vertus ou les sept vices ; car, l'homme étant un petit monde, il a, en lui-même tous les éléments de son salut, de même que ceux de sa perdition ; tout dépend de la direction première qu'il donne à son *libre arbitre*, la faculté primordiale de son « moi » spirituel.

Voici comment les sept planètes régissent le corps humain :

— Mercure, symbole de l'intelligence, régit *la tête*.

— Le Soleil, symbole des sentiments, des facultés affectives, gouverne, non seulement le cœur, mais encore tous les organes contenus dans la poitrine.

La Lune régit le ventre et ses organes, (siège des instincts matériels).

Quant aux quatre autres planètes, elles se partagent les quatre membres, ainsi :

— Mars correspond au bras droit ; Vénus, au bras gauche ; *Jupiter*, à la jambe droite ; et *Saturne*, à la jambe gauche.

Le septénaire est aussi le symbole de l'Infini, car il comprend, autour d'un centre commun, les six dimensions de l'espace : hauteur, profondeur et largeur.

Le symbole ci-dessous peut être envisagé sous deux points de vue différents ; nous pouvons y voir une ligne verticale (formée par les trois cercles perpendiculaires : hauteur, centre, profondeur), qui traverse une double ligne horizontale (les

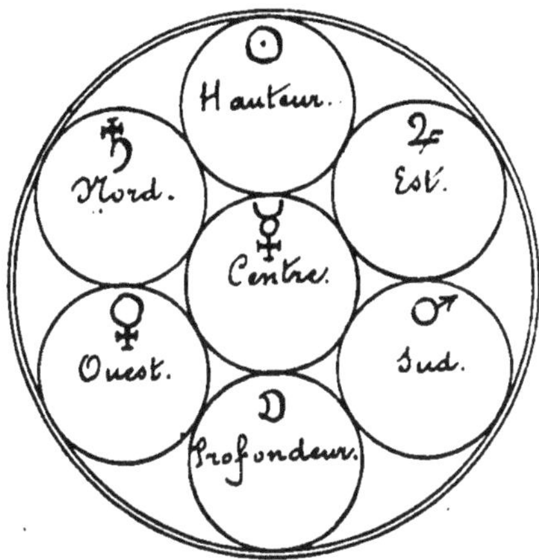

quatre points cardinaux) ; la ligne verticale est alors le symbole de l'*Esprit* qui anime la matière, les trois grands fluides qui vivifient les quatre éléments après les avoir générés ; ou bien y découvrir le « sceau de Salomon » (hexagramme formé de deux triangles entrelacés), symbole de la Nature humano-divine de l'Etre.

Enfin, si l'on suppose que chacun des petits cercles soit une sphère, l'on trouvera qu'une grande sphère creuse, dont le diamètre équivaudrait au triple de l'une des petites, en contiendrait juste *quinze*. La quinzième lame du Tarot représente un Protée qui symbolise *la Lumière astrale* ; il y a là un Arcane à découvrir : nous en laissons le mérite à la sagacité du lecteur.

LE DÉNAIRE

Avant d'exposer les multiples et importantes significations du nombre *dix*, nous allons, par un tableau très simple, synthétiser celles des neuf premiers nombres, qui se classent en un triple ternaire.

		(+)	(—)	(∞)	
Vie	(+) —	1.	2.	3. —	*monde moral.*
Forme	(—) —	4.	5.	6. —	*monde physique.*
Lumière	(∞) —	7.	8.	9. —	*monde intellectuel.*
		(vie.)	(forme.)	(lumière.)	

Il n'y a, en réalité, que neuf nombres émanés du *zéro* potentiel, de même que, dans notre système planétaire, il ne peut y avoir que neuf planètes émanées du soleil, (ce qui prouve que notre système planétaire est complet).

— Le nombre dix, que nous étudions maintenant, peut donc avoir une double signification ; soit qu'il prenne le zéro qui précède l'unité, pour compléter le dénaire ; soit (comme le veulent les « Séphiroth »), en laissant le zéro initial — le *Aïn soph* incognoscible, — et en prenant réellement le 10 (qui est, comme on le sait, une unité de second ordre, ou une unité jointe au zéro virtuel).

Comme on le voit par le tableau ci-dessus, les nombres 1, 4, 7 sont la triple manifestation du Père : — en lui-même par l'unité ; en son Fils, par le binaire ; dans l'Esprit-Saint, par le ternaire.

Les nombres 2, 5, 8 nous montrent, par le 2, le Fils agissant avec le Père ; par le 5, le Fils agissant sur lui-même (ou par lui-même) ; et par le 8, le Fils agissant de concert avec le Saint-Esprit.

Le dernier groupe, 3, 6, 9, appartient en propre à l'Esprit-Saint ; soit qu'il agisse avec le Père, avec le Fils, ou par lui-même.

Nous pensons, après cet exposé très simple, avoir été compris de tous.

Récapitulons maintenant le neuvaire dans un autre sens :

— 1 — est la vie de la vie ; la vie dans son expansion, indéterminée encore.

— 4 — est la vie dans la forme (ou la vie distinguée d'une autre vie).

— 7 — est la vie dans la lumière : c'est un retour à l'unité par la fusion.

— 2 — c'est la forme dans la vie manifestée, mais cette forme est purement morale.

— 5 — c'est la forme de la forme, ou la forme quintuple du corps physique.

— 8 — c'est la forme dans la lumière.

— 3 — c'est la lumière dans la vie, ou la conscience morale.

— 6 — c'est la lumière dans la forme, ou l'instinct animal.

— 9 — c'est la lumière dans la lumière, ou la certitude intuitive.

(Cependant, il est certains points de vue où ces données peuvent, parfois, permuter.)

— L'UNITÉ, c'est la vie morale ou *la foi*, la confiance de l'être, (soit dans les personnes, soit dans les choses). — La foi est ce qui incite à l'action ; elle est le grand mobile de la vie ; supprimez la foi et vous tuez l'essentielle vitalité de l'être.

Imaginez, si vous le pouvez, une monstruosité humaine sans foi ! Elle n'aura pas même la conscience de sa personnalité ; elle sera en perpétuelle défiance de ses facultés intellectuelles ; et, quant à son corps, elle n'osera ni le mouvoir, ni le nourrir, ni le perpétuer ! La vie, se trouvant alors paralysée en ses trois centres essentiels, se retirerait d'elle-même, et cette *loque* imaginaire deviendrait bien vite un cadavre !

Sans la confiance, — manifestation de la foi, — nous n'oserions pas mettre un pied devant l'autre, craignant que ce mouvement ne déplaçât malencontreusement notre centre de gravité, et ne nous fasse tomber! Nous n'oserions pas manger dans la crainte de ne point digérer nos aliments; ou, comme certains monarques affolés, dans la triste appréhension d'être empoisonné par quelque main criminelle. Nous n'oserions plus causer, plus aimer, ce serait la fin de tout!...

Si donc la foi est aussi indispensable — même à la vie matérielle, — combien plus encore à la vie intellectuelle, qui est la vie de relation ; et à la vie morale, qui est l'épanouissement de l'être et sa fin naturelle selon la loi Divine.

Croire, c'est *croître* ; nier, c'est dépérir. On ne boude jamais impunément la Vérité!

L'on a dit: « un peu de science éloigne de la foi, mais beaucoup de science y ramène ». C'est parfaitement vrai ; un demi-savant ne sera jamais qu'un ergoteur en matière de foi, un raisonneur non raisonnable. Il n'y a que la foi éclairée qui puisse ramener toutes les connaissances humaines à l'unité, c'est-à-dire à la lumière.

De même que l'air, sorti d'un soufflet, refroidit un charbon qui n'est encore que chaud, mais allume jusqu'à l'incandescence celui sur qui s'est posée l'étincelle; de même aussi la critique mondaine et la crainte du terrible « qu'en dira-t-on » glacent un esprit timoré et à demi-croyant, mais enflamme jusques à l'enthousiasme celui dont la foi est éclairée par le savoir.

La vraie foi est toujours féconde, elle engendre la fleur suave de l'espérance; et celle-ci, à son tour, produit le fruit savoureux de la charité bienveillante.

Un homme intelligent, qui se dit athée, n'est qu'un vulgaire « bluffeur » qui se ment à soi-même!

Après le chiffre 9, vient le 10; qu'est-ce que ce nombre nouveau?

Rien autre qu'une *nouvelle unité*, à une octave inférieure.

Un tableau abrégé nous fera mieux comprendre que les plus savantes dissertations.

1	2	3	4	5	6	7	8	9
10	11	12	13	14	15	16	17	18
19	20	21	22	23	24	25	26	27 etc., etc.

L'on voit de suite que le nombre 15, par exemple, n'est autre que le 6 à l'octave inférieure ; que 26 correspond à 8, et ainsi de suite ; mais, pour savoir de suite auquel des neuf premiers nombres, — dont la signification nous est maintenant connue, — appartient un nombre supérieur quelconque, il suffit d'additionner les chiffres qui le composent ; ainsi, 47 (ou 4 + 7) donne 11, que nous réduisons encore en 1 + 1 = 2 : Le nombre 47 a donc la même signification négative que le binaire, qui est la forme de la moralité. Un nombre plus fort, 52.628, par exemple, nous donnera : (5 + 2 + 6 + 2 + 8 = 23), puis, 2 + 3 = 5. Le nombre ci-dessus se rapportera donc à « la forme matérielle », tout comme le quinaire générateur.

Si l'homme n'abrégeait point la durée de son existence par une hygiène mauvaise, et par des excès de toutes natures, il devrait vivre *cent ans*, ainsi que semble l'attester le mot hébreu : MATH, qui veut dire *cent*, mais dont l'homonyme MÔTH, veut dire : *mort*. En prolongeant le tableau ci-dessus jusques à 99, l'on peut s'amuser à analyser son âge courant, comparer aux nombres types, telle ou telle époque — heureuse ou malheureuse — de l'existence ; étudier un millésime d'année marquante ; préjuger si le numéro d'une maison que l'on pense habiter est heureux ou non, etc., etc.

La science du nombre est très féconde : heureux celui qui la cultive et la sait appliquer sérieusement !

En Kabbale, la *décade* joue un rôle extrêmement important. Elle y est étudiée sous le nom hébreu de SÉPHIROTH, le pluriel féminin de *séphar* (ou *sepher*), le nombre (1).

Les « séphiroth » sont les dix émanations divines qui correspondent à notre planète et aux neuf cieux supérieurs, que nous avons décrits dans la première partie de cet ouvrage ; les-

(1) C'est du mot hébreu *sepher*, qu'est venu le mot français *chiffre*.

quels cieux sont régis par les neuf chœurs Angéliques que l'on connaît.

— « Il y a dix séphiroth » — dit le Livre de la Création — « dix et non pas neuf, dix et non onze ! Fais en sorte de les comprendre dans ta sagesse et dans ton intelligence ; que, sur Elles, s'exercent constamment tes recherches, tes spéculations, ton savoir, ta pensée et ton imagination. »

Les dix séphiroth sont, en commençant par la plus élevée :

1. — KETHER, *la Couronne* (vie morale).
2. — CHOKMAH, *la Sagesse* (forme morale).
3. — BINAH, *l'Intelligence* (lumière morale).
4. — CHESED, *la Miséricorde* (vie matérielle).
5. — GEBURAH, *la Sévérité* (forme matérielle).
6. — TIPHERETH, *la Beauté* (lumière physique).
7. — NETZAH, *la Victoire* (vie intellectuelle).
8. — HOD, *la Splendeur* (forme intellectuelle).
9. — YESOD, *la Fondation* (lumière intellectuelle).
10. — MALKUTH, *le Royaume*, (vie morale instinctive).

« ... DIEU, *Puissance suprême*, équilibrée par l'*Intelligence* perpétuellement active, par la *Sagesse* absolue, par l'*Amour* infini et par la *Justice* intégrale, est le resplendissement de toute *Beauté*, rayonnant sans cesse le foyer de toute vie, et *Régnant* éternellement sur les œuvres que sa *Fécondité* manifeste à l'infini dans le cercle des êtres *Relatifs* ou créés. »

Les trois premiers nombres séphirotiques et leurs attributs forment la Trinité supérieure ou créatrice.

— Le premier est la connaissance (ou la vie-principe).

— Le second, ce qui connaît (ou l'intelligence).

— Le troisième, ce qui est connu (ou la lumière).

Les sept autres séphiroth sont l'*Univers créé*, analogue aux sept planètes Astrologiques.

Leur étude constitue la science Divine des nombres et révèle les lois qui président à la création.

Nous renvoyons ceux de nos lecteurs désireux d'approfondir davantage ces passionnantes questions, au très intéressant ouvrage de M. A. Franck sur la « Kabbale ».

C'est par l'étude approfondie de cette science, que le célèbre Pic de la Mirandole put, à bon droit, prendre la devise fameuse : *De omni re scibili, et quibusdam aliis.*

LES DIX SEPHIROTH

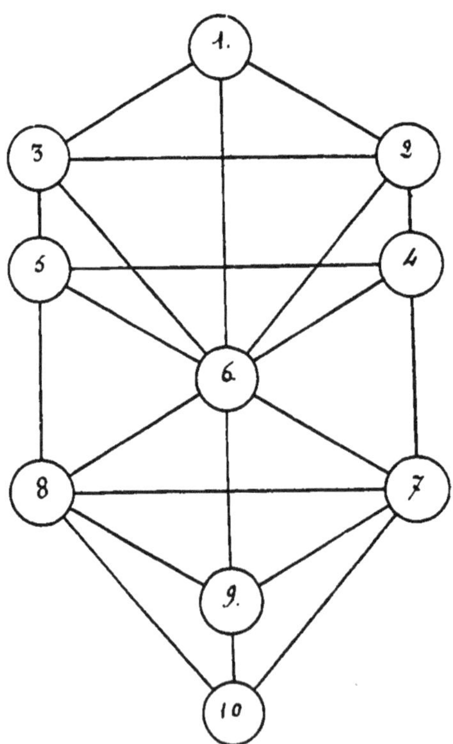

LE DUODÉNAIRE

Le nombre *douze* étant celui des signes zodiacaux, demande une étude spéciale. Un lien de parenté très étroit le relie au septénaire; sept est formé de 3 *plus* 4; douze, de 3 *multiplié par* 4; tous deux ont pour générateurs le ternaire de l'idée, et le quaternaire réalisateur.

Dans les gammes musicales et colorées, 12 est l'épanouissement complet du nombre 7; le complément chromatique du septénaire; mais ces détails sont connus de tout le monde, et toute explication à leur sujet serait une superfluité. Nous rappellerons seulement pour mémoire, que 12 sort de 7, comme 7 est sorti de 3, — par complémentarisme.

Prenons pour exemple les couleurs :

Ce sont les trois couleurs fondamentales, *rouge*, *jaune*, *bleu*, qui créent les quatre complémentaires : *violet*, *orangé*, *vert*, et *indigo*; ainsi :

	Violet.
ROUGE	
	Orangé
JAUNE	
	Vert.
BLEU	
	Indigo

Telle est la gamme diatonique des couleurs, analogue à la gamme diatonique des tons musicaux.

Quant à la gamme chromatique, elle sort de la gamme diatonique, comme le complémentarisme de cette dernière est sorti des trois couleurs fondamentales, analogues à « l'accord parfait ».

Si nous reproduisons ici ces lois que chacun connaît (ou est sensé connaître), c'est parce qu'elles renferment en elles-mêmes le secret de la création des êtres et des mondes de l'espace. Comprendre les lois de l'harmonie musicale, c'est comprendre la genèse des êtres et des choses !

Désireux d'expliquer le duodénaire en analogie avec le zodiaque, nous allons pouvoir donner, en un tableau unique, *la forme* kabbalistique, *la couleur* adéquate, et *la vie*, — c'est-à-dire *le mouvement* de chacun des douzes signes, en rapport avec le corps humain (1).

NOMS	FORMES	COULEURS	QUALITÉS DES ÉLÉMENTS	RAPPORTS AVEC L'ÊTRE HUMAIN
Bélier	♈	Rouge	Feu mobile	Tête.
Taureau	♉	Rouge-Orangé	Terre fixe	Col, gorge, pharinx
Gémeaux	♊	*Orangé*	Air double	Epaules et bras.
Cancer	♋	Jaune-Orangé	Eau mobile	Poitrine et seins, (estomac).
Lion	♌	Jaune	Feu fixe	Cœur, poumons et foie.
Vierge	♍	Jaune-Vert	Terre double	Entrailles, (intestins, etc).
Balance	♎	*Vert*	Air mobile	Epine dorsale (moëlle épinière).
Scorpion	♏	Vert-Bleu	Eau fixe	Reins et génitoires.
Sagittaire	♐	Bleu	Feu double	Cuisses.
Capricorne	♑	*Indigo*	Terre mobile	Genoux.
Verseau	♒	*Violet*	Air fixe	Jambes.
Poissons	♓	Pourpre	Eau double	Pieds.

Dans l'homme, (ou « Microcosme »), le Zodiaque répond au corps matériel, organique ; et les sept planètes, aux sept facultés de l'âme, que nous avons énumérées dans le chapitre du septénaire page 159.

Pour comprendre les profonds mystères contenus dans la « Genèse » de Moïse, la loi des nombres et celle qui préside à la généralisation des fluides peut mettre sur la voie ; de plus, il faut considérer aussi que la création est *permanente*, elle n'a pas eu de commencement et n'aura jamais de fin.

Tout être, de même que toutes choses qui naissent dans un

(1) Cette harmonie des signes et de leurs couleurs respectives, est du Père Castel, de la Compagnie de Jésus. (*Magasin pittoresque* de 1833, tome I, page 91.

même temps, sur un espace donné, doivent avoir un « mouvement » analogue, puisque les mêmes influx sidéraux ont présidé à leur naissance.

Cet axiome est la base de la science astrologique, et la raison d'être des similitudes réelles existant entre les règnes inférieurs de la nature et l'homme, synthèse des êtres et Roi de la création réalisée sur sa planète.

Un végétal, un minéral, un animal, qui naît à la même minute qu'un enfant, aura avec cet enfant des rapports analogiques, de par une signature astrale similaire ; l'influx planétaire et zodiacal ayant été le même pour *l'être* comme pour *les choses*.

Ceci est la clé de la thérapeutique et la raison d'être *de la vertu* des « pierres précieuses », auxquelles nous consacrons un chapitre spécial, page.

La connaissance exacte des douze signes du Zodiaque est la base de la science astrologique qui est elle-même la base de la science occulte (1). Par l'érection savante d'un Horoscope, l'on peut connaître, non seulement les instincts, le caractère, les aptitudes, et les événements heureux et malheureux de l'existence, mais encore, par déduction, pressentir *de quel plan astral* arrive le nouvel être qui vient de s'incarner.

L'ellipse formée par la succession des douze signes n'est autre que la double voie, *descendante* et *ascendante*, que parcourt l'Esprit dans son évolution, et dans son involution compensatrice. Au milieu de la route, se trouve le signe de *la Balance (Equi-Libra)*, qui est le point de transition entre la « chute » de l'Esprit, et sa « Voie de retour ».

(1) D'après la couleur des yeux d'une personne, l'on peut quelquefois deviner en quel mois elle est née : il suffit de se souvenir de la couleur de chaque signe zodiacal et du mois qu'il régit. (Cette remarque judicieuse ne donne cependant des résultats que si le sujet n'a pas de planète à « l'ascendant » de son horoscope.)

Les signes *descendants* sont : *le Scorpion*, *le Sagittaire*, *le Capricorne*, *le Verseau* et *les Poissons*.

Les signes *ascendants : la Vierge*, *le Lion*, *le Cancer*, *les Gémeaux*, et *le Taureau*.

Quant au *Bélier*, il est le point terminus supérieur, comme *la Balance* est le point terminus inférieur. Le Bélier est le signe où le soleil (lisez « la Conscience de l'être), se trouve *en exaltation*, (et il est en « chute » dans la Balance).

Une erreur grave, en Astrologie, a été propagée par les « professionnels » de la divination, qui, dans leur ignorance des principes de cette science, attribuent bénévolement au signe zodiacal, où se trouve le soleil au moment de la naissance, une signification personnelle qu'il n'a, en réalité, point. Une personne née le 15 mai, je suppose, aura bien, sur son Horoscope, le soleil dans les derniers degrés du signe : le Taureau ; mais, ce dont il faut bien se souvenir, c'est que tous les enfants qui naissent entre le 20 avril et le 20 mai, ont aussi, sur leur roue zodiacale, le soleil dans le « Taureau », à l'un quelconque des trente degrés de ce signe. Or, vouloir donner au signe solaire toute la signification qu'on lui prête est une simple hérésie ; ce n'est pas le signe où se trouvait le soleil, qui régit un horoscope, mais bien celui qui se levait, à l'est, au moment précis de la naissance, et que l'on nomme, pour cette raison, le signe de l'*Ascendant*.

Donc, encore une fois, toutes les attributions secondaires, que les amateurs en astrologie donnent à tort au signe du soleil, telles que : pierres précieuses que l'on peut porter comme talismans préservateurs ; couleurs, nombres, parfums, plantes, etc., etc., ne seraient justes que si, par le plus grand des hasards, (ce qui peut arriver une fois sur dix mille), le consultant était né à la minute précise où le soleil se lève.

Mais, depuis que le monde est monde, un âne qui brait attirera toujours plutôt les badauds qu'un sage qui se tait.

Un vantard est toujours doublé d'un impuissant !

TRILOGIE PLANÉTAIRE ET ZODIACALE

(*Clé de ma méthode Astrologique*).

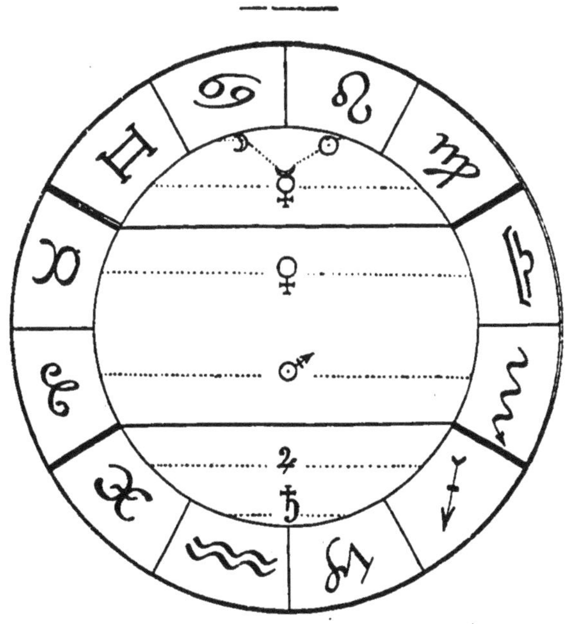

LE TAROT

« Une lueur unique irradie magnifiquement la foi et le savoir. »
LE CHANOINE BRETTES.

A en juger par le grand nombre d'auteurs émérites qui ont écrit sur le Tarot, il faut croire que ce livre étrange, aux 78 feuillets mobiles, renferme en soi des secrets d'une très haute envergure, et des symboles d'une bien grande puissance. Sans vouloir ici rappeler les élucabrations fantaisistes du coiffeur Alliette (plus connu sous le pseudonyme d'*Eteilla*), nous citerons, parmi les occultistes modernes, J.A. Vaillant (1), Eliphas Lévy (2), et Papus (3).

A ce point de notre ouvrage, nous pensons que le lecteur est déjà suffisamment initié à la loi universelle du ternaire, pour pouvoir utilement l'appliquer au Tarot. Que l'on se souvienne de ce que nous avons écrit à ce sujet, et l'on verra que les nombres 1, 2 et 3, formant entre eux une indivisible *unité*, il s'ensuit que, au point de vue kabbalistique, le premier groupe ternaire des nombres, applicable aux « lois », est : 3, 4 et 5, comme nous l'avons démontré page 150 (puisque 1, 2 et 3 appartiennent aux principes non encore manifestés). Pris dans son ensemble, le Tarot se divise en trois groupes qui répondent exactement aux trois divisions de notre ouvrage. Les vingt-deux premières lames, dénommées *Arcanes majeurs*, en sont le « principe » ; les seize figures, les « lois » ; et les quarante arcanes mineurs, la diffusion des « faits ».

(1) *Les Rômes*, histoire des Bohémiens.
(2) *Rituel de la Haute-Magie.*
(3) *Le Tarot des Bohémiens.*

Les principes contenus dans les vingt-deux premières lames, sont applicables au *ternaire* (1); les lois, que l'on découvre dans les seize figures, répondent à celle du *quaternaire* réalisateur ; et les faits multiples et variés, que révèlent les lames chiffrées de un à dix, peuvent s'étudier à l'aide du *quinaire*.

L'on aura donc : 3 × 7 = ... 21
Puis . . . : 4 × 4 = ... 16
Et ensuite . : 5 × 8 = ... 40

Avant d'aller plus loin, nous demandons au lecteur la permission de rappeler son attention sur ces trois nombres : 3, 4 et 5, qui, appliqués aux côtés d'un triangle rectangle sur lesquels on a élevé le carré de l'hypoténuse, ont la singulière propriété de prouver que le carré des deux premiers nombres est égal au carré du troisième ; de même que la surface totalisée des deux petits carrés du triangle est égale à la surface du plus grand ; comme si *les faits*, dans leur ensemble, devaient équilibrer *les principes* et *les lois* qui ont engendré les faits.

C'est donc le ternaire, qui nous fera découvrir les mystères cachés sous les glyphes des 21 lames principiantes.

Chacune de ces lames, — le zéro étant mis à part — est numérotée de 1 à 21, et est agrémentée de l'une des vingt-deux lettres de l'alphabet hébreu.

D'après M. Franck, le Livre de la Création, (le *Sepher Ietzirah*), enseigne que les lettres de l'alphabet sacré se répartissent en trois groupes : un groupe de *trois* ; un de *sept* ; l'autre de *douze*, (et conséquemment aussi les « lames » qui leur sont inhérentes). — Connaître les unes, c'est comprendre les autres.

Trois de ces lames répondent aux éléments ; sept autres, aux planètes ; les douze restantes, aux douze signes du Zodiaque.

(1) Les arcanes majeurs répondent au ternaire, parce que le « Fou du Tarot » qui porte le numéro zéro, doit rester en dehors ; il ne reste alors que 21 lames, ou 3 × 7. Le Fou du Tarot est analogue à « l'inco gnoscible » qui précède l'unité.

Ces vingt et une lames, en leur mystérieux symbolisme, expliquent : la genèse de l'Esprit, son éducation, son épreuve, sa chute, ses incarnations successives, et son rachat par la douleur ; elles sont donc, en abrégé, l'histoire de son *involution* et de son *évolution*, à laquelle nous avons consacré la première partie de cet ouvrage.

Le second livre, consacré aux « lois », répond au seize figures, qui sont le résultat du quaternaire multiplié par lui-même.

Enfin, les « faits » répondent aux quarante lames numérotées de un à dix, et distinguées par les quatre symboles : *le Sceptre, la Coupe, le Glaive* et *le Sicle* : la puissance ; l'Amour ; la lutte et l'intérêt.

Voici le nom que porte chacune des vingt-deux Lames du groupe majeur.

1° — *la Volonté*, (Le Bateleur).
2° — *la Science*, (La Papesse).
3° — *l'Action*, (L'Impératrice).
4° — *la Réalisation*, (L'Empereur).
5° — *l'Inspiration*, (Le Pape).
6° — *l'Epreuve*, (L'Amoureux).
7° — *la Victoire*, (Le Chariot).
8° — *l'Equilibre*, (La Justice).
9° — *la Prudence*, (L'Ermite).
10° — *la Fortune*, (La Roue).
11° — *la Force*, (Le Lion muselé).
12° — *le Sacrifice*, (Le Pendu).
13° — *la Transformation*, (La mort).
14° — *l'Initiative*, (La Tempérance).
15° — *la Fatalité*, (Typhon ou le Diable).
16° — *la Ruine morale*, (La Tour foudroyée).
17° — *l'Espérance*, (Les Etoiles).
18° — *les Déceptions*, (La Lune).
19° — *le Bonheur*, (Le Soleil).
20° — *la Rénovation*, (Le Jugement).
21° — *la Récompense*, (Le Monde).
22° — *l'Expiation*, (Le Fou).

Christian, dans son « Histoire de la Magie », les groupe ainsi en une légende synthétique :

« — La *Volonté* humaine, éclairée par la *Science*, et manifestée par l'*Action*, crée la *Réalisation* d'un pouvoir dont elle use ou abuse, selon sa bonne ou mauvaise *Inspiration*, dans le cercle que lui tracent les lois de l'ordre universel. »

« Après avoir surmonté l'*Epreuve* qui lui est imposée par la sagesse divine, elle entre, par sa *Victoire*, en possession de l'œuvre qu'elle a créée, et, constituant son *Equilibre* sur l'axe de la *Prudence*, elle domine les oscillations de la *Fortune*.

« La *Force* de l'homme sanctifiée par *le Sacrifice*, — qui est l'offrande volontaire de soi-même sur l'autel du dévouement —, triomphe de *la Mort*, et sa divine transformation l'élevant, outre-tombe, dans les régions sereines d'un progrès infini, oppose la réalité d'une immortelle *Initiative* à l'éternel mensonge de *la Fatalité*.

« Le cours du Temps se mesure par des ruines ; mais, au delà de chaque ruine on voit reparaître l'aurore de *l'Espérance* ou le crépuscule des *Déceptions*. L'homme aspire sans cesse à ce qui lui échappe, et le soleil du *Bonheur* vrai ne se lève pour lui que derrière la tombe, après que *le Renouvellement* de son être par la Mort, lui aura ouvert la porte des sphères supérieures. »

« Toute volonté qui se laisse gouverner par les instincts abdique son libre arbitre, et se voue aux affres de *l'Expiation*. Toute volonté, au contraire, qui s'unit à la Vérité aura, (même dans le courant de son existence terrestre), *la Récompense* promise aux Esprits affranchis. »

Ceci est la manière « spirituelle » de lire les vingt-deux arcanes majeurs ; mais l'on peut aussi, d'après le mode hébraïque, les lire *au rebours*, — de la vingt et unième à la première, — avec fruit, surtout au point de vue divinatoire.

Les seize figures du Tarot sont le point mixte, le lien entre les Arcanes majeurs, *positifs*, et les mineurs, *négatifs* ;

elles symbolisent le quaternaire multiplié par lui-même, ou les Eléments qui tiennent le milieu entre l'Esprit et l'humanité matérielle.

Ces seize figures sont :

— *Le Roi du sceptre.*
— *La Reine du sceptre.*
— *Le Combattant du sceptre.*
— *L'Esclave du sceptre.*
— *Le Roi de la coupe.*
— *La Reine de la coupe.*
— *Le Combattant de la coupe.*
— *L'Esclave de la coupe.*
— *Le Roi du glaive.*
— *La Reine du glaive.*
— *Le Combattant du glaive.*
— *L'Esclave du glaive.*
— *Le Roi du sicle.*
— *La Reine du sicle.*
— *Le Combattant du sicle.*
— *L'Esclave du sicle.*

Ces lames moyennes sont le symbole des quatre grands pouvoirs sociaux et de leurs subdivisions.

Ces quatre grands pouvoirs sont, comme chacun le sait :

— Le Gouvernement, symbolisé par *le sceptre* du pouvoir.
— L'Armée, symbolisée par *le glaive* du combat.
— Le Clergé, symbolisé par *la coupe* de la communion.
— L'Université, symbolisée par *le sicle* des richesses.

Les quarante arcanes mineurs ne sont autres que les dix séphiroth multipliées par les quatre grands symboles ci-dessus : *le Pouvoir, la Religion, la force armée*, et le savoir ou *la richesse.*

— Le 1 de sceptre, est *le couronnement* du pouvoir.
— le 2 — *la sagesse* du pouvoir.
— le 3 — *l'intelligence* du pouvoir.

— le 4 — *la miséricorde* du pouvoir.
— le 5 — *la sévérité* du pouvoir.
— le 6 — *la beauté* du pouvoir,
— le 7 — *la victoire* du pouvoir.
— le 8 — *la splendeur* du pouvoir.
— le 9 — *la fondation* du pouvoir.
— le 10 — *le royaume* du pouvoir.

Il en sera de même des trois autres dizaines.

Ceci est l'explication du Tarot philosophique étudié sous son point de vue le plus général, mais que l'on peut adapter différemment selon l'objet en vue.

Nous ne jugeons pas opportun de parler ici du Tarot divinatoire, par l'excellente raison que chacun peut, avec ces bases, s'en constituer un à sa fantaisie.

Voici comment s'exprime Christian sur les vingt-deux Arcanes majeurs.

« La science de la Volonté, principe de toute sagesse et source de toute Puissance, est contenu en vingt-deux *Arcanes* ou hiéroglyphes symboliques, dont chaque attribut voile un sens, et dont l'ensemble compose une *Doctrine absolue* qui se résume dans la mémoire par sa correspondance avec *les Lettres* de la Langue sacrée et avec *les Nombres* qui se lient à ces Lettres. Chaque Lettre et chaque Nombre, quand le regard les contemple ou que la parole les profère, expriment une réalité du *Monde Divin*, du *Monde Intellectuel* et du *Monde Physique*. Chaque « arcane », rendu visible et tangible par l'une de ces images symboliques, est LA FORMULE D'UNE LOI de l'activité de l'Esprit humain dans son rapport triple avec les Forces dont l'infinie combinaison produit tous les phénomènes de la vie » (1).

Il faut que le Tarot ait une bien grande importance, pour qu'Eliphas Lévy lui fasse une aussi large part dans ses savants

(1) CHRISTIAN. — *Histoire de la Magie*, page 113.

ouvrages sur l'Occultisme, et pour affirmer *qu'il est la Bible en Images !*

La Genèse de Moïse est, comme chacun le sait, le Livre de la création ; pour en comprendre les Mystères sacrés, il faut deux choses : premièrement, en voir l'Esprit, et non la lettre ; secondement, savoir que la création n'a pas eu lieu seulement à un temps donné, (il est vrai que Moïse n'a eu en vue que la Genèse de notre système planétaire) ; mais que son action est *permanente* dans l'immensité de l'Ether Cosmique, ainsi que l'indique Fabre d'Olivet dans son remarquable travail sur la cosmogonie du Législateur hébreu.

Le « Sepher Jetzirah » nous indique que les Vingt-deux Arcanes majeurs du Tarot se répartissent en trois groupes : l'un de trois ; le second, de sept ; et le troisième, de *douze* lettres, correspondant aux lames symboliques ; or, puisque ces mystérieuses lames ont pour but de nous révéler les diverses phases de la création de l'Univers, elles doivent aussi, par analogie, s'appliquer à la « Création » de l'humanité, et sans doute aussi à celle de l'être humain. Sachant qu'en nous, la vie revêt un triple aspect, il ne sera peut-être pas impossible d'adapter aux facultés de l'être, les Vingt-deux « Arcanes » du Tarot.

Nous l'avons dit déjà : — en nous, se meuvent trois âmes ; — l'Ame animale, dont le ternaire s'exprime par les *sensations ;* l'*imagination* (ou mémoire des images) ; et les *instincts* (de conservation et de reproduction) ; — l'Ame humaine, dont le nombre de facultés comprend tout d'abord les trois précédentes (mais montées d'un degré), puis quatre autres complémentaires ; ce sont nos facultés intellectuelles qui, supérieures aux précédentes, atteignent déjà au Septénaire : *l'attention, la compréhension, la mémoire, la pensée, la réflexion* (qui procède du libre arbitre), *le jugement* (ou raison) et *le discernement* (ou libre arbitre proprement dit). — Enfin, l'Ame supérieure — qui procède des deux premières, comme la forme procède de la vie, et dont le clavier s'étend (*chez les êtres complètement évolués*), jusqu'au « duodénaire », en transformant les sept facultés précédentes en facultés morales, lesquelles se complètent d'elles-mêmes et forment, avec la nouvelle gamme diatonique, (montée aussi d'un degré), la splendide et lumineuse gamme chromatique aux douze attributs, qui sont : *la foi* (ou la confiance de l'être en son créateur) : *l'espérance* (fruit de la foi) ; *la charité* (ou désintéressement) ; *la liberté ; l'amour* (ou la reconnaissance) ; *la crainte* (ou le respect) ; *la Justice* (et ses attributs : force, prudence et tempérance) ; *la persévérance* (ou le courage) ; *l'abnégation ; l'intuition*, qui est le soleil de l'Etre ; *la volonté*, qui est la base des vertus morales ; et *la conscience*, qui en est le couronnement.

Telle est — du moins à notre humble avis — l'une des significations plausibles que l'on peut attribuer aux vingt-deux symboles majeurs du Tarot.

Mais toutes ces explications ne peuvent que servir à mettre le chercheur sur la voie ; la vérité est que *les révélations* transcendantales contenues dans ces feuillets mobiles, (soumis depuis la plus haute antiquité à la sagacité des chercheurs), *ne se démontrent point*, ELLES SE TROUVENT !...

Nous livrons à la curiosité du lecteur un arrangement des vingt-deux premières lames, en harmonie avec les sept planètes :

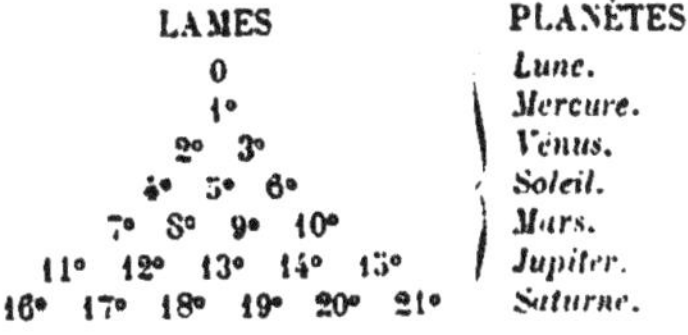

LAMES	PLANÈTES
0	*Lune.*
1°	*Mercure.*
2° 3°	*Vénus.*
4° 5° 6°	*Soleil.*
7° 8° 9° 10°	*Mars.*
11° 12° 13° 14° 15°	*Jupiter.*
16° 17° 18° 19° 20° 21°	*Saturne.*

GENÈSE DES FORMES

LEUR DÉVELOPPEMENT, LEUR SYMBOLISME

(Le Douteur, à la Croix).
Oh ! Grand Symbole aimé que révérait ma Mère,
N'est-il pas un dictame, — où la pensée amère
Oublie, ou s'affranchit ?... Je vous questionne, ô Croix...
(L'Echo) :
. . . . Crois !...

Cet exergue est, en même temps, une profession de foi et une révélation ; quand notre esprit inquiet adresse une fervente prière aux intelligences supérieures, cette prière est toujours exaucée !

Le Nombre, que nous venons d'étudier dans le chapitre précédent, ressemble, de par sa double nature, à la prière qui monte et à la grâce qui descend.

En descendant, le Nombre se matérialise ou, du moins, semble se matérialiser dans la forme ; car si l'Esprit se manifeste au moyen du Nombre, la matière aussi doit au Nombre sa raison d'être, ses qualités intrinsèques et sa variété. D'après son degré d'avancement, c'est le Nombre qui lui mesure la somme de vitalité dont elle dispose jusqu'à ce que — de degré en degré — elle atteigne enfin au reflet de la vie consciente.

Après l'étude des Nombres, celle des formes nous sera facile, parce que, dans les uns comme dans les autres, ce sont les mêmes lois qui sont en jeu. C'est par le Nombre que la forme se développe et s'harmonise.

La forme principe, c'est *le point ;* mais le point, en somme, est encore esprit, car, quelle que soit la ténuité d'une infinitésimale fraction de matière, on peut lui supposer un centre, et même encore, si possible, un centre à ce centre.

Tout centre est mû par un double mouvement ; un mouvement attractif, qui attire à soi les molécules ambiantes douées de moins de vitalité que lui, et contribue à augmenter son volume ; puis, d'un mouvement de translation autour d'un centre plus puissant.

Cette loi unique et universelle régit l'atome aussi bien que les planètes ; les soleils et les systèmes sidéraux même, dans leur ensemble.

La faculté *attractive* du point tend à le transformer en une sphère.

La force de translation du point lui fait décrire tout d'abord *une ligne*, — droite, si ce point appartient à la matière fluidique supérieure régie par la vibration ; — courbe et elliptique, s'il appartient à la matière tangible, (sauf dans certaines cristallisations qui affectent pourtant un semblant de ligne droite).

Au haut des Nues, quand se forme un flocon de neige, l'atome visible qui concourt à sa formation affecte la ligne droite, et l'agglomération de ses atomes, obéissant à la même loi primordiale, produit une aiguillette givreuse qui nous semble rectiligne. Ces petites aiguilles, sitôt formées, se trouvent — comme tout ce qui vient de naître dans la matière — titrées en positif ou en négatif ; immédiatement, la force attractive du point central d'une aiguille positive se fait sentir sur le point central d'une autre aiguille titrée en négatif, et leur jonction forme UNE CROIX.

La croix est le symbole du mouvement, manifestation de la vie. Le symbole de la croix, aussi ancien que le monde, est la manifestation première du fluide électrique, principe de la vie matérielle. Dans l'œuvre de la Création, tout commence par cette figure mystique.

Deux croix, se superposant, forment les rayons de la « Roue » que la circonférence — petite ou grande — a seulement pour mission de limiter.

La Croix symbolise le mouvement dans le domaine de

l'idée ; la double croix, limitée circonférenciellement, est le symbole du mouvement dans la matière.

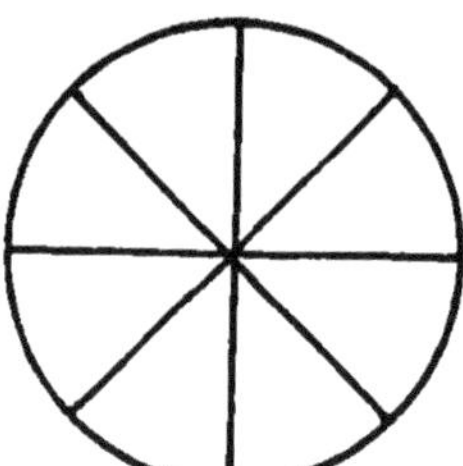

Le flocon de neige, cité plus haut, n'est, à sa formation, que deux petites aiguilles jointes en croix ; en tombant, son mouvement giratoire lui donne une circonférence ; et les atomes de vapeur condensée, qu'il rencontre sur son parcours, forment un flocon gros et moelleux, ou petit et serré, mais dont le centre, la charpente principale, est toujours *la croix* formatrice et principiante.

Au point de vue strictement géométrique, nous aurions à envisager, comme genèse triple des formes, d'abord le point initial ; puis la ligne, formée par deux points ; le triangle, formé par trois points, le carré par quatre, etc., etc.

A ce point de vue, l'on peut, — comparant les formes aux nombres — dire que le point est analogue à l'unité, (et possède les mêmes vertus) ; que la ligne est analogue au binaire ; le triangle, au ternaire ; le carré, au quaternaire ; le pentagramme, au quinaire ; l'hexagramme, au senaire, etc. Avec ces données, nous n'avons, jusqu'alors, obtenu que des surfaces planes ; mais, si nous multiplions chacun de ces nombres par lui-même pour le rendre « Créateur », la figure équivalente affectera maintenant la forme solide.

— L'unité deviendra *la sphère.*

— Le binaire, *l'ellipse* aux deux foyers.

— Le ternaire, *le tétraèdre*.

— Et le quaternaire, *le cube*.

Arrêtons-nous là pour un instant. Notre intention n'est point de faire ici un cours de géométrie, mais bien un cours d'occultisme.

Nous avons dit déjà que la matière est double ; elle est visible, ou invisible, ou mieux : solide ou fluide ; prenons pour exemple un fragment de caillou et une goutte d'eau pure ; si nous avions à déterminer *la forme* des atomes du premier, nous inclinerions à penser que l'atôme, titré *en positif*, a la forme tétraédrique ; et l'atome *négatif*, la forme cubique ; et que la molécule *positive* du liquide est sphérique, tandis que sa molécule *négative* serait ellipsoïde.

Nous donnons cette théorie pour ce qu'elle vaut, car elle n'a, sous notre plume, que la valeur d'une hypothèse.

***

De même que, dans la Trinité Divine, le Père, — analogue à l'unité, — produit le Fils (ou la seconde personne), en se reflétant ; de même aussi, la vie (ou l'unité), en se donnant, produit la forme (analogue ou binaire).

Que le lecteur veuille bien se souvenir de ce qui a été dit dans le livre premier, au chapitre de l'épreuve de l'Esprit et *de sa division* par l'incarnation, et il comprendra !

Le point seul ne peut produire que *la Sphère*, symbole de la vie ; mais s'il se reflète, entre le point générateur et le point généré, il se forme immédiatement un double foyer qui confond ses rayons, et l'*ellipse*, — symbole d'amour, — en est le résultat immédiat.

La marche des planètes, dans le champ constellé de l'Infini, épouse toujours la forme elliptique.

En étudiant le premier ternaire numéral : 1, 2, 3, nous avons dit que ces trois nombres n'en faisaient, en réalité, qu'un seul. Il en est de même pour le triangle, que les religions, catholique et juive, prennent pour symbole de la Divinité (1).

L'humanité, scindée de par la chute en deux entités de sexes différents, se symbolise par un triangle scalène ; mais, après sa réintégration, les deux triangles réunis formeront de nouveau le triangle *équilatéral*, symbole de l'unité.

Un point, qui reflète un autre point, produit une ligne ou une ellipse ; mais étudions un peu la genèse du point circonscrit, c'est-à-dire de la puissance du point manifestée en lui-même.

Pour qu'un point augmente de volume, il faut qu'il rayonne en tous sens, uniformément, et alors il produit la sphère ; mais, si son centre émet seulement un rayon limité qui se meut circulairement, il donnera cette figure qui, en Astrologie, est le symbole du soleil, de la lumière.

Entre le point central rayonnant et la force qui limite le

(1) La religion israélite reconnaît que les trois premières séphiroth : *Kether*, *Chocmah* et *Binah*, forment une seule personne, qu'ils nomment : עתיק יומין (Hotiqa Qadisha), *l'Ancien des Jours*.

rayon en traçant une circonférence, un double courant s'établit; l'un, qui va du centre à la circonférence ; l'autre, qui revient de la circonférence au centre; le premier est positif, rayonnant, altruiste; le second, négatif, absorbant, égoïste.

Dans cette figure, emblème du soleil, on reconnaît aussi la forme de l'œil humain. Un philosophe a dit : « Si la prunelle de l'œil n'avait pas la forme du soleil, elle ne pourrait pas réfléchir la lumière ».

Si nous voulions voir la trinité dans le symbole ci-dessus, nous aurions : le centre, analogue à l'unité, à la vie rayonnante ; la circonférence, analogue au binaire, aux reflets ; puis le rayon *double*, analogue au ternaire qui toujours concilie et met en rapports les deux termes opposés : le centre à la circonférence, et cette dernière, au centre.

Prenons note que la sphère est un symbole de vie et de mouvement ; et l'ellipse, un symbole d'amour ; car, dans le livre des « faits », nous appliquerons utilement ces théories au chapitre spécial de la physiognomonie.

Avant de passer à l'étude *du triangle* et *du carré*, voyons maintenant les mystères de la ligne.

Une ligne est un rayon émané d'un point central. C'est une force positive qui va frapper un but déterminé, et qui, si elle ne rencontrait pas en chemin une force égale ou supérieure à la sienne, qui la fasse dévier, se prolongerait jusques à l'infini.

Nous voulons parler ici du rayon spirituel émané d'une source vitale ; mais, l'on vient de lire que, dans une circonférence, l'on peut toujours pressentir *deux* rayons : l'un positif, l'autre négatif. Des lignes droites émanant d'un centre, et rayonnant en tout sens dans l'Infini, ne présentent à notre imagination qu'une idée vague, et nous voulons la concision. Nous allons donc, pour la démonstration suivante, tracer deux lignes parallèles, et les analyser philosophiquement.

Qu'elles soient verticales, horizontales ou obliques, deux lignes, exactement parallèles, nécessitent forcément deux points de départ *différents*, car si leur parallélisme n'était point rigoureux, en les prolongeant du côté le plus étroit, elles aboutiraient forcément à un centre unique. Leur parallélisme exact nécessite donc deux centres différents ; or, comme *le mal* ne peut jamais provenir du bien, (tandis que parfois la Providence permet que le bien sorte du mal), il s'en suit que l'un de ces deux foyers est, forcément, contaminé ; — par qui ? — pas par le Créateur, assurément ! *C'est donc par la créature!* L'un de ces rayons émane du centre générateur ; l'autre ligne, du réflecteur circonférenciel ; l'un est rayon pur: ou *Vérité* ; l'autre, mirage ou *erreur*.

Voici leur point d'émanation : l'un sort de la lumière, du point central, et se peut prolonger vers l'infini (1).

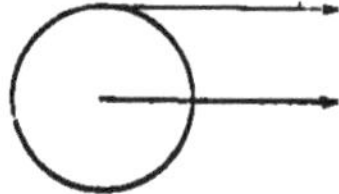

L'autre émane du reflet, du mirage, de la circonscription, du fini.

Cette figure, si simple, peut nous aider à comprendre la genèse du bien et du mal, qui préoccupe tant les penseurs !

Ces deux lignes parallèles, dont nous venons d'expliquer la genèse, ne sont autres que JAKIN et BOHAS, qui symbolisent l'éternel conflit de la lumière et des ténèbres, du rayon et du reflet, du savoir modeste et de l'ignorance vaniteuse et intransigeante.

(1) L'on peut aussi tracer deux lignes parallèles émanées des centres de deux cercles excentriques, pour se représenter la même idée.

Le parallélisme des lignes indique aussi pourquoi, — malgré nos efforts pour monter vers la lumière, — l'esprit du mal ne lâche jamais sa proie, et l'accompagne toujours sournoisement jusqu'au seuil du tombeau, en projetant sur ses clartés spirituelles l'ombre néfaste et dissolvante du doute et du découragement. Quand il ne peut plus nous tenter, c'est alors qu'il répand dans le champ fécond de notre imagination mobile la semence morbide des fatigantes obsessions, dont souffrent tous les esprits avancés.

*
* *

En géométrie symbolique, la ligne droite est active, positive, rayonnante, lumineuse. La ligne courbe n'est qu'un réflecteur de la lumière, elle revêt toujours le caractère de la négativité, de la passivité, du fini, de la circonscription ; c'est le symbole de *la forme*, tandis que la ligne droite symbolise l'*Esprit*.

Les anciens représentaient le Soleil par un point d'où émanent des rayons en lignes droites ; et la Lune, par une circonférence dépourvue de son point central. C'est la réunion de ces deux figures, — de l'esprit rayonnant et de la matière inerte, — qui forme le symbole de *la Roue* (l'Esprit qui vivifie la forme ; la pensée qui anime la matière en lui communiquant le mouvement, — expression de la vie).

Le Symbolisme contenu dans le Schéma de la Roue peut se répartir ainsi :

L'on peut étudier successivement la position de chacun de ses huit rayons et de sa circonférence ; ou bien, ne voir dans ses rayons que les deux figures cruciales dont l'une représente le signe + (de l'addition) ; et l'autre, × (le signe de la multiplication).

Voyons d'abord ses rayons isolés.

La ligne seule, émanée d'un centre unique, peut affecter *cinq* positions différentes ; elle peut être :

Horizontale, ▬ et symboliser un homme couché, endormi ou mort ; le repos momentané ou l'inertie totale des êtres ou des choses. Si nous prenons cette ligne comme symbole du repos, — ou de la vie latente — elle indiquera un mouvement potentiel, non encore manifesté, ou un mouvement qui s'éteint et dont les réserves vitales sont épuisées ; l'une sera l'homme endormi, mais reposé et prêt à l'action ; l'autre, l'homme exténué, et qui demande à la position horizontale la réparation de ses forces perdues.

1. 2.

Celle-ci, \ qui représente le rayon à 45°, symbolisera l'homme qui se lève, les choses qui commencent, la mise en train des êtres et des choses.

Parmi les saisons, par exemple, la ligne horizontale, numéro deux, sera la venue de l'hiver, l'autre, la fin de l'hiver, le réveil de la sève ; la ligne ci-dessus sera donc analogue au printemps ; printemps de la journée, de l'année ou de la vie : le matin ou la jeunesse des êtres et des choses.

Le rayon vertical, supérieur au centre, | symbolisera l'homme debout, fort, en pleine activité (au point de vue du « mouvement ») ; dans *le temps*, il sera : midi pour la journée ; *l'été*, pour l'année ; et *la virilité*, pour la vie humaine.

Le second rayon penché à 45° / sera l'emblème du mouvement qui se ralentit, du jour qui penche, de la saison mélancolique où le vent d'automne fait tourbillonner les feuilles mortes ; et du retour d'âge, précurseur de la vieillesse.

Quelques degrés de plus, et le rayon, devenu horizontal, indiquera la cessation complète du mouvement ou de la vie, chez les êtres comme dans les choses.

Voilà un aperçu du symbolisme contenu dans le schéma de la « roue », et que l'on peut appliquer aussi bien *au mouvement* qu'*au temps* et *à l'espace*.

Nous aurons encore l'occasion d'y revenir (1), car ces rayons

(1) Les *Dolmens* de l'Armorique et de la Grande-Bretagne étaient des pierres tumulaires chez nos aïeux les Celtes ; tandis que les *Menhirs*, dressés verticalement comme des obélisques naturels, devaient être, ou des emblèmes de victoire, ou des symboles religieux de la vie, manifestée par le Soleil.

peuvent s'appliquer aussi bien aux quaternaires qu'aux quinaires, selon que l'on considère la ligne horizontale en sa simple acception de repos, ou bien comme fin et renaissance.

C'est le symbolisme de la Roue mystique qui a donné naissance aux alphabets primitifs, et si nous voulions l'examiner attentivement, nous ne tarderions pas à y découvrir le tracé *des lettres majuscules* de notre alphabet latin.

Une légende Arabe, que nous demandons la permission de reproduire ici, donne, avec un grand semblant de vérité, la genèse des différentes formes attribuées aux chiffres.

Cette légende raconte que le fameux Anneau magique, dont se servait *Aladin* pour évoquer les génies élémentaires, lui provenait du puissant Roi hébreu que les Orientaux nomment : *Soleïman-ben-Daoud* (Salomon, fils de David).

Cette bague mystérieuse avait pour chaton une Emeraude d'un prix inestimable, dont la taille affectait exactement cette figure : — le carré réalisateur, et

la Croix de Saint-André, symbole de la multiplication.

C'est dans les lignes de ce schéma qu'ils obtinrent la forme primitive des chiffres qui nous servent encore aujourd'hui.

| — L'unité fut prise de l'un des côtés verticaux.
— Le 2 s'écrivait primitivement ainsi.
— Voilà la genèse du chiffre 3.
— Celle du chiffre 4.
— En 1500, le 5 se traçait encore de cette manière.
— Le 6 se reconnaît facilement.
— Le 7 aussi.
— Le 8 est tout à fait exact.
— Le 9 est semblable, — moins les angles.
— Et le zéro fut pris dans l'ensemble du carré.

La Croix + symbole de la vie manifestée — et Clé du quaternaire — explique le rapport qu'ont entre eux les éléments matériels. Sa barre verticale est positive ; sa barre horizontale, négative : c'est la vie qui pénètre et féconde la matière inerte.

Parmi les éléments, *le feu* et *l'air* sont actifs ; *l'eau* et *la terre*, passifs ; mais le feu est plus actif que l'air, et l'eau, moins passive que la terre.

En les appliquant aux tempéraments, l'on trouve que :

LE FEU est en analogie avec le tempérament *bilieux*.
L'AIR — — — *sanguin*.
L'EAU — — — *lymphatique*.
LA TERRE — — — *nerveux*.

Ceci, au point de vue purement matériel, bien entendu ; car, au point de vue spirituel, ce serait absolument l'inverse, comme nous l'expliquerons plus en détail au chapitre des « tempéraments ».

La Croix de Saint-André × met en conflit deux forces opposées, dont l'une, ╲ le point de départ, la « mise en train », se trouve combattue par ╱ qui est la force qui s'éteint, qui s'amortit. C'est un effort initial, une entreprise nouvelle, une chose qui se dresse péniblement, en opposition avec une autre chose qui périclite ou qui touche à sa fin.

L'on voit, par ce bref exposé, combien le symbolisme est puissamment éloquent, et quelle innombrable variété d'idées peut surgir dans l'imagination d'un Initié, à la vue d'un signe, d'une lettre, d'un emblème, ou d'un symbole quelconque.

Et, dans la Nature, tout est Symbole, depuis l'Etoile radieuse qui brille au firmament, jusqu'à l'humble Astérie des mers, primitive agglomération gélatineuse du protoplasma, faible embryon de vie animalisée qui, de même que l'Astre étincelant, revêt étrangement la forme d'une étoile !...

⁂

Si la géométrie — fille aînée du Nombre — n'avait eu d'autre utilité que de construire des ponts, creuser de hardis tunnels, établir d'étonnants viaducs ou construire d'admirables et somptueuses cathédrales :

— Hymnes d'amour divin que la pierre a chantés ; elle mériterait déjà, de par son immense utilité, une mention très honorable ; mais son rôle n'est pas d'être exclusivement utile sur le plan matériel, car, si dans les mains de l'humble arpenteur, elle se borne à toiser les champs qui nourrissent l'homme, c'est grâce à elle que la science quasi-divine de l'Astronomie a pu mesurer le champ des Cieux, peser les planètes, évaluer leur marche et calculer leurs distances respectives ; l'on peut dire d'elle que, conjointement avec le nombre, elle nous fait, pour ainsi dire, comprendre Dieu, puisqu'elle éclaire l'humanité sur les mystérieuses splendeurs de la nature !

C'est à l'aide d'un seul fluide, l'*Ether*, — triple en ses manifestations — que la matière, organique et inorganique, revêt ces milliers de formes diverses qui étonnent et ravissent le penseur. Résumons donc brièvement, et voyons quelles significations philosophiques l'Antiquité savante avait attribuées aux formes géométriques fondamentales, en analogie avec le Nombre.

Le Zéro est analogue *au cercle* non centré. C'est la vie non encore manifestée, le grand circulus des existences potentielles que les Anciens représentaient par un serpent qui se mord la queue.

L'Unité est analogue *au point* central ; au cercle muni de son centre, *à la sphère*.

Le Binaire symbolise les deux points générateurs de *la ligne ;* c'est le « rayon » double qui met en rapport le centre avec la circonférence, et « vice versa ».

Le Ternaire génère *le triangle*. Il est aussi le symbole d'amour figuré par *l'ellipse*, dont la forme de la courbe est telle que tous les rayons qui partent d'un foyer retombent, après l'avoir frappée, directement sur l'autre foyer.

Le nombre quatre est en analogie avec *le carré*, et avec *le tétraèdre*. Il est le générateur de la forme cruciale.

Cinq, répond au *pentagramme*, et à *la croix cubique*, (assemblage de cinq cubes).

Six, forme *l'Hexagramme*, et est en rapport avec les six faces *du Cube*.

Sept, formé de 3 + 4, sera le triangle joint au carré ou à la croix ; cette figure est ce que les adeptes nomment : le Symbole du *Grand-Œuvre*, parce qu'il résume la vie dans la matière ; et, à un autre point de vue : *l'Esprit qui commande aux éléments*, (comme la figure du pentagramme).

Huit, a comme symbole géométrique, un carré droit sur un carré oblique, ce qui constitue une *étoile à huit rayons*, emblème de la double réalisation potentielle, des cas gémellaires, des entreprises doubles.

Neuf, le nombre final, se peut symboliser, — comme le font les Francs-Maçons — par une étoile à neuf pointes formée de trois triangles équilatéraux. Parmi les solides, ce nombre répond au *Cône*, synthèse de toutes les figures géométriques.

D'après ce que l'on vient de lire, il n'est donc pas indifférent de porter sur soi tel ou tel bijou ; car *tout signe*, étant la reproduction matérielle d'*une idée*, influe directement sur la Lumière Astrale et attire à soi une force *qui agit toujours*, d'après la forme du signe, *dans un sens déterminé !*

Les talismans bien faits, et consacrés selon les rites, ont en eux une puissance effective ; mais un simple bijou, de par la forme qu'il affecte, ne doit pas être porté indifféremment. Il est évident qu'une griffe de tigre, montée en or, attirera une influence tout autre qu'une croix, un cœur, une ancre ou un pentagramme ! Mais, par le temps de scepticisme qui court, où l'on ne croit à rien, ou l'on croit mal, il y a cependant entre l'incrédulité absolue et les croyances erronées et fanatiques, une marge respectable que nous serions heureux de combler.

La publication du présent ouvrage n'a point d'autre but que celui-là.

GENÈSE

ET SYMBOLISME DES COULEURS

> Ce n'est pas aux livres, qu'il faut demander le savoir ; c'est à l'intuition !

Dans l'étude philosophique des êtres, comme dans celle des choses, la couleur, fille de la Lumière, est l'indice certain de la valeur morale de l'individu, de son degré de maturité et du développement de sa conscience.

C'est par la couleur d'un fruit que nous jugeons de ses qualités ; c'est par l'état de sa conscience que nous jugeons de la valeur d'un être humain.

La *vie* de l'être pensant est alimentée par les trois grands fluides ; sa *forme*, par la matière élémentaire ; mais sa *lumière* ne peut l'être que par ses mérites personnels, par sa conscience.

Les trois lumières de l'être humain sont :

L'INTUITION, lumière morale, analogue au rayon *jaune*.

L'INTELLIGENCE, lumière intellectuelle, analogue au rayon *bleu*.

L'INSTINCT, lumière animale, analogue au rayon *rouge*.

Le rayon rouge est analogue à la chaleur ; le bleu, à l'électricité ; le jaune, à la lumière.

Lorsqu'une graine de fruit — un pépin de pomme, par exemple — a produit dans le sol fécond son germe sous l'influence vitale de l'électricité, c'est à la terre que le fruit empruntera *sa forme ;* mais, une fois cette dernière arrivée à son plein développement, c'est à la chaleur et à la lumière qu'il demandera *sa saveur*, *sa couleur* et *son parfum*.

Il en est à peu près de même pour l'être humain ; si, quand sa forme est atteinte, il ne communie pas volontairement avec la lumière morale qui doit mûrir sa conscience, son âme se « piquera », ses facultés intellectuelles s'anémieront, et le ver rongeur du doute ne tardera pas à parachever son œuvre de destruction jusques à la décadence morale, et à l'oubli des principaux devoirs qui lui incombent.

Voyez ces êtres pervers, blasés à quinze ans ; la vitalité animale peut être puissante en eux, mais déjà la forme est dégradée dans leur physionomie, leurs gestes et leur démarche ; quant à leur teint, il est livide, plombé ou verdâtre. Ce sont des fruits gâtés qui ne peuvent plus mûrir, et qui, par conséquent, *sont déjà morts*. Pour n'être point apparente à quiconque, cette mort morale n'en subsiste pas moins, et l'Initié sait reconnaître à première vue ces *cadavres vivants*, dont l'œil regarde sans voir, comme celui des animaux malades !

Notre grand Balzac connaissait bien cette loi des couleurs, lui qui disait à qui voulait l'entendre : « défiez-vous des femmes pâles ! » — Jules Claretie, — dans son remarquable ouvrage intitulé : « Monsieur le Ministre », — dit à peu près la même chose, quand il compare je ne sais quelle ballerine aux yeux noirs et au teint pâle, « à deux charbons plantés dans un sac de farine », ce qui constitue les deux nuances d'un catafalque !...

Les plantes vénéneuses elles-mêmes ont une forme repoussante, et leur feuillage est d'un vert métallique...

Puisque la couleur indique les qualités morales d'un être, voyons quels bénéfices nous pourrons tirer de son étude approfondie.

On a beaucoup écrit sur le Symbolisme des couleurs ; il n'est pas un bon dictionnaire qui ne relate leurs influences diverses ; ce qui prouve que, de tout temps, l'on a attribué à telle ou telle nuance, une vertu particulière.

Que la lumière solaire s'irise en l'atmosphère humide, en

nous montrant les sept couleurs de l'arc-en-ciel ; ou que, passant à travers un prisme de cristal, elles se dessinent nettement sur un écran d'études, le phénomène est identique ; la loi du « Septénaire » apparaît dans la splendeur de sa simplicité. Mais, ces faits sont trop connus de chacun pour que nous nous y attardions ; nous voulons seulement essayer de grouper ce merveilleux septénaire coloré, avec d'autres septénaires, pour en obtenir des déductions profitables.

Au point de vue musical, par exemple, voici un ordre qui nous semble à peu près juste entre les couleurs et les sept notes.

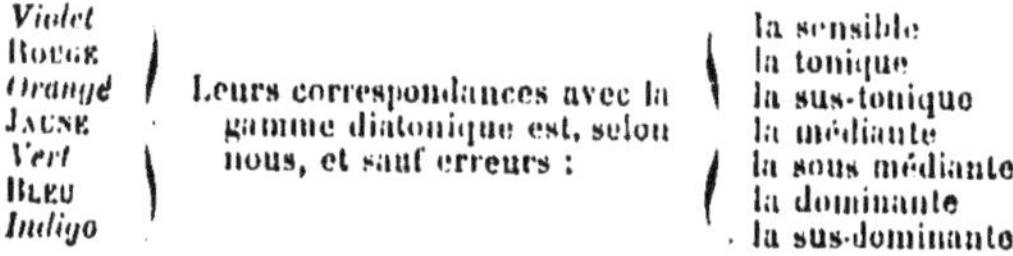

Violet		la sensible
ROUGE		la tonique
Orangé	Leurs correspondances avec la gamme diatonique est, selon nous, et sauf erreurs :	la sus-tonique
JAUNE		la médiante
Vert		la sous médiante
BLEU		la dominante
Indigo		la sus-dominante

N'a-t-on pas lu, dans le livre premier, que, dans les régions de l'au-delà, la musique et les parfums répandent, en même temps que leurs mélodies et leurs aromes, des vibrations lumineuses ? Et qui sait si, demain, — au train où vont les découvertes scientifiques — nous ne serons pas à même de pouvoir contrôler ces assertions phénoménales ?

Les rayons ultra-violets du spectre n'en sont encore qu'à la lettre X, qui sait ce que nous réservent les rayons Y et Z !...

Déjà nous savions que la couleur violette est de toutes la plus intense ; quand, au lit, nous sommes entre veille et songe dans l'obscurité, n'avons-nous pas remarqué souvent que d'informes nuages *violets* éclosent dans le champ de notre vision — malgré l'occlusion des paupières — et y sont vivement remplacés par d'autres nuages d'un jaune citron, nuance complémentaire du violet ?

Ne savons-nous pas que la vie des plantes et des animaux se développe plus rapidement et avec plus d'intensité sous l'influence de cette couleur, et qu'elle possède même une vertu curative prouvée par des faits ?

La raison d'être de cette vitalité nous est peut-être encore inconnue, quoique nous sachions déjà que — *le violet, c'est de l'indigo qui se rallume.*

*
**

En occultisme, l'on sait que — non seulement le violet — mais chaque nuance du prisme a, sur nos organes, une influence thérapeutique déterminée, et aussi sur nos facultés intellectuelles et morales ; influence qui, pour n'avoir pas encore été scientifiquement démontrée, n'en existe pas moins très réellement.

En comparant le septénaire coloré à celui des fluides et des éléments principes, peut-être arriverons-nous à déterminer la nature et la raison d'être des influences lumineuses sur nos triples facultés. Nous n'avons, pour cela faire, qu'à mettre en parallèle le trio des couleurs fondamentales avec celui des fluides, et le quaternaire des nuances complémentaires avec celui des éléments ; car, nous croyons l'avoir écrit déjà : — *tout ce qui, dans la nature, est régi par un même nombre, subit fatalement les lois adéquates à ce nombre.*

Tous les « septénaires » ont entre eux un lien de parenté, de même que les quaternaires, les ternaires, etc., etc.

Voyons quels sont les rapports existants entre les couleurs fondamentales et les fluides ; la couleur

— Rouge est analogue à la *chaleur*, à la vitalité.
— Jaune — — *la lumière*, à l'amour.
— Bleue — — *l'électricité*, à l'intellect.

La chaleur constitue la vie animale en nous ; cette chaleur peut être augmentée par l'alimentation et par le mouvement ; de même que ces derniers facteurs, — de par la chaleur qu'ils créent, — produisent immédiatement sur le teint une nuance vermeille plus ou moins vive. Ici, la corrélation est donc parfaite, et l'on peut dire, sans crainte d'erreur, que la couleur rouge est éminemment *vitale* et *chaude*.

L'on peut s'en assurer, en se couvrant, l'hiver — à défaut

de feu — d'une couverture écarlate, elle procurera beaucoup plus de calorique qu'une autre, même plus épaisse, mais d'une autre nuance.

Du reste, il suffit de constater que la richesse du sang donne toujours, avec un teint fleuri, une prédisposition à ne pas craindre le froid ; tandis que les personnes au teint mat sont presque toujours frileuses, parce que leur vitalité animale est moindre que chez les autres.

La couleur *bleue* répond à l'électricité : ce fluide, en nous, régit les facultés intellectuelles : la pensée, les idées, l'imagination, etc., d'où l'on peut conclure que les êtres intellectuels, les penseurs, les écrivains, les poètes, se trouveraient bien, pour travailler, de s'entourer de bleu, soit comme vêtements, soit comme ameublement.

L'on pourrait aussi, l'été, garnir sa fenêtre d'une étoffe légère de cette nuance afin de recevoir directement un bain de lumière azurée.

Mais, l'électricité est double, elle se manifeste à nous comme positive et négative.

Le bleu répond à l'électricité positive, et l'indigo — cet autre bleu plus foncé — à l'électricité négative. Donc, le bleu favorisera en nous l'éclosion *des pensées*, et l'indigo, celle *des idées.*

L'idée est la fleur de l'esprit, mais la pensée en est le parfum.

La pensée coûte au cerveau ce que la lumière coûte au combustible. Plus un homme a de pensées, et moins il a d'idées, car les idées sont à la pensée ce qne la matière est à l'esprit. L'idée, c'est la pensée des hommes de savoir-faire et des hommes d'actions ; elle a toujours en vue le côté matériel des choses ; son action ressemble à celle du fluide négatif dans une opération de galvanoplastie, c'est elle qui collecte et rassemble, dans le moule, les éléments matériels. L'homme d'idées se tirera toujours d'affaire en ce bas monde ; il inventera, imaginera, combinera et, finalement, réussira. L'homme de pensées, au contraire, trop abstrait, trop délicat, trop philosophe, trop poète, dédaignera le côté pratique des choses pour s'absorber dans leur sublimité, et tandis que l'homme d'idées, toujours pratique, songera à tirer un avantageux parti de ses découvertes, l'homme de pensées — *toujours dans le bleu* — préférera méditer ou rêver sur les mystères profonds et sublimes de l'au-delà, les yeux fixés sur l'azur du ciel ou sur l'émeraude changeante des vagues de la mer.

Penseurs et poètes, mes frères, enveloppons-nous de temps à autre d'une ample chlamyde indigo !

— Le rayon Jaune est celui de la lumière. Il est la manifestation du Saint-Esprit. Sachons donc, à l'occasion, et par des moyens appropriés, lui demander le calme des sens, l'amour vrai, la sérénité, la paix et le bonheur qu'il symbolise. Obtenons de lui la certitude en matière de foi, comme dans les ardues questions scientifiques ; car il est le but atteint, la tâche accomplie et la plénitude des résultats.

Il serait peut-être curieux de rechercher pourquoi l'on a attribué cette nuance lumineuse aux maris trompés ; la conclusion en est très facile. — Qu'est-ce qu'un jaloux ? C'est un homme qui cherche une chose qu'il désire ardemment ne point trouver ! Mais, jaloux ou non, tant qu'un mari ignore son malheur, le dégradant qualificatif que l'on emprunte à l'oiseau peu scrupuleux qui pond sans gêne dans le nid des autres, ne saurait encore lui être attribué ; il n'y a que *quand il sait*, quand il a vu, quand *la lumière* s'est faite en son esprit que la couleur jaune peut lui être dévolue : qui dit amour, dit sacrifice !

Il y a toujours dans les adages populaires, dans les coutumes et les superstitions d'antan, un certain fonds de vérité voilée.

Le rayon jaune étant la couleur de la lumière, est aussi celle de l'amour partagé, de la fusion de deux âmes aimantes.

Il n'est point de bonheur sans l'amour !

***

Les trois couleurs fondamentales que nous venons d'étudier

forment entre elles des nuances complémentaires qui ont aussi leurs significations.

Entre le rouge et le jaune, entre la vie purement animale et la conscience (ou la lumière morale), se place, naturellement, la couleur *orangée*, dont le rapport mixte tiendra, forcément, de ses deux générateurs ; cette nuance sera : la chaleur lumineuse (car le rouge seul n'est que la chaleur latente) ; elle est donc, analogiquement, la véhémence dans la moralité, ou l'intensité des sentiments pouvant aller jusqu'à *la passion*. L'amour passionnel sera, avec son corollaire opposé (la véhémence morale), l'attribut de la couleur orangée ; et la distinction de ces deux termes se trouvera, selon qu'ils émaneront du centre jaune de l'amour pur, ou du centre rouge des instincts, — comme nous le verrons plus loin dans l'étude des sous-nuances de la gamme chromatique.

Entre le jaune et le bleu, se trouve la couleur *verte* formée du mélange de ses deux générateurs. Cette nuance sera l'emblème réel de l'amour poétique ou de la pensée sentimentale, (lumineuse, altruiste), figurée, dans les fluides; par l'électricité positive produisant de la lumière.

Donc, toute flamme verte dégage de l'électricité positive, parce que ce fluide, parvenu à l'état lumineux, revêt aussi cette nuance.

La pensée éclairée produit l'*intuition* qui mène à la certitude.

Une pensée qui aspire au bonheur, à l'amour partagé, se trouve revêtue d'un rayon émeraude que, de tout temps, le bon sens populaire a attribué à l'*espérance*.

L'espérance est un emprunt fait au bonheur.

Nous avons déjà attribué l'*indigo* à l'idée, à toutes les manifestations de l'intelligence qui ont la matière pour objet. Cette couleur sera donc analogue à l'esprit inventif, au savoir-faire, à l'intelligence proprement dite pouvant, selon la moralité des sujets, faire ou beaucoup de bien, ou beaucoup de mal.

Si le rouge s'allie à l'indigo, il produit la nuance « caroubier » ou pourpre foncé, qui symbolise l'*énergie alliée à l'intelligence.*

Dépourvue de lumière, cette couleur peut inciter au meurtre, elle est analogue au crime, à la guerre, au sang répandu.

— Le *violet* est un mélange de rouge et de bleu, il est le symbole de la pensée active, de la vie purement intellectuelle, complément naturel de l'amour, comme la couleur violette est le complément de la jaune, puisque l'on sait que l'une quelconque des couleurs fondamentales a toujours, pour nuance complémentaire, la somme des deux autres couleurs.

Ainsi, le rouge a, comme complémentaire, le vert, qui est du jaune bleu ; le jaune, du violet (ou rouge bleu) ; le bleu, de l'orangé (ou rouge jaune).

— L'*Instinct*, qui est la lumière de l'âme animale, est analogue à la couleur rouge et à la chaleur.

— L'*Intelligence*, lumière intellectuelle, se rapporte à la couleur bleue et à l'électricité.

— L'*Intuition*, lumière morale, répond à la couleur jaune et à la lumière proprement dite.

L'on pourrait écrire tout un volume sur ces données beaucoup plus sérieuses qu'on ne le pense généralement, et l'intituler : « La Magie des couleurs ».

Oui certes, les couleurs ont leur magie, parce qu'elles symbolisent ce qu'il y a de plus élevé dans l'humanité : le véritable amour qui n'est autre que l'esprit de sacrifice !

Parmi les trois grands fluides — qui sont la vie de la matière, — la lumière est le plus élevé et le plus pur de tous ; or, de même que le prisme décompose la lumière blanche du soleil en sept couleurs, le prisme de l'intuition peut se représenter aussi les sept manifestations vitales émanées de la vie unique, ainsi que les sept organes principaux qui sont chargés de l'entretenir et de la perpétuer. Les sept organes existent chez tous les êtres, mais le radieux septénaire émané de la Vie Divine n'est complètement épanoui que dans l'âme où la conscience règne en maîtresse souveraine, puisque c'est cette dernière qui est la reine de nos facultés morales, l'œil intérieur, le divin soleil qui nous éclaire intérieurement et nous montre indifféremment les ronces du sentier abrupt, rocailleux et difficile de la vertu, aussi bien que la facile et glissante avenue bordée de fleurs, qui conduit dans le sombre et fatal domaine des choses faciles.

Rappelons pour mémoire, comment se génèrent, des trois couleurs fondamentales, les quatre complémentaires :

Violet
ROUGE
Orangé
JAUNE
Vert
BLEU
Indigo

Tous les septénaires n'ont point, cependant, la même genèse ; ainsi, les fluides — que nous avons comparés analogiquement aux trois couleurs fondamentales, se comprendraient mieux si on les plaçait perpendiculairement au-dessus des éléments principes qu'ils génèrent ; ainsi :

CHALEUR
LUMIÈRE
ELECTRICITÉ
Oxigène. — Feu
Azoth. — Air
Hydrogène. — Eau
Carbone. — Terre

L'électricité négative, étant le trait d'union entre les fluides proprement dits, et la matière la plus quintessenciée qui est l'oxygène.

A l'aide du premier tableau, l'on peut connaître de suite, en les plaçant en regard, *la couleur* des jours de la semaine, des facultés de l'âme, des sept vertus, etc., etc.

Cette étude n'est point seulement amusante, elle est aussi éminemment instructive.

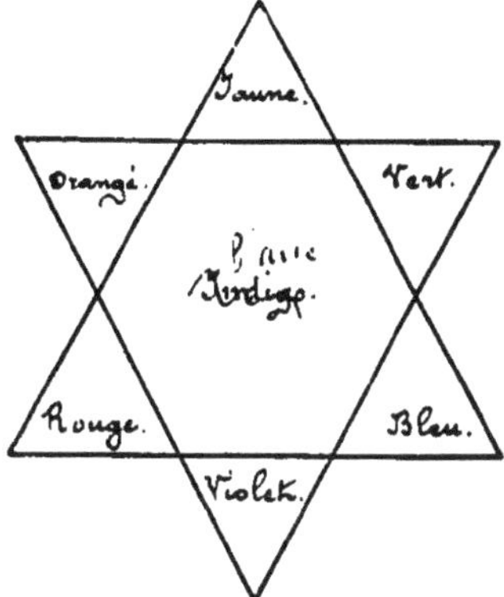

LA DIVINATION

> La prescience, c'est la mémoire du futur !

Il serait peut-être fastidieux de vouloir énumérer les divers moyens à l'aide desquels l'humanité inquiète a, de tout temps, demandé· au présent, les secrets de l'avenir.

Riches ou pauvres, savants ou ignorants, croyants ou incrédules, tous nous voudrions pouvoir escompter un peu de ce crédit inconnu et souvent problématique que demain nous réserve. Oh ! pouvoir soulever, ne fût-ce qu'un peu..., le coin du voile opaque où notre destinée future mystérieusement s'élabore avec les éléments de notre passé ; n'est-ce point là le rêve instinctif qui sourd au fond de nos rancœurs comme une aiguillonnante curiosité ?

Il est des heures lourdes et lentes où l'âme, fatiguée des vanités mondaines, écœurée par la banalité des faits journaliers, se replie sur elle-même, et voudrait trouver en soi sa propre lumière, comme si les choses extérieures ne répondaient plus à aucune de ses légitimes aspirations !

C'est précisément durant ces fugitives envolées vers l'Au-delà, que le pressentiment — cette voix intérieure — se fait entendre à l'être isolé, et qu'un lumineux rayon émané de son âme supérieure lui fait entrevoir rapidement quelques-unes des splendeurs éblouissantes de l'Eternelle Vérité.

Tout savoir est lumière, et toute lumière vient d'en haut ; marchons donc sans crainte vers la Lumière, car *savoir* c'est *s'avoir*, c'est-à-dire se posséder mieux. Le domaine étroit du savoir humain est très limité, ne craignons donc pas d'en explorer toutes les lumineuses avenues ; l'industrieuse abeille ne butine-t-elle point sur toutes les fleurs embaumées ?

Tout homme peut être « voyant » à son heure ; soit qu'isolé au sommet d'une haute montagne à l'heure poétique du crépuscule du soir, il regarde s'allumer l'une après l'autre chaque étoile scintillante, en songeant aux deux infinis du temps et de l'espace ; soit qu'absorbé en lui-même par une violente passion, la jalousie lui confère une sorte de double vue ; soit enfin, qu'à l'approche d'un danger qui le menace, ou sur un champ de bataille, il prophétise, non seulement l'heure de sa mort, mais encore le genre de blessure qui doit l'atteindre (1).

Quelle que soit la partie du globe que l'on parcoure ; que l'on étudie les mœurs des tribus indépendantes ou les superstitions des pays plus ou moins civilisés, l'on rencontre partout des voyants et des devineresses, des pythonisses et des Augures plus ou moins aptes à lire dans le grand miroir de la Lumière Astrale.

Nos livres sacrés, ceux des Indous, des Celtes nos aïeux, des Persans, des Hébreux et des Arabes : — la *Bible*, le *King*, les *Védas*, l'*Edda*, le *Zend-Avesta*, le *Sépher* de Moïse et l'*Alcoran* de Mahomet, tous sont remplis de preuves et d'attestations sur l'existence et la véracité de la faculté divinatoire chez certains êtres préparés.

Bien avant que l'homme ait mesuré le champ des cieux constellés, avec le compas de son génie ; avant l'Astronomie exacte et l'Astrologie occulte, l'homme interrogeait déjà le destin par des moyens plus ou moins rudimentaires, par des méthodes qui se perdent dans les origines des peuples disparus, et que lui suscitait alors son imagination ou ses intuitions du moment.

Le pèlerin, fatigué par une longue marche, sous les ardents rayons d'un soleil d'été, et préoccupé du but de son voyage, devait, naturellement, méditer sur les moyens de connaître à l'avance, de préjuger des chances, bonnes ou mauvaises, qui l'attendaient au terme de sa mission. Un quadru-

(1) Nous avons été personnellement témoin de ce fait durant la dernière guerre.

pède qui traversait brusquement la route ; un oiseau effarouché qui s'envolait à dextre ou à senestre ; la forme d'un nuage ; une brusque saute du vent étaient, pour l'incessante préoccupation du voyageur, autant d'indices révélateurs de chances favorables ou hostiles à ses projets ou à ses espérances.

Mais, c'est surtout quand, assis à l'ombre bienfaisante d'un arbre touffu, il repose un instant ses pieds endoloris, et que, machinalement, il promène sur le sol poudreux la pointe de son bâton ferré, que surgissent à sa vue intérieure les figures diverses que l'Alpen-Stock, en ses allées et venues, a vaguement dessinées sur la poussière aride ; voici des arcs de cercle, des cordes, des rayons, des trous, des croix et d'autres symboles encore, que les caprices du hasard semblent avoir formés ; mais, l'âme à semi-dégagée de l'inconscient dessinateur ne croit point au hasard ; sa vue spirituelle a lu dans ces hiéroglyphes, tracés inconsciemment par une main fébrile et lassée, une page lumineuse et révélatrice écrite en ces caracrères bizarres — où se reflète la Lumière Astrale.

C'est ainsi que *la Géomancie*, la plus ancienne peut-être de toutes les sciences divinatoires (1) dut prendre naissance, avant de reconnaître le cycle des seize figures différentes dont elle se sert actuellement, et que l'on obtenait alors en faisant avec un bâton des trous dans le sol, machinalement, et sans les compter.

La raison d'être du *don* ou de la faculté de prédire, c'est que l'homme est la couronne de la création, la synthèse des règnes inférieurs à lui et la *Chrysalide* du règne Angélique. Placé au sommet de l'échelle des êtres terriens, au point terminus du monde visible, l'homme, *vraiment homme*, sent bien que sa vue matérielle ne lui montre point tout ce qu'il voudrait connaître ; et c'est la *double-vue* qu'il aspire à développer en lui. Les instruments d'optique ont bien le pouvoir de rapprocher de lui les étoiles ou de lui montrer la vie des infusoires contenus dans une goutte de liquide, mais toutes ces

(1) Celle que les Malgaches nomment : *le Sikidi.*

choses font encore trop partie du plan matériel, et, ce qu'il veut voir, c'est *l'invisible*, c'est CE QUI EST dans l'Au-delà !...

Quelle splendide et radieuse réalisation que celle de la vision intuitive ! N'est-elle pas le but suprême vers lequel tous nos efforts et toutes nos aspirations devraient tendre constamment ? Quoi de plus beau que percevoir la Vérité, et quelle joie sereine pour notre âme, lorsque soudain cette divine Lumière irradie au plus intime de notre être et nous fait entrevoir un coin du Ciel !

Pour atteindre à cet état, point n'est besoin d'érudition ni d'intelligence proprement dite : la moralité et la foi suffisent le plus souvent. Plus un être est près de la nature, plus il est simple et droit, et plus il échappe à l'emprise sociale, c'est-à-dire aux préjugés scientifiques et mondains qui, souvent, retiennent captives nos plus sublimes aspirations vers l'idéal. Jeanne d'Arc, l'Ame incarnée de la France, ne savait pas lire ; et le saint Curé d'Ars, la plus grande figure du siècle dernier, le Thaumaturge par excellence, n'a jamais pu apprendre par cœur une page de latin !

Les méthodes divinatoires sont tellement multiples, qu'il serait oiseux de les vouloir citer toutes. J'en ai sous les yeux *quarante-cinq*, et ma liste est bien certainement incomplète. Cette grande variété dans les moyens de prédire, prouve simplement que le premier objet venu peut, si l'on sait s'en servir, être employé dans ce but ; que l'opérateur consulte le nombre des trous que son bâton aura faits dans le sol, ou qu'il ramasse au hasard une poignée de cailloux, dans ces deux cas, les nombres pairs ou impairs répondront un *oui* ou un *non* à la question formulée.

Mais il est des procédés moins rudimentaires, plus savants, où une méthode, transmise de générations en générations, a fini par acquérir, à coups d'empirisme, une sorte de brevet scientifique ; telles sont : l'*Astromancie* (1), la *Phrénologie*, la *Physiognomonie*, la *Chiromancie* et la *Graphologie*.

Aucune de ces méthodes ne comporte le titre « d'Occultes ;

(1) Que nous avons rénovée, et que nous professons encore.

elles relèvent simplement de l'observation ; tandis que le *Somnambulisme*, le *Spiritisme* et la *Magie* sont bien réellement des sciences dites occultes, parce qu'elles nécessitent chez l'opérateur une prédisposition psychique spéciale, ou le concours d'intelligences appartenant au monde de l'Astral.

Ces divers procédés divinatoires sont trop répandus et trop connus de tous pour que nous en traitions dans cet ouvrage ; notre désir est seulement d'appliquer à quelques-unes d'entre elles ce que nous nommons : *nos clés*, afin de mettre chacun à même de s'en servir utilement, et de comprendre *le pourquoi* de leurs raisons d'être. Lorsque ces études semblent toucher parfois à la superstition, c'est que cette dernière, en sa marche sinueuse, s'est assez rapprochée déjà de la science intuitive.

— Quant à la superstition, c'est la foi de ceux qui n'en ont pas.

Rien ne nous serait plus facile que de citer les noms des personnages célèbres qui se sont occupés, durant les siècles écoulés, de toutes les sciences divinatoires ; mais d'autres auteurs l'ont fait avant nous.

Bornons-nous donc à dire, — pour rassurer les esprits timorés — que l'Eglise les a toujours soigneusement cultivées dans le silence des cloîtres et, — au dire de *Christian*, — « les considérait comme une lointaine tradition des splendeurs que Dieu a fait luire à la vue intérieure de quelques voyants, leur révélant ainsi quelques-unes des forces occultes qui régissent l'économie de l'Univers par des lois aussi simples que sublimes, découlant toutes d'un principe unique et universel ».

Devin est Synonyme de « divin » ; pour *prévoir*, il faut voir dans l'invisible.

Chose curieuse, il semble que l'intelligence n'ait presque rien à faire dans la pratique des sciences de divination ; les deux flambeaux qui leur prêtent leurs clartés sont, ou la lumière morale de *l'intuition*, ou la lumière animale des *instincts*. Tout « voyant » ne peut entrevoir les événements futurs qu'à la clarté radieuse du Soleil, ou aux rayons blafards de la Lune ; le premier renseigne sur la vérité ; la seconde, n'étant qu'un reflet, nous induit le plus souvent en erreur Ceci dépend de la moralité de l'opérateur.

« — Si tu marches dans la Lumière » — dit la Sagesse — ton ombre te suivra; si, au contraire, tu t'éloignes de la Lumiére, si tu tournes le dos à la Vérité, ton ombre marchera devant toi, te conduira, et sera ton guide fatal vers l'abîme! »

Il n'est qu'un seul moyen d'apercevoir la Vérité, c'est de la chercher simplement, avec l'œil divin de notre conscience.

LIVRE TROISIÈME

FAITS

Physiognomonie et Chirognomonie simplifiées. — Signatures astrales. — Magie. — Hygiène. — Thérapeutique. — Vertus des Gemmes.

LES CARACTÈRES

RÉVÉLÉS PAR LA FORME DU VISAGE

> Si la forme n'existait pas préalablement dans le domaine de l'Astral, elle ne pourrait se refléter dans le domaine matériel.

Nous avons vu, dans le chapitre qui traite de la genèse des fluides, que les quatre éléments-principes : *l'oxygène, l'azote, l'hydrogène et le carbone*, proviennent de la substance primordiale que l'on nomme : *Ether* (1). Ces cinq fluides ont chacun *leur forme* spéciale déterminée par leur nature intime ; ils ont aussi *leur couleur* et *leur mouvement* propre.

(C'est la connaissance intime de cette trilogie, qui constitue la science mystérieuse des Tattwas que nous ont transmise les « Adeptes » de l'Inde, et à l'aide de laquelle ils opèrent tous leurs prodiges.)

La forme matérielle qui est analogue à l'Ether, c'est *l'ovale* ; la forme *ronde* répond à l'air ; la forme *triangulaire*, au feu ; la forme *apasique* (qui ressemble un peu au croissant lunaire), à l'eau ; enfin, la forme *carrée*, à l'élément de la terre.

Ces cinq formes principales appartiennent aux cinq races humaines qui peuplent le globe, ainsi que les cinq couleurs inhérentes à chaque forme.

(1) Et que les Brahmes nomment : *Akasa*.

Il est très difficile aujourd'hui de classer exactement les races à cause de leurs croisements; cependant, l'on peut dire que la forme ovale du visage domine dans la race *blanche*; la forme ronde, dans la race *jaune*; la forme apasique (le bas du visage plus large que le sommet du crâne), dans la race *rouge*; la forme carrée, dans la race *noire*; et la forme triangulaire, dans la race *bleue* (ou noir bleu), aujourd'hui presque complètement disparue, et que l'on croit être les anciens habitants de l'Atlantide.

(L'on remarquera que les couleurs adéquates aux formes que nous allons étudier, sont les trois couleurs fondamentales du prisme puis le blanc et le noir, symboles de la lumière et des ténèbres.)

Ces formes et ces couleurs — indicatrices du tempérament et du caractère — se retrouvent dans chacune des races; mais, comme notre but est de parler surtout de la race blanche, nous laissons à l'Anthropologie le soin d'analyser et de classer les résultats survenus forcément par le mélange des races primitives.

∴

Les sciences exactes ont poussé, aussi loin que possible, l'étude approfondie des règnes inférieurs à l'homme, mais il appartient aux sciences « occultes » de révéler l'homme à lui-même.

C'est triste à dire, mais il est plus d'un savant, dont le nom passera à la postérité, en souvenir des découvertes qu'il a faites dans l'une quelconque des branches scientifiques ayant pour but d'étudier les lois qui régissent les règnes inférieurs de la nature, et qui n'a peut-être jamais songé à se connaître soi-même! Il nous semble pourtant que si nous nous connaissions mieux dans les rapports qui relient nos sensations purement physiques aux agents subtils qui constituent nos facultés intellectuelles et nos forces morales, nous pourrions donner à ces facultés et à ces forces, l'impulsion et la direction qui leur conviennent le mieux, en vue d'atteindre au but que chacun convoite, et que si peu d'hommes atteignent : *au bonheur !*

Les moralistes nous enseignent que ce terme suprême ne peut être atteint que par la pratique de la vertu ; nous nous garderons bien de les contredire !

La foi est bien certainement, quoi qu'on en dise, le puissant levier à l'aide duquel il nous est donné de soulever le lourd fardeau de nos misères terrestres ; c'est elle qui nous apprend intuitivement pourquoi nous avons à les supporter ; mais la science aussi peut, dans la mesure de ses moyens, alléger notre peine, en nous évitant les déceptions inhérentes à l'ignorance, sinon en ce qui touche à nos fins spirituelles, du moins dans le domaine plus tangible des faits journaliers.

La société, telle qu'elle est constituée, — dans les grands centres surtout — est un mélange hétérogène d'êtres appartenant à toutes les catégories, et avec lesquels nous sommes obligés d'avoir des contacts plus ou moins directs. Il importe donc, pour notre sécurité personnelle, que nous sachions discerner parmi ces êtres ceux qui nous seront utiles, et ceux dont la nature inférieure peut, à des degrés différents, nous être nuisible ou dangereuse.

Il est vraiment regrettable que ces connaissances, — si importantes cependant, — ne nous soient point enseignées dès l'enfance, car alors nous saurions discerner des bons les êtres pernicieux et méchants, et nous garer de leurs atteintes.

Puisque l'âme ne peut modeler le corps qui lui sert d'enveloppe que d'après sa propre forme spirituelle, il est permis d'inférer que ses tendances, bonnes et mauvaises, s'impriment d'une manière visible sur l'extériorité de l'individu. Chacun sait, instinctivement, reconnaître un être foncièrement mauvais d'un autre dont la bonté épanouit le visage ; mais, quand il s'agit de discerner sur une physionomie très mobile cette tare funeste des vices cachés que l'hypocrisie, toujours habile, dissimule avec tant d'art, nos instincts ne suffisent plus ; c'est à notre intelligence éclairée par des connaissances spéciales, qu'il nous faut avoir recours pour percer le masque et éventer les dangers multiples qu'il recèle.

Nous croyons donc être utile à tous, en venant à notre

tour, après tant d'auteurs émérites qui ont traité de ces intéressantes questions, apporter notre contingent de lumières sur cette science si éminemment utile de la Physiognomonie, que *Lavater*, pasteur de l'Eglise Saint-Pierre, à Zurich, fut le premier, dans les temps modernes, à diffuser.

Ce n'est pas à Lavater, cependant, que nous emprunterons les données de ce chapitre spécial ; un auteur moderne, M. E. Ledos, écrivit tout récemment un remarquable ouvrage (1), auquel nous donnerons la préférence pour nos études, parce qu'il est beaucoup plus clair que les écrits de l'auteur suisse, et aussi parce que M. Ledos nous semble avoir été le premier à comprendre et à appliquer les lois qui régissent l'être humain d'après sa forme corporelle.

L'homme, dans son ensemble, est signé par le nombre *cinq* ; l'auteur éminent, auquel nous allons emprunter la substance de ce chapitre, est le seul auteur qui l'ait compris, ce qui nous prouve qu'il est un « Initié ».

L'étude de la Physiognomonie n'est pas du tout ardue, mais plutôt très attrayante, et l'une des plus utiles qui soient, puisqu'elle nous permet de pénétrer dans le monde invisible par *la forme*, qui est le trait d'union entre l'Esprit et la matière, *le Sceau* mystérieux et révélateur qui nous permet de connaître l'invisible par le visible, les facultés intellectuelles et morales d'un être par son extériorité.

Dans nos rapports sociaux, si nous voulions prendre la peine d'examiner avec un peu d'attention le type des personnes avec lesquelles nous devons entrer en rapports quelconques : — d'affection, d'amitié, d'affaires ou simplement de plaisirs, — nous nous épargnerions certainement bien des chagrins, des déceptions, des mécomptes et des ennuis ; toute asymétrie étant un indice certain de mauvais augure, — aussi

(1) *Traité de la physionomie humaine*, H. Oudin, éditeur, 10, rue de Mézières.

bien sur les mains que sur la physionomie des sujets, dans leurs gestes inharmoniques, ou dans leur démarche disgracieuse.

L'on prête généralement trop peu d'importance à ces particularités, soit que l'on en ignore les dangers, ou que, les connaissant, on ne songe pas à les appliquer.

Une tête mal conformée, un œil placé plus bas que l'autre, deux yeux dont l'expression n'est point la même, un nez mal fait, une bouche tordue, un regard fuyant, un menton trop carré, une figure triangulaire, des pommettes trop saillantes, un teint trop coloré ou trop pâle, un timbre de voix discordant, des mains mal faites, aux gestes fureteurs, sont autant de preuves que l'on a devant soi un être plus ou moins déséquilibré, et qui ne nous peut causer, dans ses rapports quelconques, que des déceptions ou des dangers.

L'influence du moral sur le physique est tellement puissante, qu'un vice, quel qu'il soit, transparaît toujours au dehors, et se peut lire facilement sur la physionomie.

Tout être, qui déroge à la sainte loi du devoir, en est immédiatement puni; la tare morale se reproduit infailliblement au dehors par une inharmonie matérielle.

Doive notre dignité en souffrir, il nous faut cependant convenir de cette indéniable vérité ; c'est que notre corps matériel provient de l'animal ; non pas exclusivement du singe, comme l'ont prétendu à tort certains savants matérialistes ; mais bien du règne animal *inhérent au continent qui nous a vus naître*.

Ceci n'est point une utopie. La Bible rapporte une histoire qui provient d'un auteur inconnu, et qui a pour but de mettre en lumière la déchéance de l'esprit, tombé *plus bas* que le degré humain. C'est la même tradition que celle qui dit : « J'ai été *serpent* sur la montagne ; *ours* dans la forêt ; *gazelle* dans la plaine. J'ai traversé les fleuves avec mes nageoires puissantes, et fendu les airs avec les ailes aux larges envergures de l'*Aigle* ».

Il suffit, du reste, de regarder autour de soi pour se convaincre que certaines physionomies rappellent, distinctement, la forme ou l'expression du regard de certains animaux, sauvages ou domestiqués.

Il semble même que la nature — qui ne fait jamais de « sauts » — ait voulu que les êtres fraîchement sortis d'une classe quelconque d'animaux aient encore avec ceux-ci un contact quelconque ; ainsi le jockey provient du cheval de courses, tandis que la bête de trait, le robuste et lourd percheron, sera la genèse du roulier. De la race futée du renard, sortira le braconnier ; le chemineau, amoureux d'indépendance et voué à une faim perpétuelle, le vagabond des grandes routes pour qui tout est proie, aussi bien les choses que les êtres jeunes et sans défense, provient du loup. Le paysan hirsute et bourru, laconique et brutal, aura été sanglier dans son existence antérieure ; mais, que dire des natures plaintives et timides, douces et résignées, qui semblent être nées exclusivement pour le sacrifice, elles ont été, sans doute, sous n'importe quelle latitude, le « gibier » craintif et toujours menacé que l'espèce vorace des « forceurs » de tout poil et de tous climats, sacrifie à sa pâture quotidienne ?

L'on peut donc conclure, que l'Esquimau vient du Phoque ; le Lapon, du Renne ; l'Hindou, de l'Eléphant ; l'Arabe, du Chameau ; les tribus sauvages, des Félins et des Ophidiens ; quant aux peuplades civilisées, dans leur première incarnation terrestre, elles conservent encore, dans leur attitude, leur démarche, dans l'expression de leur physionomie, et *surtout dans la forme de l'œil*, des vestiges très visibles de la classe d'animaux, — oiseaux, poissons, amphibies, quadrupèdes sauvages ou domestiqués — qui a concouru précédemment à la formation de leur enveloppe corporelle.

Les « Esprits » eux-mêmes, dans leurs intéressantes communications, affirment que c'est le périsprit des animaux supérieurs, relativement à leur espèce qui concourt à la formation

Vieille bédouine

des fluides du périsprit humain, invisible canevas qui modèle son enveloppe tangible.

D'après la grande loi de l'analogie, les fonctions animales chez l'homme ne peuvent provenir que des animaux.

Comme preuve certaine de nos affirmations, nous donnons ici le portrait *photographique* d'une femme née à Tunis, et appartenant à la race des Bédoins nomades : elle a, positivement, une ressemblance frappante avec le facies imposant de *la Lionne* du désert.

Ce n'est pas seulement la physionomie, le regard ou la démarche de tel ou tel individu, qui révèlent « l'Animal » qui est en lui, mais aussi sa voix, son rire, son caractère, ses goûts et ses aptitudes innées. Ne nous semble-t-il pas que les exercices de force, d'adresse ou de prestige, que nous applaudissons dans les Music-Halls, proviennent directement de l'animalité ? Cet athlète, qui rompt entre ses mains un fer de cheval, a certainement la force du taureau ; cet équilibriste, qui se tient aisément sur un fil de fer tendu ou souple, n'a-t-il pas un peu de l'écureuil ou de l'oiseau ? Ce jongleur étonnant n'a fait que cultiver ses facultés ancestrales, car les « phoques » eux-mêmes en font autant que lui, et les quadrumanes sont tous jongleurs, naturellement. Ce souple disloqué, qui s'exhibe dans la peau d'un serpent, est un ex-ophidien ; quant à ces charmantes naïades plongeuses qui, dans un réservoir transparent, rempli d'eau jusqu'au bord, évoluent gracieusement comme des marsouins folâtres, puis, sans renouveler leur respiration, simulent un sommeil angoissant dont chaque seconde nous paraît une minute, n'ont-elles pas été antérieurement de dangereuses sirènes, dont la voix charmeresse et les gestes languides sont en même temps pour l'imprudent nautonnier une attirance et un péril ?

Tout se tient, dans la nature ; et l'homme, synthèse de la création, a en soi *du démon*, *de l'animalité* et *de l'Ange ;* démon quand il est nuisible ; animal quand il se substante et se reproduit ; Ange, quand il se dévoue et qu'il souffre sans murmurer.

*
**

L'étude que nous avons faite des formes géométriques, en harmonie avec les cinq éléments (et avec les « tattwas » hindous), va nous servir de base pour analyser comparativement les cinq formes différentes que revêt la physionomie humaine. E. Ledos désigne ainsi ces types fondamentaux, auxquels il attribue savamment une signature planétaire spéciale que, pour plus de clarté, nous ne reproduirons point dans ce chapitre.

— Le type OVALE répond à *l'éther.*

— Le type ROND à *l'air.*

— Le type TRIANGULAIRE au *feu.*

— Le type CONOÏDE (1), à *l'eau.*

— Le type CARRÉ à *la terre.*

Nous les avons placés dans leur ordre de pureté et d'élévation, le « carré » étant le type le plus matériel, et « l'ovale », le plus spiritualisé.

L'on sait déjà que l'homme est un « microcosme », un petit Univers, qui recèle en lui tous les éléments qui concourent à l'élaboration et au fonctionnement du « macrocosme » ou Univers réel.

De tout temps, le Microcosme a été symbolisé par la figure emblématique du *Pentagramme*, et le Macrocosme, par celle de l'*Héxagramme*, que l'on nomme aussi : le « sceau » de Salomon.

Le Pentagramme est la signature naturelle et magique de l'être humain ; les Elohim créateurs ont placé le nombre cinq à l'extrémité de ses mains et de ses pieds, pour le lui faire comprendre ; l'ensemble de son corps reproduit de même ce nombre spécial, comme l'indique la figure suivante, qui représente un homme placé dans un cercle, — symbole de l'E-

(1) Le type conoïde de Ledos est celui que nous nommons : *apasique.*

ternité — ayant les bras en croix, les pieds écartés à 72 degrés, et, sur la tête — pour combler le vide, et atteindre avec sa partie la plus noble au cercle (ou Cycle) des vies éternelles,

— le triangle de l'Esprit, symbole des trois *Séphiroth* suprêmes, et emblème de sa divinité future.

Chacun des cinq types ci-dessus est en harmonie avec l'élément qu'il représente ; la forme ovoïde est celle de l'œuf générateur, et se rapporte à l'*Éther*. La forme ronde (ou sphérique) est analogue à l'*air* vivifiant, mais peut avoir, comme lui, ses trombes absorbantes et ses cyclones dévastateurs. La forme triangulaire, qui affecte une langue de *feu*, sera le symbole de l'énergie et de la colère. La forme conoïde (ou triangulaire renversée) épousera les caractères de l'*eau*, sa placidité, ses caprices, sa mobilité et ses dangereuses traîtrises. La forme carrée aura la fixité de l'élément *terrien*, son utilité primordiale aussi ; mais, pour qu'il devienne fécond, le sol a besoin d'être déchiré par le soc de la charrue, allégi par le souffle du vent, humecté par la pluie fécondante, et nourri par de puissants engrais, sinon il resterait aride.

Tels sont, en abrégé, les divers caractères inhérents aux cinq types géométriques en harmonie avec la forme que peut revêtir la physionomie humaine.

La pointe supérieure du Pentagramme, c'est « l'Esprit » qui domine les éléments, la pensée qui leur commande, « l'Ether » d'où ils émanent progressivement ; elle est analogue à la forme ovale de la physionomie, parce que celle-ci offre au crâne — siège de la pensée — sa partie la plus vaste, et au menton — qui symbolise les instincts matériels — son côté le plus restreint. Aussi, cette forme supérieure de l'Ovale est-elle l'apanage exclusif des êtres supérieurs, c'est-à-dire de l'homme vraiment « homme » et de la femme la moins « femme » (dans toute l'acception du mot.)

Sur terre, où l'amour nous surmonte,
et trône en souverain puissant ;
la femme est une âme qui monte,
et l'homme, un Esprit qui descend.

Toutes choses, comme tout être, devant être étudiées avec la clé du ternaire, soit subjectivement dans sa *vie*, sa *forme* et sa *couleur* ; ou, objectivement, dans *le mouvement*, *le temps* et *l'espace* ; il s'ensuit que les cinq formes-types du visage humain, doivent analogiquement épouser aussi cinq expressions différentes et cinq colorations adéquates.

Dans l'étude des physionomies humaines, *la vitalité*, puissante ou faible, est indiquée par le coloris : *la forme* par l'un des cinq types précités, — (et aussi par *les traits* du visage), — *la lumière*, par l'expression particulière que lui confère à la longue l'état d'âme du sujet, c'est-à-dire son caractère et sa moralité.

Les diverses colorations du teint, sont les mêmes que celles qui distinguent entre elles les cinq races humaines ; ces nuances sont les trois couleurs fondamentales : rouge, jaune, bleu, encadrées du blanc synthétique et du noir négatif.

— Le teint BLANC, répond à la forme *ovale*.
— — ROUGE — — *triangulaire*.
— — JAUNE, — — *ronde*,
— — BLEU (1) — — *conoïde*.
— — NOIR — — *carrée*.

Chaque forme, chaque teint, chaque expression de la physionomie est analogue à l'un quelconque des cinq sens, des cinq organes principaux, et des cinq doigts de la main. Nous n'hésitons à faire de tous ces attributs divers (en apparence), un tableau synthétique, que parce que souvent les facteurs permutent entre eux, de par la loi des correspondances, et que ces permutations, nécessaires pourtant, pourraient faire croire au lecteur que notre point de vue varie, quand, au contraire, nous cherchons surtout à l'unifier, quel que soit le sujet traité.

Notre trouvaille personnelle, en ce qui touche à la diffusion de la science physiognomonique, réside dans la juste comparaison qui existe entre les formes, les éléments et les animaux qui en dérivent, ou qui sont en rapport avec eux. Puisque personne n'a jamais vu de « Salamandres »,— malgré que l'analogie nous prouve tacitement que le feu doit avoir aussi ses êtres particuliers, — voici comment nous rangeons les classes d'animaux en regard de chacun des quatre éléments :

— A L'AIR, *les oiseaux*.
— A L'EAU, *les poissons*.
— A LA TERRE, les êtres rampants, *les reptiles*.
— Au FEU, symbole d'énergie, *les quadrupèdes*.

Quant à l'élément principe, à L'ETHER, que nous avons analogiquement attribué au type ovale, ce sont *les insectes* qui, parmi les animaux, lui sont analogues, à cause de la faculté qu'ils ont de se métamorphoser comme lui.

(1) Le bleu, toujours mitigé de rouge, est, en somme, plutôt *violet*. Cependant, nous inclinons à croire qu'il y a eu une race d'hommes au teint bleu ; les Javanais ont le teint bleu-vert.

Dans les chapitres suivants, nous placerons l'Ether en regard de *l'homme évolué*, que l'on peut comparer justement à la chrysalide de L'ANGE, comme nous l'avons fait pressentir déjà dans les précédents chapitres.

De même que l'insecte, (qui est le moins matériel des animaux), l'homme, vraiment *homme*, est aussi le moins animal de l'espèce humaine, où pullulent encore hélas, les Antropomorphes et les Elémentaux !

Nous allons maintenant expliquer, en nous appuyant sur le splendide ouvrage de M. E. Ledos, le caractère spécial des cinq « types » en question.

LE TYPE OVALE

D'après la géométrie symboliste, *le cercle* est le symbole de la vie ; l'*ellipse*, — de par ses deux foyers — le symbole de l'amour.

Ces deux figures, combinées dans l'ovale — le type supérieur humain, — symboliseront donc en même temps la vie expansive et l'amour ; mais, ce dernier terme, tel qu'on l'entend communément, est toujours plutôt égoïste ; on a dit : « l'amour c'est l'égoïsme à deux » ; cet amour-là aurait alors comme symbole réel, l'ellipse. Mais, quand le cercle est venu élargir le sommet de cette figure, et donner à son foyer positif le caractère de l'expansion, l'*ovale*, qui résulte de la fusion de ces deux formes, ne peut signifier et ne symbolise réellement que l'amour altruiste, le dévouement et la charité.

Ce terme sublime et divin étant la caractéristique de l'Esprit.

Passant maintenant de la théorie à la pratique, voyons si nous avons touché juste.

Dans son traité sur la *Physionomie humaine*, M. Ledos dit ceci, à propos du type ovale :

« Dans sa jeunesse, ce type supérieur se fait remarquer par sa grande timidité, et il n'acquiert de l'assurance qu'avec l'âge.

« D'une nature nerveuse, fine, impressionnable, toujours anxieuse et préoccupée, il sait cependant maîtriser ses émotions et conserver son sang-froid dans les grandes occasions.

« Quoique voluptueux par tempérament, il est austère par raison et ascétique par principes.

« Très économe pour lui-même, il est généreux pour autrui.

« Son esprit ne se repose jamais, et — comme celui de Pline l'Ancien — travaille toujours, même en marchant.

« Doué d'une intelligence supérieure, il a le génie inventif, des pensées élevées, une nature d'élite qui peut, en même temps, être artistique, poétique et philosophique, mais par-dessus tout, éminemment morale. »

Cet être, privilégié subjectivement, a cependant beaucoup de peine à se faire une petite place au soleil. Dédaigneux des coteries et des « petites chapelles », peu porté à se montrer dans le monde, ennemi-né de toute politique; trop digne pour solliciter ce qui ne s'obtient d'habitude que par la servilité, il vit dans un isolement relatif, comme le grillon de la fable, et peut dire : « J'ai appris à être mon ami afin de n'être jamais seul »; du reste, c'est surtout lorsqu'il est seul que le penseur est le plus entouré.

On a dit : « comprendre c'est égaler », — c'est peut-être ce qui fait que très peu le comprennent et le connaissent *même parmi les siens* ! Aussi, est-il plutôt grave que gai ; il peut être parfois découragé, mais on ne le voit jamais triste pour lui-même, — il a bien assez de motifs de s'attrister sur autrui !

Malgré d'incessantes déceptions, et de terribles peines de cœur (1), cet être d'élite garde toujours au fond de soi-même un coin de ciel bleu où il va puiser sa sérénité coutumière, son pardon des offenses, et son courage pour soutenir vaillamment la lutte de chaque jour ; et puis, sa philosophie lui révèle que le moyen le plus simple de n'être pas écrasé par le malheur, c'est de se placer au-dessus de lui !

(1) La Providence fait vraiment bien tout ce qu'elle fait! Aux êtres sensitifs, nerveux, impressionnables, elle n'envoie que des peines relativement légères, mais qui, cependant, suffisent à les angoisser. — Aux êtres veules, ataraxiques, égoïstes et dépourvus de sensibilité, — comme il faut aussi qu'ils paient à la douleur un juste tribut — elle envoie d'effroyables catastrophes, des ruines subites, des deuils atroces, des fatalités écrasantes, qu'ils supportent d'autant mieux que leur nature phlegmatique est plus accentuée.

LE TYPE OVALE FÉMININ

On reproche souvent aux poètes élégiaques d'avoir une âme féminine : c'est pourtant le plus beau compliment que l'on puisse leur adresser, car l'homme ne vaut que par le cœur, et l'amour dévoué est l'attribut essentiel de la femme digne de ce nom.

« C'est dans ce type » — dit M. Ledos — « que l'on trouve les femmes les plus idéales et les plus sentimentales ; elles sont douées, naturellement, de grâce, d'amabilité, de tendresse et de délicatesse. Douces et affectueuses dans leurs paroles et dans leurs procédés, elles attirent et séduisent, non par la ruse et la coquetterie, mais uniquement par les charmes naturels de leur gracieuse individualité. »

Les jeunes filles et les dames au type ovale, ont généralement de beaux yeux dont le regard tamisé par de longs cils soyeux émane un fluide doux qui pénètre l'âme et lui semble une angélique caresse. — Elles sont très aimantes et pourtant, hélas, très peu souvent aimées, — du moins comme elles méritent de l'être ! — Mariées, elles sont rarement heureuses. Quel homme de notre génération comprendrait ces natures supra-humaines dans toute leur sublimité ?...

Dans les Evangiles apocryphes, on lit cette légende symbolique, qui semble être l'horoscope de chacune d'elles.

« Un jour, Jésus et quelques-uns de ses disciples, allant d'une bourgade à l'autre, avaient, pour gagner du temps, pris un chemin de traverse qui gravissait une montagne escarpée, et devait les conduire plus vite à destination. Arrivés au sommet, le chemin, devenu sentier de chèvres, avait fini par disparaître tout à fait parmi les herbes desséchées, et les pèlerins hésitaient sur la direction à prendre, quand l'un d'eux, avisant un pâtre qui somnolait sous un sycomore, s'en approcha et lui demanda son chemin ; le berger, stupide et insolent, pour toute réponse lui fit silencieusement un geste vague, avec le pied.

« Cette indication manquait autant de précision que de politesse.

« Quelques stades plus loin, nos missionnaires firent la rencontre d'une jeune fille, gracieuse et belle, porteuse d'une lourde cruche pleine d'eau qu'elle venait de remplir à la source voisine, et, de nouveau, lui demandèrent s'ils étaient dans la bonne direction du bourg, but de leur pèlerinage. Sur la réponse négative de la jeune fille, celle-ci se proposa de bonne grâce à les accompagner pendant un assez long temps, et ne les quitta, en effet, que quand, le sentier réapparaissant au milieu des hautes herbes, toute erreur de route devenait impossible.

« L'un d'eux, adressant alors la parole à Jésus, lui dit : « Voyez ! tandis que le pâtre de tout à l'heure n'a même pas daigné se déranger pour me répondre, voici que cette jeune fille, toute chargée qu'elle est, n'a pas hésité à se détourner de son chemin, durant un assez long trajet, pour nous remettre en bonne voie. — Dites, Maître, quel sera l'avenir de cet enfant ?

« Alors, Lui, souriant ineffablement, répondit à celui qui l'avait questionné : « *Elle épousera le berger paresseux* !... »

Venu sur notre planète pour expier et souffrir, le type ovale, de l'un ou de l'autre sexe, ne peut échapper à son « Karma ». Jésus, qui avait ce type dans toute sa pureté, ne connût la fin de ses souffrances, de ses angoisses sans nom, des terribles humiliations populaires, des crachats de la vile populace, et du martyre à la fois ignoble et Divin de son calvaire, que lorsque le coup de lance d'un soldat vint terminer son atroce et poignante agonie !

Nous allons aborder maintenant l'étude des quatre types régis par les éléments.

— Le type *rond* — avons-nous dit déjà — répond aux oiseaux.

— — *triangulaire renversé*, aux quadrupèdes.
— — *triangulaire droit*, aux poissons.
— — *carré*, aux reptiles.

De même que dans l'animalité, se trouvent des types mélangés, comme, par exemple : les oiseaux-poissons, les oiseaux-reptiles et les oiseaux-quadrupèdes, la même variété se retrouve aussi dans les types humains, et c'est ce qui les rend parfois si difficiles à reconnaître de prime abord.

Armés de cette « clé », voyons si nous allons être d'accord avec le célèbre physiognomoniste, et si nos « types » répondent bien à ceux qu'il dépeint avec tant de talent.

Il faudrait tout un livre pour retracer, comme il l'a fait lui-même, le caractère des seize types secondaires. Notre désir, — vu les limites imposées à cet ouvrage, — est seulement de dépeindre les types fondamentaux.

LE TYPE ROND

D'après l'auteur précité, le caractère de ce type est gai, pacifique, optimiste, léger, frivole et badin, — (comme l'oiseau à qui nous l'avons comparé).

L'intelligence des sujets est souple, fine, facile, mais généralement plus superficielle que profonde. Ils sont inaptes aux mathématiques, à la philosophie, à la politique, en un mot, à tout ce qui demande de la réflexion.

Leur esprit est amusant, facétieux et facile à vivre.

Ils aiment les plaisirs et la société joyeuse.

Très amoureux, ils sont galants et empressés auprès des dames qui, du reste, recherchent volontiers leur entourage.

Pour eux, les tracas de la vie, ses soucis, ses luttes et ses chagrins n'existent point, et les choses les plus tragiques les affectent à peine. Ils entendent prendre de la vie ce qu'elle a de bon et d'agréable, ainsi que le recommande ce charmant quatrain d'Alphonse Karr :

> « De leur meilleur côté, sachons prendre les choses ;
> « — Vous vous plaignez de voir les rosiers épineux ?
> « — Moi, je m'en réjouis, et rends grâces aux dieux.
> « Que les épines aient des roses ! »

Leur âme droite et loyale permet que l'on ait confiance en eux, car elle n'a ni ruse ni duplicité. Confiants en eux-mêmes, bienveillants et un peu vaniteux, ils sont une proie facile pour les flatteurs et les aigrefins, d'autant plus que leur goût prononcé pour les honneurs et les décorations les y exposent fréquemment.

Le travail assidu leur déplaît, ils ne sont pas plus capables de supporter la fatigue corporelle que les peines morales.

Chanceux en affaires, et même au jeu, la fortune leur sourit constamment au milieu des gracieux sourires des dames qu'ils fréquentent.

C'est ce que l'on pourrait nommer : *le type heureux*, si le mot bonheur était synonyme d'insouciance.

LE TYPE ROND FÉMININ

Il n'apeut-être pas toujours, — dit Ledos — la noblesse et la pureté de lignes et de contours du type ovale, mais il plait quelquefois davantage par sa grâce juvénile, par la souplesse et le flou de ses contours.

Les jeunes filles et les dames de ce type charmant séduisent surtout par leur gaieté, par la rondeur, la souplesse et la douceur de leur caractère.

Elles sont pacifiques, soumises, dévouées et empressées à se rendre agréables.

Leur nature est sensible, impressionnable, et la bonté de leur cœur va souvent jusqu'à la faiblesse.

Elle sont cependant peu heureuses en amours, sans doute parce qu'elles sont trop aimantes, et surtout parce qu'elles le *montrent trop !*

Dans le couple le mieux assorti, il y a toujours, forcément, un pôle positif et un négatif: un être qui aime, et un autre qui se laisse aimer. Il faudrait alors que celui des deux qui aime le plus, soit assez comédien pour gazer son affection ; cette pseudo-froideur éveillerait indubitablement chez l'autre sujet une tendance à aimer plus activement ; le résultat de cette manière de faire serait tout à fait charmant, et peut-être même le bonheur relativement parfait.

Les dames au visage rond sont spirituelles, loquaces, actives et ont des aptitudes très marquées pour la musique. Elles sont sociables, charmantes causeuses, rieuses et un peu folâtres. Elles aiment les réunions mondaines et s'y distinguent par leur beauté, leur esprit et leur talent. Elles excellent aussi dans l'art chorégraphique.

Très industrieuses, et montrant beaucoup de goût pour leurs toilettes, elles les confectionnent souvent elles-mêmes, tellement elles sont adroites de leurs mains ; et, comme cette adresse a surtout sa source dans l'intelligence, elles ont, dans les rapports sociaux, ce don fait d'esprit et de bienveillance que l'on nomme : *le tact*.

LE TYPE TRIANGULAIRE

Vient ensuite le type appartenant au *triangle* renversé.

C'est l'être d'initiative, de courage, d'énergie et de résolution, pouvant aller jusqu'à l'intrépidité.

Son caractère est inquiet, sombre, morose ; ses manières, brusques ; sa nature intime, pétulante et sauvage.

Il se met facilement en colère et, dans cet état, s'il ne peut ou n'ose frapper ceux qui l'entourent, il se mord lui-même dans un accès de rage.

Processif, chicanier, agressif, son entêtement est tel qu'on le tuerait plutôt que de le faire céder. Ce type n'est point, à proprement parler, méchant, il n'est que susceptible et mauvais coucheur ; en conséquence, les sujets ne devraient épouser que des jeunes filles au tempérament flegmatique, qui ne s'affecteraient point de leurs colères et de leurs brusqueries. De plus, ils sont très enclins à la jalousie, — ce phylloxéra de l'amour ! — aussi, serait-il plus sage pour eux de garder le célibat.

Il font — cela va de soi, — d'excellents militaires ; ce sont eux qui, au plus fort de la mêlée, savent le mieux garder leur sang-froid, et, — alors que le courage était encore précieux en cette occurrence, — monter les premiers à l'assaut. Mais, en temps de paix, la caserne leur est insupportable ; ennemis-nés de toute discipline, ils passent presque tout leur temps à la salle de police.

Dans la vie civile, il résistent également à toute autorité, aussi bien à celle du code qu'à celle de la famille.

Provenant de l'*animalité libre*, tous les jougs leur sont insupportables, et ils préfèrent la gêne à la servitude, comme le loup du bon Lafontaine.

Ils n'obéissent qu'à leurs instincts et à leurs caprices.

Leur passion des voyages les incitent à errer de pays en pays et à entreprendre de longues pérégrinations dans lesquelles ils sont menacés de subir de terribles infortunes.

Leur esprit est inventif mais sans portée, parce qu'en eux les idées sont confuses et l'imagination trop fugace. Ils changent souvent de profession sans pouvoir arriver à stabiliser leur position sociale.

Comme aptitudes, ils ont les arts mécaniques et la chimie (professions qui emploient *le feu*).

Ces êtres vivent généralement en solitaires ; n'étant point sociables, ils maudissent et menacent la société comme étant la cause de tous leurs malheurs ; aussi, de même que dans la famille, la jalousie peut les rendre facilement criminels, dans la société, leurs tendances *anarchiques* les portent à la propagande de leurs dangereuses utopies, *par le fait*.

L'analogie de leur tempérament, avec l'élément du feu, leur donne un teint aduste ou écarlate qui les fait reconnaître à première vue, et porte instinctivement à se défier de leur voisinage immédiat, toujours un tantinet dangereux (1).

(1) Comme dans ces citations, nous faisons de larges emprunts à l'ouvrage de M. E. Ledos, nous nous permettons de citer, pour notre excuse, cette phrase heureuse de Delaulnaye : « — Celui qui découvre des vérités importantes mérite nos hommages ; celui qui les adopte, et les propage dans le seul but d'éclairer ses semblables, ne saurait être un plagiaire. » *(Note de l'auteur.)*

TYPE TRIANGULAIRE FÉMININ

Forme transitoire entre *l'ovale* de l'esprit et *le cercle* aérien, — du groupe supérieur, — et les formes de plus en plus matérielles, *du carré* rigide et anguleux, et de l'empâtement bestial du type *apasique* (1), le type triangulaire du feu donne aux jeunes filles et aux dames l'ardeur du tempérament, la vigueur physique, une imagination puissante et l'esprit un peu fantasque.

« Leur exaltation cérébrale, l'irritabilité de leur nature et la véhémence de leurs sentiments — dit Ledos — les prédisposent aux passions les plus violentes et les plus ardentes ; de sorte qu'elles se distinguent toujours ou par de grandes vertus, ou par de grands vices, selon la prédominance de leurs inclinations bonnes ou mauvaises, et suivant l'emploi qu'elles font de leur libre arbitre, pour développer leurs tendances au bien ou se laisser dévaler sur la pente glissante des passions. »

Natures d'excès, n'ayant ni la tendresse du type ovale, ni l'expansivité aimable du type rond, elles cherchent à briller par l'esprit, au détriment des qualités cordiales qui sont le charme de la femme ; même leur dévouement procède plutôt de la tête que du cœur. Elles étonnent, mais ne charment point ; aussi, semblent-elles avoir conscience de leur androgynat psychique et, quelquefois, lassées de ce tiraillement entre deux forces opposées, se décident-elles tout d'un coup à entrer définitivement dans le domaine de la chasteté absolue, à l'ombre silencieuse d'un cloître ; ou bien alors, glissant plus bas que la courtisane ordinaire, elles s'enferment volontairement en des maisons mal famées.

(1) Ou conoïde.

LE TYPE APASIQUE (OU CONOÏDE)

Nous dénommons ainsi le type au triangle droit (large à la base et étroit au sommet), parce qu'il a de l'analogie avec celui des cinq *Tattwas* qui symbolise l'eau, et que les hindous nomment : *Apas*.

Ledos le dénomme : « type conoïde », à cause de sa ressemblance avec le cône.

L'eau est le berceau de la création ; c'est au sein de ses vastes ondes, qu'aux temps antédiluviens s'ébattaient les monstres aux formes gigantesques, premiers moules et ébauches informes de la vie animale, aujourd'hui complètement disparus.

Le type apasique, conoïde ou aquatiqne, comme on voudra, est aussi, dans l'humanité, le plus grossier et le plus rudimentaire de tous. Dans le chapitre précédent, le type triangulaire nous a donné l'analogie de l'animalité libre — parlons franc : *du félin;* le type apasique va nous montrer, dans l'antropomorphe, l'animal domestiqué.

Ledos, dans les dessins de son livre, donne à ce type une véritable tête de *dauphin*.

Nos braves « mathurins » appartiennent souvent à cette catégorie d'êtres primitifs dont toute la conversation se borne à une série plus ou moins énergique de jurons, suivis, à l'occasion, de voies de faits. Leur travail quotidien peut être comparé à celui des bêtes de somme ; leurs plaisirs ne résident que dans de vastes saouleries. Natures purement instinctives et toutes d'excès, la mer, — qui leur ressemble avec ses accalmies traîtresses, ses tempêtes furieuses, ses caprices dangereux et sa brutalité homicide, — est leur élément sympathique.

Mais, l'élément aqueux produit des êtres amphibies ; ce type se rencontre donc aussi sur « le plancher des vaches » ; pour le portrait de celui-ci, nous laissons parler Ledos :

« Il possède un caractère actif, entreprenant et audacieux ; des formes rudes, cassantes, brutales. Une volonté absolue et despotique ; une franchise brusque et insolente.

« C'est un grand jureur du Nom de Dieu !

« C'est aussi un ordurier qui aime singulièrement les discours licencieux et obscènes ; il est bourru, hâbleur, fanfaron et vantard ; de plus, agressif, querelleur, et très prompt à frapper. Dans les rixes, il a le courage, l'acharnement et la cruauté du dogue. Sa colère est rapide, violente, tapageuse, dévastatrice et inhumaine.

« Il est infatué de lui-même, plein de vanité et d'une prétention ridicule. Par son aplomb et son sans-gêne effronté, il en impose aux timorés. Il se mêle sottement à toutes les conversations, rit et cause bruyamment, met les sots en gaieté par les boutades de ses saillies burlesques, se pose en esprit fort et tranche, d'un ton autoritaire, sur les choses qu'il ignore le plus. »

C'est ce que l'on peut nommer : un parfait imbécile !

Comment voudriez-vous que ces êtres, qui ne doutent de rien, — parce qu'ils ne savent rien, — ne réussissent pas dans tout ce qu'ils entreprennent, puisqu'ils n'ont d'autres mobiles que l'audace ignorante, qui prime toujours la modestie du mérite !

Le Pérou est encore à conquérir ; « Audaces fortuna juvat ».

LE TYPE APASIQUE FÉMININ

Il est facilement reconnaissable à sa large mâchoire et à son front étroit, qui lui donne une vague ressemblance avec une poire.

Des joues très charnues, un teint fleuri à l'excès, le cou trop court, sont autant d'indices que les appétits de la vie physique absorbent à leur profit les facultés intellectuelles et morales — totalement absentes — chez ce type dégradé, où l'amour de l'or prime tout.

Comme *l'eau*, qui est le dissolvant universel, la soif de l'or est le dissolvant des consciences; et, dans ce cas, la cupidité effrénée devient un vice plus immonde que l'avarice elle-même.

Les femmes de ce type sont généralement gourmandes jusqu'à l'excès, et sensuelles jusqu'au libertinage.

Si cependant leur bouche, quoique lippue, n'est point tordue ou serpentine, ces natures vulgaires sauront, à l'occasion, secourir une misère pressante ; à défaut de sentiments, elles ont parfois de la sensibilité. Cependant, ne nous y fions pas trop, car elles sont rusées sous leur apparente bonhomie, et de la ruse à la fourberie, il n'y a qu'un pas.

L'or étant leur dieu, toute leur intelligence sera tournée vers le gain ; excellentes caissières, gérantes capables, elles sauront faire prospérer une maison de commerce ou relever celles qui menaceraient ruine. Mais si les traits du visage sont par trop vulgaires, ce sera par des commerces frauduleux ou inavouables, que ces créatures dégradées chercheront à gagner un argent infâme ; soit qu'il provienne de la misère d'autrui ou du déshonneur d'une jeune fille.

Le veau d'or a toujours un peu de bouse aux flancs !

LE TYPE CARRÉ

Comparé aux animaux, ce type se trouve être en analogie avec *les reptiles ;* si notre comparaison est juste, nous devrons donc retrouver dans son étude un peu des mœurs des ophidiens : la lenteur dans la démarche, dans le geste et dans la parole (preuve de la lourdeur des idées et de la paresse des facultés intellectuelles) ; une sorte de torpeur somnolente avec, cependant, une grande force physique, de l'énergie, l'amour de la solitude, la sobriété, la prudence, la ruse, et quelquefois la séduction.

Voici le portrait physique, intellectuel et moral qu'en fait M. Ledos :

«... Ils ont des yeux étincelants, d'un gris sombre, — enfoncés sous l'orbite — qui dardent un regard droit, persistant, glacial et scrutateur. Une bouche *fermée* et *serrée*, aux coins enfoncés et abaissés. Les pommettes sont, chez eux, saillantes et larges. Leur teint est d'un jaune bistré ; la tête est un peu enfoncée dans les épaules ; leur voix, grave, est un peu sourde.

« Les sujets marchent la tête baissée, le regard fixé *vers la terre ;* leur démarche est pesante ; le pas, grand et lourd.

« Chez eux, la conception n'est ni prompte, ni facile ; ils ont besoin de beaucoup de temps et de travail pour apprendre.

« Ils possèdent une grande puissance de réflexion et de concentration, et, dans leurs travaux, sont patients, consciencieux et très minutieux.

« Leur énergie et leur ténacité redoublent devant les obstacles ou les oppositions qu'ils rencontrent.

« Leur *grande prudence* leur fait éviter, en partie, les pièges et les malheurs que la fatalité sème sous leurs pas.

« *Impénétrables* et *défiants*, ils gardent volontiers le silence, ne parlant jamais les premiers dans la crainte d'être surpris ou devinés. Ils réfléchissent longtemps avant de parler ou d'agir et. en toutes choses, procèdent par le calcul, faisant tout par compas et par mesure.

« On trouve chez eux une sorte de timidité sauvage et orgueilleuse. Ils sont taciturnes, mélancoliques, irritables, mécontents et grondeurs, défiants et concentrés.

« Il est par conséquent très difficile de vivre avec ce type, en raison de sa bizarrerie d'humeur et de ses manières rudes, brusques et acerbes ».

Comme on le voit, ce type a parfaitement, — et comme les trois premiers, — répondu à notre clé analogique sur la correspondance qui existe réellement entre les animaux et les antropomorphes.

Seul, le type *ovale* répond exactement à l'*homme*, véritablement digne de ce sublime qualificatif.

LE TYPE CARRÉ FÉMININ

Les formes carrées et anguleuses sont toujours, chez la femme, l'indice d'un cœur sec, d'un manque absolu de tendresse et de sensibilité, la prédominance des instincts et des besoins matériels, sur les facultés de l'intelligence.

Ce type ne se rencontre guère dans les grands centres français, que parmi la domesticité. Il est fréquent, au contraire, dans ceux de nos départements où la femme est asservie aux rudes labeurs des fermes, aux travaux agricoles pénibles, qui la masculinisent au grand détriment de ses attributs.

Avec de l'instruction et une influence de milieu plus relevée, ce type donnerait aux jeunes filles le goût des mathématiques, des arts mécaniques, de l'industrie, un instinct vague de constructivité qu'elles dépenseront en rangeant méthodiquement leur armoire, leurs livres, leurs vêtements. Ce sont d'excellentes ménagères au sens strict du mot, mais elles font souvent des épouses grincheuses et des mères peu tendres. Les joues rondelettes et rosées des bébés se font mal aux genoux anguleux et les mains aux doigts osseux n'ont point été faites pour la caresse!

Leur économie précoce ne tarde pas, avec l'âge, à dégénérer en avarice; alors le pauvre mari, s'il n'est point harcelé par la jalousie de sa peu tendre épouse, se verra insulté grossièrement pour la moindre dépense qu'il aura faite, jusqu'à ce qu'enfin, de guerre lasse, il prenne le parti héroïque de demander le divorce, seul remède à sa mésalliance. C'est surtout dans les campagnes, que ce genre de femmes pullule, au grand désespoir des garçons à marier.

Ce type est sobre ou glouton; il ne boit que de l'eau, ou s'enivre en secret.

Maintenant, qu'il n'y a plus de « bonnes » dignes de ce nom, tâchons donc, au moins, de ne point donner asile à ces êtres forts en mathématique, mais surtout, hélas ! en « soustractions », et plus encore en « divisions » !

⁂

Dans le chapitre suivant, où nous traitons de la Chirognomonie, l'on verra la physionomie humaine se refléter analogiquement dans les diverses formes de la main.

Les cinq types que nous venons d'étudier, se retrouvent exactement dans cette science avec cet ordre :

— Le type OVALE répond aux mains *mixtes*.

— Le type ROND, aux doigts *ronds*.

— Le type TRIANGULAIRE, aux doigts *pointus*.

— Le type APASIQUE, aux doigts *spatulés*.

— Le type CARRÉ, aux doigts *carrés*.

Nous retrouverons encore ces cinq types dans le chapitre des « Signatures Astrales » sous les étiquettes de : *Mercure*, *Vénus*, *Jupiter*, *Mars* et *Saturne*.

De même que les cinq chapitres que l'on vient de lire sur la Physiognomonie ne peuvent point remplacer les ouvrages spéciaux qui traitent de cette matière, de même aussi le chapitre suivant ne doit pas éloigner le lecteur de l'étude du charmant ouvrage du Chevalier d'Arpentigny sur la Chirognomonie. Notre but a été seulement de tracer méthodiquement et analogiquement la base de ces deux sciences qui se complètent si bien l'une par l'autre, afin d'en rendre à tous l'étude plus attrayante et plus facile.

LES APTITUDES

RÉVÉLÉES PAR LA FORME DES DOIGTS

Les facultés et les tendances d'un être se révèlent par son extériorité, aussi bien dans l'ensemble que dans les détails.

Le visage de l'être humain est un miroir qui reflète fidèlement l'état de son âme, avec ses habitudes, ses instincts, ses forces et ses faiblesses, ainsi que le prouve le précédent chapitre; mais la main, pour n'être que l'outil du cerveau, n'en est pas moins aussi très révélatrice; pour qui sait l'étudier, elle renseigne exactement sur les aptitudes de l'être, et aussi sur son plus ou moins de moralité.

La forme du bout des doigts est toujours en harmonie avec la forme du visage, et nous sommes porté à croire qu'un être né avec de mauvais instincts ataviques, dont la volonté serait assez puissante pour les mater et les vaincre, verrait au bout d'un certain temps la forme extérieure de son visage, de son crâne, de ses doigts, changer à son avantage à chaque victoire remportée par la raison sur les instincts et sur les passions animales.

Les révélations qu'on va lire sur les formes des doigts peuvent éclairer les parents sur la vocation réelle d'un enfant; sur la somme de confiance que l'on peut accorder à un nouveau venu au moment d'entrer avec lui en relations d'affaires, de famille ou d'amitié; préjuger de la moralité d'un employé ou d'un domestique; bref, mettre en garde contre tout être louche, hypocrite, suspect ou mal intentionné.

La forme est toujours le reflet et le révélateur de la substance; c'est elle qui individualise l'insaisissable protée de la vie, comme le ferait un vase plongé dans l'eau, laquelle épousera toujours la forme du vaisseau qui la contient. Mais cette définition n'est vraie que pour les êtres inférieurs, mus seulement par *la vitalité*. La vie proprement dite, chez l'être conscient, n'a plus du tout ce caractère passif qui est l'apanage de la fatalité ; elle est, au contraire, le propre modeleur de ses moules divers, et c'est elle qui crée sa forme parce qu'elle est maintenant en contact avec l'Esprit.

La vie spirituelle revêt en nous trois formes différentes ; une, matérielle ou instinctive, qui est le mouvement ; une, intellectuelle, qui est l'idée ou la pensée ; enfin, une troisième dans le domaine moral, et qui n'est autre que la foi. Oh ! que de choses sont contenues dans ce simple mot de trois lettres ! Nous en avons parlé déjà, mais on ne saurait trop y revenir car la foi est réellement la base de la spiritualité de l'être et sa fin dernière, elle est le mobile de ses actes, de ses croyances — éclairées ou superstitieuses — de sa fidélité et de sa confiance, puisque ces deux derniers mots sont synonymes avec le mot latin *fides*, foi !

La forme des doigts renseigne sur la bonne ou sur la mauvaise foi des sujets ; quand l'âme est lumineuse et droite, les doigts sont bien faits, et leur forme harmonique sourit à l'œil de l'artiste ; au contraire, une âme perverse aura toujours, avec des traits mal conformés, un regard dur ou fuyant, et des doigts contournés ou hideux.

De même que la physionomie, la main doit être étudiée dans son expression qui est *sa vie ;* dans *sa forme*, qui révèle ses aptitudes; et dans *sa couleur* qui révèle ses sentiments et sa moralité ; mais la clé de ses révélations réside en entier dans le pentagramme. Nous avons vu, page 231 que cette figure est en analogie avec l'homme, elle l'est aussi avec sa main.

— Le pouce répond *à l'esprit* (et à la tête).

— L'auriculaire, *à l'air* (et au bras droit).

— L'annulaire, *au feu* (et à la jambe gauche).

— L'INDEX, *à l'eau* (et au bras gauche).

— LE MÉDIUS, *à la terre* (et à la jambe droite).

Quant à LA PAUME de la main, elle est en parfaite analogie avec *le tronc* et avec ses organes.

La main est donc bien, en réalité, le microcosme du microcosme.

C'est ce que nous voulions tout d'abord établir.

La forme particulière du bout des doigts peut être : *pointue*, *ronde*, *carrée*, *spatulée*, ou *mixte*.

Toute chose mixte ayant une double nature, la main mixte supérieure sera celle dont les doigts seront, les uns pointus, les autres ronds ; la main mixte inférieure, celle dont les doigts seront, les uns carrés, les autres spatulés : la première aura *le savoir* par l'intuition ; la seconde, la science déductive et aussi le « savoir-faire ».

L'on peut encore dire avec un grand semblant de justesse, que chacune de ces formes est analogue à l'un des doigts, ainsi :

— La forme MIXTE est analogue au pouce.

— La forme POINTUE, — à l'auriculaire.

— La forme RONDE, — à l'annulaire.

— La forme CARRÉE, — à l'index.

— La forme SPATULÉE, — au médius (1).

Comme « l'Esprit » — qui se manifeste toujours sous un triple aspect, — le pouce, lui étant analogue, aura aussi une triple acception ; sa phalange onglée est en harmonie avec le front ; sa phalange médiane, avec le vertex ; sa phalange charnue (que les chiromanciens nomment : *le mont de Vénus*), avec le cervelet, réservoir des forces génératrices qui président *à la perpétuation de l'espèce* ; (tandis que le « mont de la Lune », qui est situé en face, à la percussion de la main, préside aux forces qui ont pour but *la conservation de l'individu*, lesquelles sont régies par nos instincts).

(1) Le lecteur remarquera que la forme du bout des doigts n'est déjà plus en harmonie avec celle que nous avons attribuée aux éléments, dans le précédent chapitre ; cela tient à ce que ces deux études se meuvent sur deux plans différents : l'un, naturel, l'autre, hominal.

Voilà, aussi brièvement exposée que possible, la synthèse des études qui forment la base de la « Chirognomonie ».

Un écrivain de grand talent : M. le Chevalier d'Arpentigny, a écrit sur cette science un ouvrage très intéressant auquel nous allons emprunter (comme nous l'avons fait dans le livre de M. E. Ledos, pour la Physiognomonie) *la substance* des pages suivantes. Son livre donne à la main *sept* types différents. Nous venons de prouver péremptoirement qu'elle ne peut en affecter que *cinq*.

La main, étant évidemment « l'outil » de l'intelligence, et aussi la manifestation sensible de nos véritables aptitudes, nous pensons être utile aux mères de famille en les initiant à ces connaissances, dont l'étude facile peut être comprise et mise en pratique par tout le monde.

Le travail que nous aimons ne nous fatigue jamais ; tâchons donc, autant que possible, de connaître la voie dans laquelle, d'après notre vocation, nous devons exceller ; ce nous sera, en même temps un plaisir et une découverte utile.

Combien de pauvres jeunes filles sont tourmentées par leurs maîtres de pension ou par leurs parents, parce qu'on les force à apprendre des choses pour lesquelles elles n'ont aucun goût ! La propension naturelle de chacun devrait, ce nous semble, être un peu plus respectée ; dans les pensionnats des deux sexes, tel élève qui excelle au piano pâlira devant un problème mathématique, et *vice versa*. Il est donc de la plus haute importance pour tous de connaître ce à quoi l'on doit s'appliquer pour réussir le mieux dans l'âpre et souvent décevante lutte pour la vie. En ne faisant pas assez attention à leurs goûts et à leurs propensions naturelles, nos jeunes gens souffrent intellectuellement dans leur jeunesse, en attendant qu'un peu plus tard, et par la même cause, on les fasse souffrir au moral en contrariant leurs inclinations et leurs sympathies !...

L'étude de la main n'est pas, comme on le croit communément, une science abstraite et réservée aux seuls professionnels ; il viendra un temps (et ce temps est peut-être proche), où la Physiognomonie et la Chiromancie auront leur chaire à l'Université et seront enseignées dans les lycées, après avoir été reconnues d'utilité publique.

Je sais bien que les livres spéciaux, qui traitent de ces intéressantes questions, sont quelquefois diffus et difficiles à comprendre, c'est la raison pour laquelle nous tentons, par ce chapitre, de les diffuser et d'en montrer le côté véritablement pratique.

Ces données seront plus utiles aux jeunes garçons qu'aux jeunes filles, parce que les professions masculines sont plus nombreuses que celles du beau sexe ; quoique, à notre époque fantaisiste, l'on voie, dans certains magasins, des athlètes barbus mesurer des rubans ou de la dentelle, tandis que de toutes jeunes femmes y remplissent des fonctions pénibles, fatigantes et désastreuses pour leur santé !

Quand donc l'Etat se décidera-t-il à remédier à cet état de choses si déplorable à tous les points de vue.

D'autre part, il semble que la femme ait en germe toutes les vocations (j'en excepte, bien entendu, celles qui, poussées instinctivement vers tel ou tel art, y acquièrent de la célébrité. Mais, c'est toujours avec un véritable sentiment d'admiration que je vois une jeune épouse s'assimiler aussi rapidement les finesses de la profession que son mari *s'est librement choisie* et qu'il pratique depuis longtemps, et donner même à son maître et seigneur des conseils judicieux qu'il aurait presque toujours grand intérêt à suivre docilement.

Ceci est une preuve incontestable de la supériorité psychique de la femme sur l'homme : elle a toujours beaucoup plus de cœur, et très souvent autant d'intelligence que lui.

LE POUCE

« A défaut d'autres preuves, le pouce me convaincrait de l'existence de Dieu ! »

NEWTON.

Le pouce est le flambeau de la main, parce qu'il symbolise « l'Esprit » qui trône sur les éléments ; il est son principe de vie et de force.

Il est en analogie parfaite avec les trois lumières de l'être, dans cet ordre :

— Sa phalange *onglée* répond à l'intuition.

— Sa phalange *mixte*, » à l'intelligence.

— Sa phalange *charnue*, » aux instincts supérieurs.

Les instincts sont en nous : *la vie* de la vie ; l'intelligence est *la forme* de la vie ; et l'intuition, *la lumière* de la vie.

Le pouce manifeste donc la vie dans sa triple acception : la vie *morale*, par sa phalange onglée ; la vie *intellectuelle*, par sa phalange mixte : et la vie *matérielle* supérieure, celle qui a pour mission de perpétuer *l'espèce*, par sa phalange charnue, nommée : LE MONT DE VÉNUS, comme pour affirmer que la vie ne s'épanouit que par l'amour ! — Plus un être est *aimant*, plus il attire à soi, plus il charme, rayonne et impose.

Le « Mont de Vénus » renseigne sur la vie positive de l'être, sur celle qu'il communique aux autres êtres sans nuire à sa vitalité propre. Cette phalange est le réservoir des forces nerveuses en action dans l'économie, l'indice visible de la fécondité ou de la stérilité.

La maladie et les abus le dépriment et l'appauvrissent. Le vice le couvre de stigmates honteux, qui ressemblent à la grille d'un cachot ou bien aux mailles d'un filet qui retiendraient l'âme prisonnière ; comme si la nature, lésée dans ses fonctions suprêmes, voulait démontrer, par ces signes de déchéance morale, que le libre arbitre du sujet est aliéné fatalement !

*
**

La phalange « mixte », — d'après sa longueur comparée à la phalange onglée, — indique qui l'emporte, dans les déterminations du sujet, de *la tête* qu'elle symbolise ou *du cœur ;* de la froide raison ou du sentiment.

Elle se rapporte à l'intelligence et à tous ses attributs, à toutes ses dépendances, telles que l'attention, la compréhension et la mémoire.

Elle symbolise aussi nos ambitions, en tant qu'elles se rapportent au côté intellectuel de l'être.

C'est son développement ou son exiguïté qui renseigne sur la manière dont le sujet se comporte vis-à-vis d'autrui dans ses rapports d'affaires et d'intérêt ; si elle est rayée longitudinalement, si sa forme en est gracieuse, le sujet sera intelligent, et ses aptitudes dénoteront des talents futurs : il sera intègre et probe ; mais si, pour gagner sa vie, le sujet emploie des procédés illégaux, malhonnêtes ou criminels, cette phalange s'amincit, s'étiole et se couvre de raies *en travers*, formant arrêt, barrage entre la pensée et le monde extérieur. Ces barres arrêtent le fluide en sa course ; et, comme toute vie qui ne peut librement circuler, — depuis l'eau de mer, jusques aux globules sanguins, — ne tarde pas à se corrompre ou à chercher une autre issue, la phalange intellectuelle des malveillants se couvre de signes mauvais dans lesquels un initié n'aurait pas de peine à y déchiffrer un arrêt fatal !

Ceux dont les ambitions se sont réalisées, *les arrivés*, à quelque classe de la société qu'ils appartiennent ; ceux qui *gouvernent* et qui *commandent*, n'ont réussi que parce qu'ils ont la seconde phalange du pouce longue et forte.

*
* *

Mais, si la phalange onglée est plus développée que sa voisine, alors le cœur conduit la tête ; c'est l'indice certain du désintéressement qui est le premier pas vers la liberté. C'est la preuve que la *vie morale* et ses mystérieuses splendeurs préoccupent bien plus le sujet que n'importe quelle gloriole terrestre, tant rémunérées, chamarrées, simarrées, décorées et honorées soient-elles.

Nous devrions donc, dans nos rapports sociaux journaliers, faire très-attention d'abord, et *avant tout*, aux pouces des personnes avec lesquelles nous allons avoir affaire.

On a dit : « la première phalange du pouce symbolise la volonté » ; nous venons d'en faire la preuve. Qu'est-ce donc que la volonté, sinon la vie morale en action ? La volonté, avons-nous dit déjà, est la pleine possession de soi-même : or, comment l'être se posséderait-il intégralement s'il n'avait pas pour ligne de conduite la plus haute moralité possible !

Un pouce *trop large* — même appartenant à une bonne nature — est un indice que le sujet aura une tendance à vouloir toujours imposer sa volonté, ses goûts et sa manière de voir à son entourage.

En *spatule*, ce serait la marque d'un tempérament colérique pouvant, dans ses accès, aller jusques au meurtre.

En *forme de bille*, la personne serait d'une moralité douteuse, d'un tempérament taciturne, d'un caractère enclin à la duplicité. C'est aussi l'indice d'une vie courte.

Rejetée *en arrière*, la première phalange du pouce indique que le caprice gouverne les décisions au lieu et place de la volonté absente. C'est un signe certain d'égoïsme et de prodigalité ; quelquefois de paresse et, conséquemment, d'un amour exagéré pour le plaisir.

Repliée sur elle-même, et se rapprochant de la racine de

l'index, elle dénote une volonté trop personnelle; l'entêtement, l'obstination orgueilleuse qui ne cède devant rien ni devant personne; une mauvaise direction de l'existence, et quelquefois aussi, le culte de sa propre personnalité. — La phalange rejetée en arrière ne saura pas garder un secret; celle-ci, au contraire, sera trop impénétrable et s'aliénera des sympathies naissantes par son manque absolu d'épanchements cordiaux, d'expansion confiante.

Toutes deux — la phalange renversée et la phalange repliée — manquent de tact et de jugement.

Quelle que soit la perfection ou la force de la phalange mixte, il faut cependant toujours se souvenir qu'elle n'est que le support de la supérieure cordiale; et que, si cette dernière est inharmonique dans sa forme, elle, l'inférieure, n'en sera que plus dangereuse.

On peut être un bandit malgré le développement des facultés purement intellectuelles, et l'ambition démesurée n'a jamais rendu personne heureux; car la possession du bonheur implique nécessairement la liberté, et, d'après La Bruyère: « L'esclave n'a qu'un maître, tandis que l'ambitieux en a autant qu'il y a de gens utiles à sa fortune! »

L'homme du monde moral, au contraire, n'a point d'autres maîtres que sa conscience; s'il est esclave de quelque chose, ce n'est que *de son devoir*; la liberté ne pouvant être conquise que par celui qui en accepte volontairement la douce servitude.

DOIGTS POINTUS

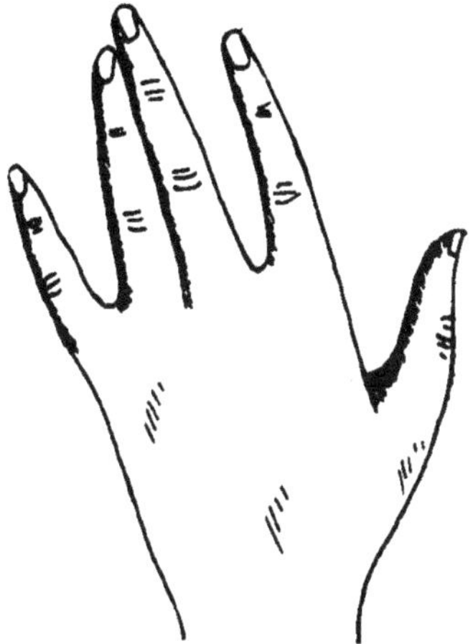

L'étude du pouce nous a révélé le côté le plus subjectif de l'individu ; nous allons demander maintenant, à *la forme du bout des doigts*, de nous éclairer sur les rapports, bons, neutres ou mauvais, de l'être avec ses semblables ; et aussi des *impressions* et des *impulsions* qu'il peut en recevoir.

« Les formes diverses de la main », — dit d'Arpentigny, — « renseignent sur les *attirances* et sur les *répulsions* intellectuelles du sujet ; c'est-à-dire sur ses aptitudes innées, et aussi sur les choses auxquelles son genre d'esprit est tout à fait impropre. »

Les doigts fuselés — qu'il ne faut point confondre avec les doigts pointus — sont gros et gras à leur base, et vont, naturellement, en s'amincissant du bout. C'est ce que l'on nomme dans le monde : « une jolie main ». Elle n'est pourtant « jolie » que pour les non-initiés à la science des formes, car elle dénote toujours chez le sujet le sensualisme de bouche et d'alcôve, une tendance à l'égoïsme qui sera d'autant plus réelle que la main sera mate, et son épiderme lisse et luisant.

Cette main n'est que la parodie de celle que nous allons étudier, laquelle n'est jamais, comme la « fuselée », ni grasse, ni boursouflée.

Le bout des doigts affecte généralement quatre formes bien distinctes : il est *pointu*, *rond*, *carré* ou *évasé* en forme de spatule.

Plus les doigts sont pointus, plus ils ont horreur des choses matérielles et vulgaires.

Les doigts pointus et les ronds appartiennent tous deux au domaine de l'idée : les premiers à l'idée pure, les seconds aux beaux-arts.

Les doigts carrés et les spatulés sont aptes aux entreprises matérielles, ils se meuvent dans le côté utile et pratique des choses.

On peut comparer avec fruit la forme des doigts aux quatre éléments et aux tempéraments fondamentaux, ainsi :

Formes	Éléments	Tempéraments	Aptitudes
Pointus	*Feu*	*Nerveux*	*Poésie*
Ronds	*Air*	*Sanguin*	*Arts libéraux*
Carrés	*Eau*	*Bilieux*	*Arts utiles*
Spatulés	*Terre*	*Lymphatique*	*Sciences*

Une main aux doigts pointus annonce toujours que son propriétaire est un être religieux, tendre, passionné, naïf et insouciant des intérêts matériels. Il est indépendant, expansif, enthousiaste, mais point du tout apte à l'action.

Le cœur conduit la tête en toutes ses entreprises.

Esprit synthétique, il procède par l'inspiration plutôt que

par la méthode, et manque toujours de confiance en lui (ce qui, avec le désintéressement qui lui est propre, est un double obstacle à sa réussite mondaine).

Si cette main appartient à un garçon, le premier stage de ses souffrances intimes sera le collège ; le second, la caserne. Ni la foule, ni le bruit ne conviennent à sa nature fine, nerveuse et impressionnable à l'excès. Ses souffrances seraient encore bien plus atroces s'il se trouvait incorporé dans la cavalerie, car il a en horreur le cheval et tous les exercices violents !

Voué au culte du beau, il *comprendra* ce qu'il y a d'élevé dans les chefs-d'œuvre de l'art, mais ne sera pas lui-même artiste exécutant.

Sa véritable vocation sera la poésie lyrique ; mais, comme aujourd'hui cet art divin ne nourrit plus son maître, il sera littérateur, et ses œuvres chanteront le beau sous toutes ses formes, le charme et les beautés de la nature, mais surtout l'amour, qu'il connaît si bien et qu'il goûtera si peu !

Ces êtres étranges — venus ici-bas pour expier — sont destinés fatalement à ne point connaître les joies familiales, à vivre philosophiquement dans un isolement relatif.

Les doigts pointus excellent en tout ce qu'ils font ; ce n'est pas le fini qu'ils recherchent, c'est *le mieux*.

Pionniers de l'idée, ils sont les fins joailliers de la pensée ; et, comme les dénommait le bon Rabelais : « des abstracteurs de quinte-essence ».

Leur tendance est toute synthétique ; dans leurs productions littéraires, ils préfèrent « les maximes » aux méthodes, et les plaquettes rares aux énormes in-folios.

Esprits plus intuitifs que déductifs, ils ne comprennent bien que ce qu'ils retrouvent en eux, et ont toujours plus de plaisir à *trouver* qu'à *découvrir*.

DOIGTS RONDS

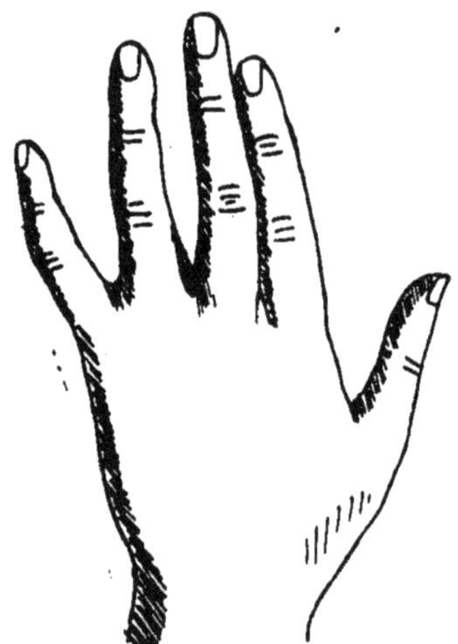

La main, dont le bout des doigts épouse la forme d'un dé à coudre, a, comme la précédente, le goût du beau, mais elle le voit surtout dans *la forme* (plutôt que dans l'idée pure), et possède les aptitudes artistiques voulues pour le réaliser : par *les beaux arts*, si la main est gracieuse ; par *les arts utiles*, si elle est un peu plus matérielle ou moins élégante.

Les doigts *pointus* ont la religion *du beau*, dans l'idée.

Les doigts *ronds*, celle *du beau*, dans la forme.

Les doigts *carrés*, le culte *du rythme* et *de la méthode*.

Les doigts *spatulés* sont surtout les pionniers de *l'utile*.

Cette gradation est facile à retenir et à appliquer.

Moins une main est lourde, épaisse, matérielle, plus ses

goûts, ses tendances et ses œuvres s'éloigneront instinctivement de la matière. Ceci est logique en théorie, et vrai en réalisation.

La « forme » est le côté lumineux de la matière ; c'est par cette attribution supérieure qu'elle se rapproche le plus du côté négatif de l'esprit.

Avec la main aux doigts « pointus », nous étions dans le temple sacré de l'idée ; la main aux doigts ronds nous conduit dans le palais du beau, réalisé par la forme.

Toutes deux fécondes, la première enfante dans le domaine spirituel, la seconde réalise déjà sur le plan matériel.

Evoquant la pléiade illustre des peintres célèbres, des sculpteurs immortels, des compositeurs inspirés, des architectes anonymes, — dont le puissant génie, sous le portique des pieuses cathédrales, obligeait le granit lui-même à l'adoration, — les doigts ronds rencontrent toujours leur vocation dans les radieux musées consacrés aux beaux-arts.

Les belles-lettres les voient aussi dans leurs glorieuses phalanges : Dante, Shakespeare, Milton, Hugo avaient les doigts ronds et lisses : *l'art* et *l'inspiration* qui l'accompagne toujours.

« Au point de vue moral, » — dit d'Arpentigny, — « les doigts ronds joignent au culte du beau, par les arts plastiques, la poésie de l'imagination et des sens, les entraînements romanesques et l'antipathi[illegible]es déductions rigoureuses. Ils ont un très grand besoin d'indépendance sociale et une grande propension à l'enthousiasme. »

MAINS MIXTES

Entre le couple supérieur des doigts pointus et des ronds, et le couple inférieur des carrés et des spatulés, se place, naturellement, la main mixte, qui synthétise ces quatre formes.

Dans la nature, tous les « mixtes », — que Fourrier nomme des « ambigus », — revêtent un double caractère emprunté nécessairement aux extrêmes qu'ils ont mission de relier ou de fusionner.

La main mixte supérieure a les doigts pointus et ronds.

La mixte inférieure les a carrés et spatulés.

La première a *le savoir* (qu'il ne faut pas confondre avec la science) ; la seconde a le *savoir-faire*.

La main pointue-ronde a *seule* le privilège de tenir le Caducée, — emblème occulte du savoir.

A la main carrée-spatulée, l'honneur de tenir le Sceptre, emblème matériel du pouvoir.

Toutes deux sont régies par Mercure (1).

Cette planète androgyne symbolise, en sa double acception, *le libre arbitre* ou *la liberté* ; c'est-à-dire : l'intelligence, — qui n'est que la faculté de choisir, d'opter entre le bien et le mal, — et le jugement, qui est l'option volontaire et définitive pour le bien.

Le libre arbitre n'est qu'une faculté neutre ; c'est l'innocence primordiale qui vient de voir éclore sa puberté spirituelle, c'est-à-dire la connaissance de ses devoirs et de ses droits, qui implique conséquemment la responsabilité des actes.

La liberté est *une conquête ;* c'est même la plus sublime qu'il soit donné à l'homme de remporter durant son existence terrestre.

(1) Voir le chapitre des signatures astrales.

On peut être un malhonnête homme avec seulement de l'intelligence ; on est toujours intègre et digne si l'on a du jugement.

L'intellect n'est qu'une lueur, mais le jugement est une lumière étincelante qui émane du radieux Soleil Conscience.

La main pointue-ronde est éminemment philosophique ; son but principal est *la recherche du vrai.*

Elle réunit et synthétise les qualités des doigts pointus et des ronds : la poésie et l'art idéal.

C'est la main de l'intuitif, du philosophe et du poète.

En Physiognomonie, elle répond au type *ovale*, qui est celui des exilés du Ciel, et dont la sourde et puissante nostalgie abrège si souvent l'existence, ou la rend pesante comme un manteau de plomb.

La main carrée-spatulée est celle des Mercuriens du monde matériel ; réunissant en elle les forces des doigts carrés et des spatulés, elle trône aussi bien par la théorie des choses que par l'intelligence des faits.

C'est la main *à tout faire* des habiles, des gens aux multiples aptitudes qui, volontiers, se reposent d'un exercice violent en faisant un sonnet ; ou préparent eux-mêmes leur repas tout en lisant Aristote.

« C'est aux mains mixtes » — dit d'Arpentigny — « qu'appartiennent les œuvres mixtes, les idées intermédiaires, l'art mercantile et les sciences qui ne sont pas des sciences, comme l'administration, le commerce et les industries. »

Quand le médiocre vient ternir l'éclat du beau, cela produit un effet disparate et qui choque le bon goût. L'on n'a plus alors sous les yeux qu'un pastiche, une imitation grossière, une demi-teinte grise, indécise, imprécise et vague. Cela vise au beau, et c'est laid ; au sublime, et ce n'est que grotesque.

En Physiognomonie, cette main répond au type carré, modifié par le type *Apasique*.

DOIGTS CARRÉS

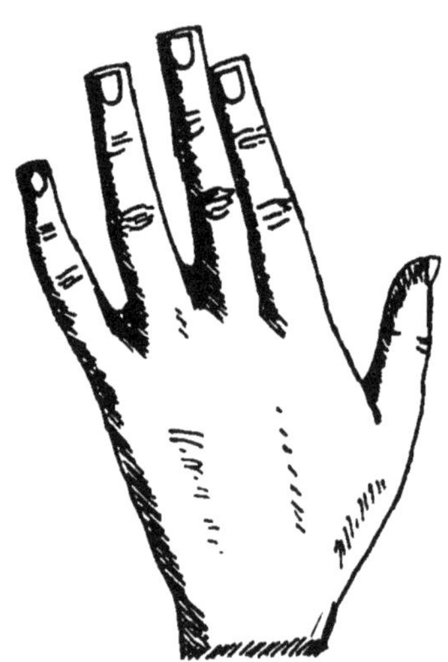

Cette forme est le symbole de la symétrie et de la rectitude en tout. Elle confère aux sujets le génie de l'ordre matériel d'autant plus poussé à l'extrême (nous allions dire : jusques à la manie), que la forme du bout des doigts sera plus nettement carrée (ainsi que la face, indubitablement).

Ils sont les esclaves de l'ordre social, du convenu, de l'étiquette et, de par cela même, excellent dans toutes les bureaucraties et les emplois subalternes où ils ne tardent point à être remarqués, notés et à monter en grade, à cause de leur ponctualité et de leur respect pour la hiérarchie.

« Ce sont » — dit d'Arpentigny — « des hommes de doctrine, respectueux du convenu, de tout ce qui est légalement institué. »

Les bureaux d'administration de l'État, les casernes et les postes de police sont encombrés de doigts carrés qui attendent, l'œil fixe, le corps droit, les pieds en équerre et l'âme absente, leurs quinze centimètres de galons, ou leur centimètre et demi de ruban.

— « Brigadier, répondit Pandore,
« Brigadier, vous avez raison ! »

Avec les angles droits du carré, ou les angles obtus de la spatule, tout esprit d'indépendance a disparu chez l'être, et ceci n'est qu'une rigoureuse conséquence des lois naturelles ; moins un corps est engangué dans la matière, plus il est libre (et nous pourrions ajouter : plus il est lumineux).

La spatule, que nous étudierons ensuite, n'est qu'un *empâtement* de la forme carrée.

Quelle que soit la profession qu'il exerce, l'homme aux doigts carrés montrera toujours de la symétrie dans tout ce qu'il fait. En littérature, il s'attachera *à la forme* plutôt qu'à l'idée, il en sera de même dans les actes les plus conséquents comme dans les moindres de son existence méthodique, et un tantinet mécanique.

Leur jugement se borne au bon sens, à qui la logique a préalablement pris mesure. Respectueux de tout et de tous (même des utopies et des sots), il veut être respecté lui-même : « Madame ma femme, saluez Joseph Prudhomme ».

Comment voudriez-vous que le propriétaire d'une main aux doigts carrés innove quelque chose, puisqu'en venant au monde il trouve que tout est pour le mieux ? Aussi, comme l'intuition est le pôle opposé de la mémoire, c'est cette dernière faculté que le génie de la géométrie leur octroie, près de leur berceau rectangulaire, au moment précis où la pendule sonne chronométriquement l'heure du soleil, au milieu d'un nimbe... de forme cubique.

Pourtant ne plaisantons pas trop, car les hommes aux doigts

carrés, dont *le nombre* et *la géométrie* sont le domaine exclusif, s'ils se trouvent déplacés dans le domaine de la pensée (comme le serait un laquais dans un salon diplomatique), ils sont l'âme de la matière et incarnent en eux la formule des lois qui président à sa création.

L'homme aux doigts carrés peut avoir des qualités que les êtres aux doigts ronds et pointus ont de la peine à conquérir; telles sont, entre autres, la fidélité en amour, la continence relative, l'amour de *la fooorme* et le respect des gendarmes! Mais en revanche, c'est parmi eux que l'on rencontre les ingénieurs les plus fameux, les astronomes les plus distingués, et les géomètres les plus en renom.

Est-ce à dire qu'un enfant, dont les doigts accuseront la forme carrée, devra fatalement limiter l'horizon de son avenir à un « rond de cuir » ou à une tunique à passe-poil? Nous ne le pensons pas! Chacun des quatre types que nous décrivons avec plus ou moins de clarté, plus ou moins d'humour, et, selon l'inspiration du moment, a aussi *ses trois mondes*: moral, intellectuel et purement matériel.

On peut être un grand homme avec des doigts *carrés*, voire *spatulés*, et un sot ou un criminel avec une main aux doigts pointus ou ronds. Tout est relatif, en ce bas monde!

LES DOIGTS SPATULÉS

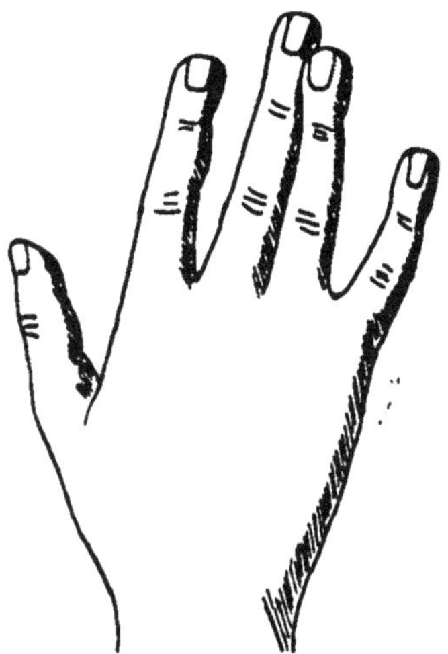

Le lecteur, qui nous suit avec attention, remarquera sans peine que nos déductions ne sont aussi strictement rigoureuses que parce que nous obéissons, dans nos études, à des lois vivantes, connues depuis la plus haute antiquité, et qui ont été dévoilées dans les chapitres spéciaux consacrés au « nombre » et à la « Science des formes ».

Le chevalier d'Arpentigny, qui a écrit sur les formes de la main le remarquable ouvrage que chacun connaît (et auquel nous faisons en ce moment plus d'un emprunt) (1), ignorait les admirables lois du *ternaire* et du *quaternaire* qui sont la clé de toutes les sciences morales, intellectuelles et matérielles.

(1) *La Science de la main*, Dentu, éditeur, 1865.

En écrivant ce chapitre spécial sur la chirognomonie, nous n'avons fait qu'adjoindre à sa méthode les lumières qui émanent des lois éternelles, divines comme leur créateur, et exactes comme *le nombre*, qui préside à tout dans la création.

Les doigts spatulés, avons-nous dit déjà, règnent sur la matière par le mouvement, par l'action, par le bruit, par la force et par l'association des forces.

Ils aiment la locomotion, la vitesse, les exercices violents au grand air, les aventures périlleuses, les lointaines explorations.

Ils ont pour eux le rythme, l'agilité et l'adresse.

« Tous les artistes de cirque et de « Music-Hall » ont les doigts spatulés. »

L'homme n'est pas parfait, — dit un vieux proverbe ; il faudrait, à celui qui vit exclusivement de pensées, les exercices corporels dont la main spatulée raffolle pour que sa santé se maintienne parfaite ; et, à cette dernière, un peu de l'aspiration des doigts pointus pour que son âme se porte bien.

Votre jeune fils, chère madame, a les doigts en spatule, et vous êtes mécontente de lui parce qu'il préfère *le football* à la traduction grecque d'Homère, ce qui fait qu'à la dernière distribution de prix, il n'a obtenu qu'une mention de gymnastique.

Après avoir lu ce chapitre, vous ne vous en étonnerez plus, et vous comprendrez. Que voulez-vous que votre cher enfant fasse du grec ou du latin ? Les langues anglaises et espagnoles, qui lui plaisent mieux *instinctivement*, lui seront aussi beaucoup plus utiles dans quelques années, alors qu'il sera *au Tonkin* ou *à Sumatra*, aux *îles Fidji* ou bien *au pôle nord ;* car sûrement il voyagera dans les contrées lointaines !

Que lui importent les intempéries et les privations ? N'a-t-il pas *une santé de fer* qui leur résiste, et n'existe-t-il pas — dans quelque partie du globe qu'il explore, — en l'air, sur la terre et dans les eaux, *le gibier*, que la sûreté de son coup-d'œil, sa force physique ou son adresse saura toujours atteindre ?

— Ce qu'il fera, dans le cours de ses longues pérégrinations? Mais... sa fortune, peut-être ! soit par la navigation marchande, l'agriculture ou l'exploitation des richesses multiples que renferment les mines souterraines.

Ne vous préoccupez point trop de son « bonheur familial » ; sa famille, il la rencontrera partout où une main loyale — de quelque couleur qu'elle soit, — pressera franchement la sienne ; quant à son bonheur, il consiste à « voir du pays ».

Le mariage est une chaîne, — de fleurs suaves, ou de fer... rouillé ; — votre fils, comme certains sages, lui préfère sa liberté ; qui oserait l'en blâmer, aujourd'hui où chacun se sent si peu libre ? Et que ferait-il d'une femme, avec ou sans enfants, campé sous le *Wigwam* d'un Peau-rouge, ou naviguant dans la frêle pirogue d'un Esquimau ?

Je ne veux pas dire que tous les jeunes gens, dont les doigts sont spatulés, adopteront la vie nomade ; (ce ne serait rigoureusement vrai que si la paume de leurs mains était très dure); — mais, dans le cas contraire, et quand bien même leur itinéraire de voyage n'aurait jamais dépassé les frontières sacrées de la Mère-Patrie, ils aimeront à lire les comptes rendus de nos explorateurs aux longs cours et les péripéties terribles d'une mêlée sanglante sur le champ de bataille ; ils auront la passion de la chasse, de l'équitation, du jeu de billard et, en général, de tous les genres de sports fatigants.

— Dans les classes moyennes de la société, la main spatulée se distinguera par les sciences mathématiques, par les arts mécaniques, voire aussi par la musique instrumentale.

Il convient donc, autant que possible, de ne point contrarier les instincts de ces natures exceptionnellement actives, et de ne les point condamner à des occupations sédentaires qui seraient, pour elles, une véritable torture.

Leur robuste tempérament s'accommode mieux du rude baiser des Aquilons que des tendres caresses familiales. Ils préfèrent les excès des intempéries, à l'air parfumé et lourd de nos salons (et leurs poumons ne s'en sont jamais plaints).

Pour elles, le sommeil le plus doux est toujours celui que leur a procuré une journée de fatigues corporelles ; ils ne sont réellement heureux que sur la dure couchette d'un campement ou sur le pont d'un navire, quand, enveloppés d'une simple couverture, ils se sentent bercés mollement par le roulis, avec, pour unique oreiller, un dur rouleau de cordages, et pour plafond, l'immensité du Ciel étoilé.

ADJONCTIONS MODIFICATIVES

A LA FORME DES DOIGTS

Aux principes généraux et invariables que l'on vient de lire sur les quatre formes des doigts, il convient maintenant d'exposer les trois adjonctions modificatives des règles précédentes.

Ces modifications sont comparables aux transpositions d'un morceau de musique : elles en changent *la tonalité*, sans en altérer *les motifs* ; ce sont :

— 1° La présence ou l'absence des *nodosités* aux articulations.

— 2° La *dureté* ou la *mollesse* des paumes.

— 3° La *grandeur* ou la *petitesse* exagérée des mains (en désaccord avec la taille du sujet).

D'après d'Arpentigny : « Les mains dont les articulations sont *noueuses*, — quelle que soit, du reste, la forme du bout des doigts — procédera *toujours*, en ses opérations, par le raisonnement, la réflexion, la déduction, le calcul, les probabilités et les combinaisons.

« Les doigts *lisses*, au contraire, auront toujours trop de hâte, de passion, de spontanéité, soit en affaires, soit dans les études, ou en matière de sentiments ; ils manquent alors souvent leur but, pour y avoir tendu avec trop d'empressement et d'ardeur. »

Nous sommes absolument de son avis.

Les doigts lisses procèdent toujours par l'inspiration, par l'intuition, par la spontanéité, et agissent avant de réfléchir ; c'est à eux que peut s'appliquer cette boutade de Machiavel, (homme aux longs doigts spatulés et noueux) : « Défiez-vous du premier mouvement, c'est le bon ! »

Le plus communément, les doigts pointus et les ronds sont dépourvus de nodosités, qui seraient alors pour eux plutôt une anomalie, une déformation ; tandis que les phalanges noueuses s'accordent parfaitement avec les doigts carrés et spatulés.

Toute nodosité est une barre, un arrêt ; or, que pensez-vous d'un doigt pointu, — sorte de paratonnerre attirant les fluides ambiants — qui, au lieu de laisser les impressions extérieures pénétrer de suite au quartier général (*au cerveau*), les retiendrait prisonnières et leur ferait subir un examen — humiliant, sans doute, pour leur dignité, — et cela sans que le maître de céans, sans que le chef en soit informé ?... Il pourrait alors se produire là une révolte !

Quelquefois, ce n'est pas à la première phalange que se tient le cerbère, mais bien à la seconde ; souvent aussi, les deux phalanges en sont garnies ; dans ce cas spécial, le premier nœud examinera le côté moral des impressions extérieures ; le second scrutera leurs qualités matérielles. Mais, — me direz-vous judicieusement, — quand, après ce double examen, les nobles (ou innobles) étrangères sont enfin parvenues à se faire admettre près du maître (soit par leur bonne tenue, soit en se servant d'un peu de ruse), elles éprouvent la même peine pour s'en retourner, et doivent de nouveau frapper à cette porte (ou à ces portes) si bien gardées, pour aller faire un tour en ville ? Précisément ! — et ce ne sont pas seulement les visiteuses étrangères, mais encore *les êtres de la maison* (je veux dire les pensées personnelles du sujet), qui ont le temps de faire sept fois le tour des doigts, avant d'obtenir de leurs gardiens jaloux la permission de sortir ; aussi, gare la casse !!! Les doigts pointus et noués peuvent être comparés à une machine à vapeur sous pression, mais qui manquerait de soupape de sûreté : — elle peut éclater d'un moment à l'autre !

Les nodosités sont *les cadenas* qui retiennent en nous la pensée captive ; il lui faut, pour ses allées et venues... passer à chaque fois par les formalités de la réflexion.

— Dans ce cas, qu'est-ce qui vaut le mieux, d'avoir aux phalanges vos terribles nodosités ou de n'en pas avoir !...

— Hélas ! madame, elles ont toutes deux leurs défauts : la main lisse promet trop vite, et ne tient pas toujours, parce que souvent ses promesses dépassent leurs moyens de réalisation ; alors, elle fait des mécontents ; la main noueuse, en ne promettant pas assez promptement, laisse au moins l'espérance qu'elle promettra plus tard ; et, vous connaissez l'adage de *Petit-Seen* : « Nous sommes toujours très reconnaissants du service *que l'on va* nous rendre ! »

— Fi, Docteur, je gage que votre main est abominablement noueuse ?

— Madame, je vous en demande de tout mon cœur pardon, j'ai la main petite, mes doigts sont pointus et lisses comme des baguettes de tambour (1).

— Alors, j'ai compris, vous ne faisiez, aux doigts longs et noueux, qu'un compliment diplomatique !

*
**

La seconde « modification » est apportée par la dureté ou la mollesse extrême de la paume.

On peut, avec raison, comparer une paume trop ferme aux nodosités des phalanges ; plus une substance a de densité, d'opacité, et plus elle s'oppose au passage des fluides (au moins dans le cas qui nous occupe) ; la dureté de la main implique assez généralement la dureté du cœur, le manque de sensibilité et l'égoïsme ; voilà la raison pour laquelle la paume de la main d'une dame est toujours plus molle, plus douce au toucher et, partant, plus apte à recevoir les impressions extérieures que la main ferme des hommes.

Mais l'excès en tout est un défaut ; trop de mollesse indi-

(1) Si ma main était longue et noueuse, cet ouvrage serait trois fois plus volumineux et quatre fois moins précis ! Aussi est-il beaucoup plus fourni d'*idées* que de *documents !*

querait peut-être chez le sujet une impressionnabilité exagérée qui le rendrait alors le jouet des influences ambiantes, — bonnes ou mauvaises, — et mettrait des entraves à ses initiatives personnelles, ainsi qu'à sa réussite et à son bonheur ; — car le bonheur, c'est *la possession de soi-même.*

Cependant, entre ces deux sortes de mains, c'est incontestablement la paume souple qui vaut le mieux, parce que c'est elle qui dénote le plus de cœur.

Enfin, la troisième « modification » peut être fournie par la grandeur ou la petitesse exagérées de la main du sujet, — d'après sa taille, bien entendu.

Les mains longues et effilées dénoncent un esprit de détail et de minutie, un esprit ergoteur et subtil, un caractère qui, sans être positivement agressif, est toujours, instinctivement, porté à une controverse déconcertante.

Je ne sais rien d'agaçant comme ces êtres insupportables qui veulent que la neige soit noire ; la pluie gaie ; la vérité, hypothèse ; la bonté, sottise ; et le sourire que l'on daigne leur adresser, sarcasme ! Ce travers a brouillé bien des ménages, rompu des amitiés, divisé des associations ; et, le terrible de la chose, c'est que lorsqu'on se plaint des perpétuelles tortures morales infligées par ces êtres néfastes, l'on vous répond invariablement : « mais, *ils ne sont pas méchants !* »

Il vaudrait certainement mieux qu'ils le fussent ; car un méchant n'est pas *toujours* méchant, tandis qu'un sot est sot durant toute la journée ; et l'heure semble terriblement longue en telle compagnie !

De par son exclusif esprit d'analyse, la main longue n'aperçoit dans les choses que leurs détails insignifiants ou superflus. Ce sont des myopes intellectuels qui, au vu d'un chef-d'œuvre, répondront bêtement : « Mais il est taché par les mouches ! »

La main petite, au contraire, est douée de l'esprit de synthèse : elle ne voit que le but, sans se préoccuper des moyens qui y conduisent. Si elle s'occupe des détails, c'est qu'elle en a le loisir, et que le principal est fait. Elle est toujours courtoise et polie. Peut-être a-t-elle une tendance à vouloir trop généraliser les choses, à les voir trop en « bloc » ou trop en grand, mais où est le mal ! Ne distingue-t-on pas mieux l'ensemble d'une cité que l'on voit du haut d'un édifice élevé, qu'en en examinant les maisons les unes après les autres ?

De plus, une petite main connaît la courtoisie, elle a même souvent de la distinction ; ses goûts sont toujours relevés et souvent aristocratiques.

Sa « grande sœur » ne saurait en dire autant !

Une main, dont il faut aussi se défier, c'est la main *visqueuse*, il semble qu'elle soit toujours imprégnée d'une sueur froide ; son contact est répugnant comme celui d'un batracien ; elle est, très souvent, l'indice de l'immoralité, de la perfidie et du mensonge : *main halitueuse, main vicieuse !*

Des doigts contournés, mal faits, doivent aussi éveiller nos soupçons ; ces doigts-là ne demandent qu'à se refermer sur le bien d'autrui, ou sur le manche d'un poignard.

Les nœuds aux articulations ne sont point une difformité physique entraînant une tare morale ; au contraire, si la main est bien faite, elle peut appartenir à un employé fidèle, à un caissier intègre et bon calculateur.

Les ongles, — qui sont les cheveux des doigts, — doivent aussi être soigneusement examinés : longs en chair, ils dénotent une nature droite, expansive et bienveillante ; trop courts, c'est un indice certain d'irritabilité et de tendances subversives ; le sujet sera taquin et querelleur.

A main souple, caractère docile ; à main dure, caractère rude. La main trop ferme ignore la caresse.

Plus une main est épaisse et lourde, plus l'intelligence est obtuse ; trop fluette, elle manquera de force, de ressort, d'énergie ou d'initiative.

Mais nous en avons dit assez pour être compris : à nos lectrices d'appliquer utilement ces connaissances lorsqu'elles auront à faire choix d'une servante ou d'une nourrice ; avant de contracter une relation quelconque : mondaine, familiale ou sentimentale.

SIGNATURES ASTRALES

> Que sommes-nous donc, sinon ce
> que nous croyons être ?

L'on donne le nom de signature astrale à *la forme* résultant d'un influx spécial, simple ou complexe, émis par les planètes et aussi par le rayonnement des douze signes zodiacaux, au moment de la naissance d'un être ou d'une chose.

D'après les lois immuables qui régissent l'Univers, tout est soumis aux « influences astrales », aussi bien les règnes inférieurs de la nature, que l'homme qui les synthétise. C'est la signature astrale d'un individu, qui révèle ses instincts, ses idiosyncrasies, son caractère et ses aptitudes ; ses goûts, ses tendances, ses sympathies et ses antipathies (vis-à-vis de ses semblables, et des êtres inférieurs).

Les anciens astrologues prétendent que les influx planétaires et zodiacaux sont transmis à l'être qui naît, par l'entremise de notre satellite, qu'ils nommaient : *le grand miroir céleste* ; c'est pourquoi l'exacte position de la Lune joue un si grand rôle en astrologie.

Tous, nous avo , d'après notre signature astrale, *des amis* et *des ennemis-nés* parmi la société ; ces révélations se montrent à nous d'une manière plus ou moins sensible, mais que chacun peut, cependant, contrôler très facilement.

Ainsi, quand, dans une réunion mondaine, nous voulons examiner attentivement les physionomies qui nous entourent, il en est qui nous attirent, et d'autres qui nous repoussent.

Il faut toujours tenir compte de ces impressions purement instinctives, elles sont parfois d'une surprenante justesse, et, lorsque notre raison vient les combattre, il n'est pas rare que nous ayons à regretter de ne point les avoir écoutées.

Les animaux eux-mêmes subissent aussi cette étrange influence, justement parce qu'elle est instinctive.

La Lune régit en nous non seulement les instincts, mais aussi la plus mystérieuse de toutes nos facultés : « *l'imagination*, qui, elle-même, tient sous sa dépendance fantaisiste et capricieuse, *nos goûts* et *nos inclinations*.

L'on a du goût pour tel ou tel animal, pour telle fleur, telle gemme, telle couleur, tel aliment, etc. Des goûts diamétralement opposés, chez deux personnes qui se fréquentent, sont souvent la cause de paroles aigres-douces, et, dans les jeunes ménages, peuvent même déterminer des querelles et des brouilles. Ces divergences, dans la manière de voir et de sentir, est l'indice que les personnes en question se trouvent avoir à « l'ascendant » de leur Horoscope, des planètes qui ne sympathisent pas entre elles, ou des signes zodiacaux appartenant à *des éléments* qui se contrarient (comme le feu et l'eau).

Cependant, nos sympathies innées ne proviennent point toujours de l'identité des signatures astrales ; nous serions volontiers porté à croire que deux êtres de sexes différents, qui se ressembleraient en tous points, finiraient, au bout de peu de temps, par se prendre mutuellement « en grippe ». L'harmonie résulte de l'analogie des contraires, et non pas de l'identité absolue des goûts et des tempéraments ; donc, pour s'accorder, ce n'est pas un être en tous points semblable à soi qu'il faut rechercher, mais bien celui qui est le *complémentaire* de notre nature.

Si l'on charge d'un poids égal les deux plateaux d'une balance, ils ne tarderont pas à reprendre leur équilibre et leur immobilité. Le mouvement, qui est la manifestation de la vie, exige toujours, pour se manifester, que l'un de ses facteurs soit *actif*, et l'autre, *passif*. C'est l'universelle loi.

∴

Les sept planètes qui concourent, de par leurs influences, à la résultante de notre moi psychique, sont : *Saturne, Jupiter, Mars, le Soleil, Vénus, Mercure* et *la Lune.*

L'on sait déjà qu'après *Neptune* et *Uranus* (dont, au point spécial que nous traitons en ce moment, les influx se confondent avec ceux de Saturne), cette dernière planète est l'une des « aînées » de notre système solaire.

Nous allons dire beaucoup de mal de Saturne ! Mais, nous en prévenons le lecteur, ce n'est point sur l'astre *annelé* que se répandront nos invectives, c'est sur le saturnien terrestre, le seul qui soit pervers ; car tout ce qui émane des Elohim-Créateurs ne peut qu'être, au début, *innocent,* non mauvais.

Nous n'avons, personnellement, aucune antipathie pour cette gigantesque planète aux huit satellites, dont la marche, grave et lente au sein de l'Ether, nous semblerait être plutôt un indice de raison, de réflexion, de prudence et de sagesse. Quand bien même ses influences seraient en réalité mauvaises pour la Terre, rien ne nous prouve qu'elles ne soient pas, au contraire, très utiles à d'autres planètes, voire au système tout entier ; et que c'est nous qui ne savons pas nous en servir ! Comment admettre, raisonnablement, que ce « Grand-Frère », — né bien avant nous — n'ait pas une plus grande somme d'acquis, de mérites et d'expérience ? Ses centenaires de trente siècles ont bien plus que nous le temps d'étudier et d'agir, et ne doivent pas, comme les pauvres terriens que nous sommes, passer leur trop courte existence à constater qu'ils *n'ont pas eu le temps* de faire les choses qui leur importent le plus !

Parmi les sept planètes précitées, — que nous considérons plutôt comme les « étiquettes » de nos facultés psychiques, — c'est à Saturne qu'échoie la plus mauvaise part, du moins à ce point de vue tout spécial. Comme *le mal* est en nous, il faut bien qu'une planète quelconque en accepte le triste endossement.

Ceci posé, nous entrons en matière.

*
**

Avant tout, peut-être serait-il nécessaire d'étudier un peu le « mal », quelle que soit l'étiquette planétaire qui lui soit ensuite allouée. Etudier en nous-même les principes du mal, n'est-ce pas poursuivre encore l'utile et intéressante question du fameux : *Nosce te ipsum* ?

Que l'on veuille bien nous passer cette hardiesse, mais nous serions volontiers tenté d'affirmer que le mal, c'est le VOL.

Examinons un peu les multiples significations de ce vilain mot dans les trois mondes : *matériel*, *intellectuel* et *moral*, et l'on sera convaincu de l'exactitude de notre assertion.

L'on peut, dans le domaine matériel, nous *voler* (au point de vue subjectif) *notre temps*, par des visites importunes ; *notre santé*, par des aliments falsifiés ou malsains, ou par des drogues pharmaceutiques ordonnées mal à propos ; l'on peut nous voler *notre travail*, — et conséquemment nos gains — soit par une concurrence déloyale, soit autrement ; nous voler *nos épargnes*, par le cambriolage vulgaire, ou celui non moins dangereux de la Bourse, et, en général de tous les jeux, qui ne sont, — ainsi que certains commerces — que du vol organisé. Enfin, l'on peut nous voler *notre liberté d'agir* et même *notre vie*, soit en nous claustrant plus ou moins arbitrairement, soit en nous assassinant, au coin d'une rue déserte, ou sur le « Champ d'honneur ! »

Dans le domaine intellectuel, on peut voler nos aptitudes et nos légitimes ambitions, nos facultés pensantes et le trésor de notre mémoire naturelle, par l'instruction surchauffée, inopportune, et absolument inutile que l'on impose aux enfants, aussi bien dans les écoles communales — (où la lecture, l'écriture et les quatre règles de l'arithmétique devraient être l'unique programme, sauf à pousser ensuite dans une voie spéciale les intelligences d'élite ou les vocations marquées) — que dans les Lycées laïques et religieux, où les élèves sont uniformément « gavés » des mêmes leçons indigestes, sans qu'il soit le moins du monde tenu compte de leurs aptitudes naturelles. A l'âge adulte, on vole à l'inventeur ses idées ; à l'électeur, son opinion ; à l'auteur, ses trouvailles personnelles, fruit de veilles laborieuses et de la permanence de ses efforts. On nous peut voler aussi notre crédit social, notre réputation.

Au point de vue moral, c'est bien pis encore ; ce sont les éléments de notre bonheur : confiance, paix, espoirs, sérénité, foi, amitiés, honneur, et enfin notre bonheur lui-même qui peuvent nous être ravis !

Comme on le voit, tout le mal qui nous est fait (ou que nous pouvons faire à autrui) peut être réduit à ce seul mot : le vol.

Aussi les attributs de « Saturne » (à qui nous sommes convenus de faire jouer le rôle sinistre de Bouc émissaire), seront-ils tous dérivés du vol.

*
**

Saturne. — Depuis la légende du Jardin Edénique, où notre mère Eve fut « tentée » et « séduite » par *le serpent*, (que l'Ecriture qualifie de *père du mensonge*), c'est toujours le vol qui a été *le mobile* du mal, et le mensonge son instrument de prédilection. De là le proverbe : « Qui est menteur, est voleur ». L'un de ces attributs ne saurait se passer de l'autre.

Dans l'animalité, les espèces cherchent toujours leur pâture dans les règnes qui leur sont inférieurs, l'homme se nourrit de l'animal, sauvage ou domestiqué ; les fauves attaquent les gazelles et les antilopes ; les gros poissons mangent les petits. Mais il est un animal, un reptile, qui s'attaque au règne qui lui est immédiatement supérieur : le serpent attire à lui, *magnétiquement*, l'oiseau pour le dévorer, c'est un parricide ; aussi est-il maudit.

Saturne, c'est le mal passif, le mal qui nous surprend à l'improviste, qui nous attaque alors que nous sommes désarmés, ou qu'il a traîtreusement capté notre confiance par son hypocrisie et ses affirmations mensongères.

C'est le mal musqué et masqué.

Il s'attaque toujours de préférence aux êtres faibles et sans défense, aux débiles, aux jeunes, aux candides, aux innocents. Il ne trouve son plaisir que dans le mal qu'il fait.

Dans la nature, il en veut aux semailles, qu'il détruit par *le froïd* qui le caractérise, ainsi qu'au fruit qu'il tue méchamment dans sa fleur.

Saturne produit la stérilité ou tue les êtres dans leur enfance, son influence morbide s'opposant à toutes fécondations. Son action paralysante est toujours gazée, lente et doucereusement fielleuse ; elle distille son venin dans les trois règnes de la nature, aussi bien dans la cerise tentante et empoisonnée de la belladone que par la calomnie insinueuse et perfide.

C'est la funeste influence de Saturne qui empêche les chances heureuses d'arriver jusqu'à nous ; elle qui détruit la santé par l'excès des plaisirs, et les réputations par l'envie basse et rampante. C'est elle encore que le poète Hugo veut souffleter par ces deux vers fameux :

« L'Aigle, dit au Serpent sur un arbre campé :
« Pour atteindre si haut, qu'as-tu fait ? — J'ai rampé !

Saturne, — ou l'Esprit du mal — veut vivre sans travailler, jouir sans souffrir, paraître sans être ; il est le manquement aux devoirs (et conséquemment l'attrait du plaisir). Son manque absolu de conscience le rend apte à tout, hors le bien.

Plus l'homme est imparfait, plus il aspire au luxe.

MARS. — Comme le bien, le mal a aussi sa dualité.

La contre-partie de Saturne, c'est Mars. Comme nous

l'avons expliqué déjà au chapitre des « Quaternaires », Mars, c'est le Jupitérien mauvais ; et Saturne, Vénus malade.

Saturne, c'est *le démon* ; Mars, ce n'est que *la bête*.

Saturne nuit à autrui ; Mars ne nuit, (le plus souvent) qu'à lui-même.

Saturne est le mal silencieux, subtil, ténébreux qui enlise doucement ses victimes ; Mars, brutal, foudroie par des catastrophes soudaines.

Saturne empêche la végétation, Mars fauche brutalement les moissons déjà mûres avec la mitraille de ses grêlons électriques.

Quand Saturne n'a pu empêcher la conception d'un enfant, et que son influence reste prépondérante, il enlève le petit être à la sollicitude de sa mère par les convulsions, le carreau, la méningite ou le croup. Mars, attend que l'être ait atteint son plein développement pour le détruire ; il aime à tuer l'adulte, il se délecte dans les carnages ; et les horribles tueries des champs de bataille — que les félins ne nous envient pas — sont placées sous son influence destructrice !

Saturne fait tout lentement, sa seule vertu est *la patience*.

Mars fait tout vite ; sa seule vertu est *le courage*.

Mars veut la conquête par la force brutale ; Saturne arrive à ses fins par la ruse et la séduction mensongère que la loi n'atteint pas ; tandis que Mars, moins criminel, expie au bagne son cynisme effronté, Saturne promène impunément son ataraxie dans les milieux délétères où le vice, sous toutes ses formes hideuses, étale les pustules malignes de ses faux-titres, de ses bijoux criards ou de ses décorations usurpées.

Saturne empêche l'édification des êtres et des choses, Mars détruit les êtres et les choses arrivés à leur plein développement.

Saturne est le froid mortel, Mars est la chaleur torride génératrice des orages dévastateurs.

Saturne gouverne les pôles glacés, Mars les déserts brûlants et arides.

En affaires, l'un les empêche d'aboutir ; l'autre les renverse en plein épanouissement.

Saturne, lâche et poltron, a peur de la mort ; Mars n'accorde aucun prix à la vie, pas plus à la sienne qu'à celle d'autrui.

Saturne est avare jusques à la sordidité ; Mars est prodigue jusqu'à la ruine : tous deux sont paûvres : *l'avare plus que le mendiant !*

Saturne, c'est le jeu (qui procure de l'argent sans travailler) ; Mars, c'est la guerre (le jeu terrible et inhumain où il n'y a que des perdants !) A la guerre comme au jeu, Saturne triche, Mars a au moins cette supériorité de jouer et de se battre loyalement.

En amours, Mars, trompé, voit rouge et tue ; Saturne, vite apaisé, se contente d'un « seing en blanc » pour laver son « honneur » ?...

Mars est l'instigateur du meurtre passionnel ; Saturne redoute le couteau qui salit ; et quand il veut faire « parler la poudre », c'est « la poudre de successions » qu'il choisit de préférence. Le premier veut jouir ; le second veut hériter. C'est la *luxure*, vice animal, qui est le péché mignon des marsiens. C'est *le luxe*, vice démoniaque, qui est la tare originelle des saturniens.

Saturne est donc toujours des deux le plus à craindre, parce qu'il est *dissimulé ;* Mars a trop de franchise, et son *débraillement* prévient bien vite contre lui.

Les anciens astrologues nommaient Saturne : « la grande infortune » — celle que l'on ne peut éviter — et Mars, « l'infortune mineure » ; l'on peut toujours combattre l'ennemi qui vous dit : *garde-toi,* tandis que l'on est le plus souvent victime de l'autre, qui, sournoisement nous tend des pièges et des embuscades dont on ne défie point.

Telles sont les deux faces hideuses du mal symbolisé par ces deux planètes.

*
**

JUPITER. — Cette planète est le symbole du bien *actif ;* c'est elle qui symbolise l'effort, le travail, l'étude, le mérite personnel que Vénus se charge de récompenser.

Jupiter, c'est l'être qui sait faire valoir *son droit* ; Vénus, celui qui fait toujours *son devoir*.

Jupiter, c'est l'humanité dans l'homme ; Vénus, c'est déjà, et par anticipation, l'Ange dans l'humanité.

Jupiter, c'est l'*Autorité* ; or, il n'est point d'autorité réelle sans mérites. Il est le *Pouvoir*, mais il n'est point non plus de pouvoirs sans mérites. Il est aussi *la distinction*, manifestation extérieure de la conscience. Qu'est-ce donc que le mérite ? C'est l'effort en vue de réaliser le bien. C'est ce qui nous rend dignes d'une récompense, ce qui attire la bienveillance, force l'admiration, impose au vulgaire, inspire le respect et attire sur nous les chances heureuses.

Dans le symbolisme du Tarot, Jupiter a *le Sceptre* ; Vénus, *la Coupe* ; Mars, *le Glaive*, et Saturne, *le Sicle* (ou denier).

Jupiter (Iovis Pater), c'est le Père joyeux ; le vrai père de famille qui aime ses enfants, et les élève dans la sainte et inéluctable loi du travail ; il est, pour tous ceux qui l'entourent, une providence bénie, un appui toujours efficace et opportun, un conseiller sage et désintéressé. Il synthétise toutes les qualités civiles dont le désintéressement est la base, et la Volonté (source de la puissance), le couronnement lumineux et l'unique sommet.

Jupiter est riche, car il donne toujours quand il le faut.

« Etre riche, c'est donner ; ne rien donner, c'est être pauvre », a dit le Mage Eliphas Lévy. Jupiter donne de son temps, de son argent, de son savoir, de son expérience, de sa foi robuste, de sa gaieté, de son espérance ; il rayonne de lui une atmosphère de force calme, de dignité, de sérénité, de bonheur. Dédaigneux des titres, des décorations, des hautes charges, des ors, du panache et du clinquant, sa devise est celle-ci : « L'on n'est pas Prince parce qu'on est fils de Roi ; l'on est Prince, quand on a des *principes !* »

*
**

VÉNUS. — Au point de vue philosophique, Jupiter peut être comparé à la science, et Vénus à la religion : quand la science dévie de son rôle utile, et qu'elle devient destructrice, c'est alors Mars qui l'accepte dans son domaine ; quand la Religion s'enlise dans la matière des textes plus ou moins tronqués, quand elle sacrifie à la lettre plutôt qu'à l'Esprit, elle devient hypocrite comme Saturne, elle divise au lieu de « relier ».

Ce n'est pas nous qui le disons, c'est la loi d'analogie qui le prouve.

Vénus — avons-nous dit — c'est « la Coupe » du Tarot. C'est le sein fécond de la Nature et de la femme. C'est la récompense Providentielle ou humaine de nos efforts.

Vénus, c'est l'Amour pur et l'amitié ; la sympathie et l'attachement ; la confiance et la fidélité ; la foi et la soumission ; l'obéissance et le devoir ; le dévouement et la charité.

On a dit, très judicieusement : « La crainte est inséparable de l'amour. Celui qui ne craint rien, n'aime personne ! »

Aimer, c'est *se donner* ; Vénus est donc le don de soi-même.

Cette planète angélique symbolise la sollicitude inquiète, la timidité craintive, la retenue pudique et respectueuse.

Vénus, c'est *le désir de plaire* (tandis que Mars, son opposite, est *le plaisir de déplaire*).

Vénus synthétise toutes les qualités passives et plutôt féminines telles que : la résignation, la soumission, la tendresse, la bonté, l'attirance, le charme, etc. ; mais ces qualités ne sont passives que relativement à la terre ; sur le plan supérieur, elles sont cotées, au contraire, comme éminemment actives ; n'a-t-on pas écrit déjà : « Le pardon est l'arme des forts » ? Mabire a dit : « La vengeance est de l'homme, et le pardon, de l'Ange ! »

Vénus est la pureté, la chasteté, la propreté, la vertu — (la propreté, c'est la vertu des choses) ; — elle est l'économie, rôle de la femme, tandis que Jupiter est le gain, — le rôle de l'homme) ; l'ordre, la prévenance, la prévoyance, mais pardessus tout, le dévouement et l'altruisme.

Douce et tendre colombe, son rôle terrestre est de se sacrifier pour autrui : ne l'en plaignons pas trop, car le sacrifice de soi est la seule voie qui conduise au bonheur.

Vénus ne veut connaître d'autres satisfactions que celles du devoir accompli.

Il y a, sur notre planète, trois sortes de Vénus : la jeune Vierge, la Mère dévouée, et la petite sœur des pauvres — le charme, la tendresse et la religion.

Dans la nature, Vénus y est représentée par le printemps — sourire d'Isis — ; Mars, par les chaleurs estivales ; Jupiter, par l'automne fécond ; Saturne, par les frimas de l'hiver.

Dans l'humanité : Vénus, c'est l'ange dans l'homme ; Jupiter, l'homme véritablement digne de ce nom ; Mars, la prédominance des appétits animaux dans l'homme ; et Saturne, la terrible emprise de l'esprit du mal : l'homme qui nuit à son semblable.

La chute de l'homme ne peut avoir lieu plus bas que la bête (c'est ce qui expliquerait et donnerait raison à la métempsycose) ; mais la chute d'un ange produit inévitablement un démon : parti de plus haut, la chute n'en est que plus profonde ! Quand Jupiter tombe, il devient Mars ; mais quand Vénus chute, elle se transforme en Saturne. C'est ce qui explique pourquoi la femme tombée est *plus bas* que l'homme tombé ; dans ses errements, ce dernier n'a eu pour mobile que *la femme ;* tandis que la femme tombée a eu pour mobile *la matière :* (l'or ou les parures). L'oiseau, privé de ses ailes, ne peut même plus, comme l'animal, se mouvoir sur ses pattes, il est devenu, tout d'un coup, serpent, et condamné à ramper !

C'est la base de la légende de la fée Mélusine et, en général, de toutes les femmes tombées : le sein, qui ne produit pas de miel, ne peut distiller que du fiel !...

Nous avons commencé l'étude des quatre planètes répondant au quaternaire, avant celles qui s'harmonisent avec le ternaire, parce qu'il nous répugnait de terminer ce chapitre par Saturne, qui répond au mal, et nous avons préféré commencer par là.

Il ne nous reste plus qu'à donner la brève explication des trois planètes : *Mercure*, *le Soleil* et *la Lune*, symboles de la triple vie de l'être.

Mercure — on le sait déjà, symbolise en nous l'intelligence et le libre arbitre.

Lorsqu'une âme neuve est émanée du sein des Elohim (les Dieux créateurs), sa caractéristique est la même que celle de nos enfants : *l'innocence*. Après avoir reçu de ses parents l'instruction et l'éducation voulues, la jeune âme n'est plus innocente, elle sait ; on lui a révélé la science du bien et du mal, et cette connaissance a fait éclore en elle une faculté nouvelle, — le libre arbitre — qui est la puberté de l'âme.

Devant elle (ainsi que l'enseigne la sixième lame du Tarot), s'ouvrent deux voies : celle *du Soleil*, ou du bien (sentier aride et escarpé qui nécessite l'effort) ; et celle *de la Lune*, ou du mal (qui n'est qu'une pente douce, facile et attrayante en ses mirages faux).

Mercure, donc, n'est par lui-même ni bon ni mauvais, il est *neutre*. L'Intelligence en nous n'est aussi qu'une faculté neutre, mixte, qui peut être employée indifféremment au bien comme au mal.

Mercure c'est la pensée, la parole, l'écriture et le geste (car ces choses, au fond, sont identiques ; la parole n'est que le revêtement de la pensée — droite ou cauteleuse — et l'écriture, c'est la parole fixée par des signes conventionnels).

Esope, le fabuliste, n'a-t-il pas dit que la langue, — organe de la parole, — est ce qu'il y a de meilleur et ce qu'il y a de pis ?

Mercure, dont la nature est androgyne, peut donc faire beaucoup de bien ou beaucoup de mal ; c'est ce que la Mythologie nous enseigne en le représentant avec quatre paires d'ailes : celles du Pétase, symbolisant l'élévation ; celles des talons, la faculté de descendre dans les bas-fonds.

Mercure, dit la fable, est le messager des Dieux ; or, un messager est un être neutre qui transmet une volonté, un ordre, entre la personne qui parle (rôle actif), et celle à qui l'on parle (rôle passif, récepteur). Si la distance est courte, c'est le regard silencieux, l'éloquence de la physionomie, ou la magie de la parole qui seront le trucheman entre les deux facteurs ; si la distance est plus longue, ce sera la missive, le courrier ou la dépêche télégraphique, lien consolant ou triste, attractif, ou répulsif.

Le livre et le journal sont sous l'influence directe de Mercure, puisque c'est lui le transmetteur de nouvelles, le « hérault » des Dieux.

Tout est double dans la nature, et cette dualité se compose toujours d'un agent actif et d'un agent passif. Entre eux, un agent mixte : vibrations, nombres, verbes, etc., les met en rapport, c'est Mercure.

Entre le jour et la nuit, Mercure est : les deux crépuscules.

Entre le chaud et le froid, le tiède.

Entre la lumière et les ténèbres, les couleurs.

Entre l'amour et la haine, l'indifférence.

Entre la vérité et l'erreur, l'incertitude.

Entre le plaisir et la peine, le bien-être.

Entre le cœur et les sens, l'intellect.

Entre l'homme et la femme, l'enfant ; etc., etc.

Mercure est donc le grand « Médium » de la nature ; c'est lui aussi qui, dans l'humanité, fait les « Médiums » naturels, êtres étranges, mais nécessaires, dont la nature intime, fluidique, permet aux êtres de l'Au-delà de communiquer avec le reste des mortels. Sans les Médiums, nous ne connaîtrions que le côté physique de notre système solaire et point du tout sa nature psychique ; ce sont eux qui, par la voix des Messies, des Prophètes, des Poètes et des êtres inspirés, nous instruisent sur nos véritables devoirs, et sur nos fins dernières. C'est à eux que nous devons la partie la plus intéressante de cet ouvrage, et nous les en remercions sincèrement !

Le Soleil. — Au point de vue spirituel, le Soleil est « la voie du bien » dont nous avons précédemment parlé. Il est *la*

Lumière, *la Vérité* et *la Vie*, aussi bien dans la nature que dans l'individu.

Le Soleil est le phare divin dont l'étincelante lumière conduit nos pas chancelant, vers le but souverain et unique : vers le bonheur. Il est en nous *la conscience* ou la maturité de l'être. En religion, c'est la sainteté. « La conscience, » — dit Rubenn, — « c'est l'œil de Dieu en nous ». — Il symbolise astrologiquement le cœur de l'homme parce qu'il est, en réalité, le cœur de notre système planétaire.

Il est le verbe *être* ; tandis que la Lune, reflet, n'est que le verbe *paraître*.

Ses principaux attributs sont : la volonté, l'activité, la chaleur, la lumière, la fécondité, la sécurité, la certitude, la liberté, la majesté, la raison, la fixité, la sagesse, l'intuition et la vérité (ou le savoir intégral).

*
**

La Lune — a une signification diamétralement opposée ; elle est le symbole du changement, de l'inconstance, des mirages, de l'erreur, du caprice, des illusions, des ténèbres de l'ignorance, de l'esclavage, de l'incertitude et de l'insécurité.

En nous, Mercure régit les facultés intellectuelles.

Le Soleil, les facultés affectives, cordiales.

La Lune, les appétits et les instincts animaux.

Mercure est l'âme de la tête ; le Soleil, l'âme du cœur ; la Lune, l'âme du ventre.

C'est la Lune qui régit nos organes internes, et celles des fonctions purement animales qui ne sont point sous la dépendance de notre volonté. Ses quatre phases mensuelles répondent à nos quatre principaux besoins : l'assimilation des aliments, leur nutrition, le sommeil (et les rêves), et la reproduction de l'espèce.

C'est elle qui préside à la répartition des formes. « La

Lune », — dit Hermès, — « est l'instrument de la naissance. » C'est elle qui constitue notre corps physique durant les neuf mois de la parturition, elle qui le développe, l'entretient, le conserve et en perpétue les formes.

Ceux qu'elle influence (et que l'on nomme : Lunariens) ne voient jamais qu'une face des choses, et ce côté, illuminé seulement par leur imagination fantaisiste, ne leur montre que le reflet de leurs propres désirs ; chimériques illusions qu'ils prennent pour la réalité.

En Astrologie, l'on croit que les rayons blafards de cet astre nocturne ne peuvent donner naissance qu'à des êtres vicieux, à des animaux malfaisants, et à des plantes vénéneuses !

Fénelon a dit : « Nos vices naissent presque toujours de nos erreurs ».

En Magie, c'est le Soleil qui préside aux œuvres de lumière, et la Lune qui favorise les œuvres démoniaques de la magie noire (surtout quand Saturne s'en mêle !).

Puisque nous avons, au commencement de ce chapitre, donné l'empire du mal au sombre Chronos, — à Saturne —, nous pouvons logiquement conférer à la Lune les « occasions » du mal, c'est-à-dire *les tentations*.

Quand l'être a fait éclore en lui le rayonnant Soleil de la Conscience, et qu'il conforme ses pensées et ses actes à ce foyer lumineux, la Lune, vaincue, ne *le tente* plus, mais elle se venge en l'*obsédant*.

C'est la Lune qui régit la mystérieuse cohorte des maladies nerveuses, depuis la plus anodine des « *phobies* » jusques à la grande hystérie des malheureuses pensionnaires de la Salpêtrière.

La Lune, c'est *l'Imagination* de la Nature.

Nous allons clore ce chapitre par un tableau indiquant l'influence des sept planètes sur les différents âges de l'existence humaine.

Puisque la Lune influe sur la naissance des êtres et des

choses, et que son rôle est de présider au sommeil (ainsi qu'au développement et aux fonctionnements de nos organes), l'on comprendra qu'elle régisse la période infantile qui va de la naissance à la septième année incluse, ainsi :

LUNE	*Lune*	De la naissance à un an.
	Mercure	La seconde année.
	Vénus	La troisième.
	Soleil	La quatrième.
	Mars	La cinquième.
	Jupiter.	La sixième.
	Saturne	La septième.

Cette période est celle de l'*Imagination* (ou mémoire des images), durant laquelle l'enfant vit d'une manière exclusivement animale, occupé seulement à boire, manger et dormir.

Mais cette imagination (seule faculté de sa période d'innocence) est tellement vivace, qu'elle emmagasine (à l'insu de l'intelligence qui sommeille encore), non seulement la forme des multiples objets qui frappent le regard de l'enfant, mais encore leur usage, leurs noms, et cela en autant de langues que l'on voudra (1) s'il est entouré de gouvernantes de divers pays. Ceci tient véritablement du prodige !

— De 7 à 14 ans, c'est le règne de *Mercure*. La période mercurienne est celle de l'écolier qui développe son intelligence par les premiers travaux intellectuels. Ici, *la mémoire* apparaît ; l'imagination de l'enfant n'avait retenu que des formes, d'êtres et d'objets, et des noms, — c'est-à-dire des « sons », — la mémoire va maintenant comprendre et se souvenir *des idées*.

Mercure, confère au jeune être tous ses attributs, l'espièglerie, la vivacité, l'amour du mouvement, etc., — et cela, en harmonie avec les sept autres planètes, ainsi :

MERCURE	*Lune*	Régit la huitième année.
	Mercure	La neuvième.
	Vénus	La dixième.
	Soleil	La onzième.
	Mars	La douzième.
	Jupiter	La treizième.
	Saturne	La quatorzième (1).

(1) Dans certaines contrées de l'Europe, il n'est pas rare de rencontrer des enfants très jeunes, qui parlent couramment cinq ou six langues (ou dialectes) différentes !

(2) Il en est de même pour chacun des autres septénaires.

La troisième période, celle de l'Adolescence, est régie par *Vénus*. A 15 ans, l'enfant est nubile ; la dernière période de Mercure a fait éclore en lui le *libre arbitre* ; mais Vénus — la planète d'amour — éveille son jeune cœur aux sympathies et aux antipathies, aux amitiés et aux inimitiés, à l'amour et à la haine. La période septénaire de quinze à vingt et un ans, préside à l'éclosion des facultés affectives, de même que la précédente avait vu naître les facultés intellectuelles ; et la première, les facultés purement physiques.

A 21 ans, l'être a complété son ternaire ; mais, comme on le sait déjà, cette puissance subjective demande à se réaliser par le quaternaire.

La quatrième période (de 22 à 28 ans) est gouvernée par *le Soleil* ; c'est le règne de la raison qui doit présider à l'éclosion de *la conscience*. Un homme qui, à vingt-huit ans, ne s'est pas fait une conscience, n'en aura jamais ; il restera dans le rang inférieur des Antropomorphes !

Cette période est aussi celle du mariage, de l'établissement de la position sociale et familiale. C'est la vie humaine dans tout son éclat, dans toute sa lumineuse splendeur.

De 29 à 35 ans, l'homme est sous l'influence de la planète *Mars*. C'est la période des luttes contre ses adversaires, et contre la mauvaise foi d'autrui. Il apprend à ses dépens à connaître l'humanité. Gerfaut a dit : « l'Expérience est un trophée composé de toutes les armes qui nous ont blessées ».

Puis, vient le septénaire d'années régi par *Jupiter*. De 36 à 42 ans, c'est le règne de l'Autorité que l'homme peut exercer sur soi-même et sur autrui. C'est l'ère de la conquête des fonctions supérieures. Jupiter est prêtre, roi, juge et médecin, autant que père ! Tout homme peut, s'il le veut, atteindre aux mêmes prérogatives ; le Mage est tout cela ensemble.

Enfin, la septième période est régie par *Saturne*. Cette planète gouverne quatorze années consécutives : de la 43° à la 49° d'abord, sur l'échelle descendante ; puis, en retournant en arrière sur l'échelle des nombres, il régit aussi le septénaire compris entre la 50° et la 56° (c'est-à-dire : de 43 à

56 inclus). Durant ces quatorze années, l'homme subit déjà les fatalités saturniennes inhérentes à sa conduite passée ; il paie, par des *réactions* plus ou moins pénibles, les conséquences de ses *actions*. S'il n'a pas fait son devoir envers lui-même, envers sa famille ou vis-à-vis de la société, il sera souffrant, isolé ou déconsidéré. C'est aussi durant cette période que le tentateur l'assaillera avec le plus de vigueur, soit en cherchant à ébranler sa foi, soit en l'incitant à commettre quelque irrémédiable folie, où les derniers rayons du cœur, comme ceux d'un soleil couchant, se noieraient dans l'océan de la débauche. Heureux l'homme qui sait vieillir ! Celui-là gardera ses forces jusque dans un âge très avancé et le soleil de sa conscience, n'ayant pas été terni par les brouillards pernicieux des plaisirs faciles autant que dangereux, formera autour de ses cheveux blancs une auréole, que les enfants de ses enfants contempleront avec un saint respect !

De 57 à 63 ans, c'est Jupiter qui reprend le sceptre du gouvernement des années, pour le céder à Mars durant le septénaire suivant (de 64 à 70 ans).

De 71 à 77, c'est de nouveau le Soleil qui préside.

De 78 à 84, la planète Vénus.

De 85 à 91, Mercure.

Enfin, de 92 à 98, c'est la Lune, planète de l'enfance qui se retrouve aussi, à l'extrémité de l'existence, avoir à régir les dernières années du vieillard sénile, dont les infirmités variées nécessitent souvent la même tendre sollicitude, les mêmes soins empressés que l'enfant dans son premier septénaire d'années.

La Lune, on le sait, préside *aux naissances* ; après avoir favorisé celle de l'enfant, elle a aussi pour mission de recueillir l'âme à son départ de la terre ; c'est dans son atmosphère spéciale que croissent les fleurs somnifères où le papillon-psyché, après avoir brisé sa chrysalide, ira boire la rosée dont les gouttes, en tombant, alimentent la source du *Léthé*, le mystérieux fleuve de l'oubli !

MAGIE

> Tant que sa conscience n'est pas éclose, l'homme n'est puissant que pour le mal !

Peut-être nous saura-t-on gré de braquer un rayon émané du phare lumineux de l'Analogie, sur ce mot si plein de mystères, de réticences et de sous-entendus, et d'essayer d'en éclairer l'ensemble, aussi bien que les détails.

« La Magie », — dit Christian, — « est la préface de l'Histoire universelle » ; — cela ne nous apprend pas grand'chose ; nous préférons cette autre définition qu'il en donne dans le préambule de son livre (1). — « La Magie, ou plutôt *le Magisme* (si l'on daigne remonter à ses sources antiques), ne peut plus se confondre avec les superstitions qui calomnient sa mémoire. C'est la première doctrine *religieuse*, *morale* et *politique* de l'humanité. »

Dans son acception la plus généralement accréditée, la Magie est synonyme de *Pouvoirs* ; or, nous l'avons amplement démontré dans les chapitres précédents, il n'est pas de « pouvoirs » sans *mérites*. Il y a donc, nécessairement, deux sortes de Magies, comme il y a deux sortes de richesses ; celles que l'on a conquises par son travail et celles que l'on peut usurper par des moyens malhonnêtes. Comme entre deux termes extrêmes, il s'en forme toujours un troisième qui procède des deux premiers, ces deux espèces de Magies —

(1) *Histoire de la magie* à travers les temps et les peuples. Furne, éditeur.

que l'on peut dénommer : *Magie de Lumière* et *Magie de ténèbres* — donneront naissance à une force neutre ou mixte que nous nommerons : *Magie naturelle.*

La première de toutes les Magies, c'est de gagner sa vie par un travail honorable. Les Mages les plus utiles sont : l'humble agriculteur, dont les durs travaux nous procurent le pain et le vin ; l'auteur d'un bon livre, qui nous donne la nourriture intellectuelle ; et le propagateur du bon exemple où nous puisons la nourriture morale.

La Magie est *l'évocation de la vie* ; augmenter en soi la vie, *c'est faire œuvre de Mage.*

— Prier, aimer, penser, souffrir sans se plaindre, c'est acquérir des lumières morales.

— Etudier et méditer, c'est augmenter ses lumières intellectuelles.

— Travailler manuellement, c'est gagner des forces physiques.

Il n'est point d'autres Magies honnêtes que celles-là !

Au sens le plus strict du mot, *faire vite et bien*, c'est déjà de la Magie ; un bon ouvrier, un véritable artiste, sont aussi puissants dans leurs sphères respectives que Moïse et Elie l'étaient dans la leur.

La Magie est un art et une science ; nous aurions pu dire aussi que l'art et la science ont leur magie, car l'art *crée*, et la science *découvre* les secrets naturels.

L'on a cru longtemps, parmi le vulgaire, que la Magie est exclusivement diabolique ; c'est comme si l'on croyait que tous les cryptogames sont poisons, parce qu'ils renferment certaines espèces vénéneuses !

La magie *diabolique* est celle qui a pour but de nuire à autrui ; c'est malheureusement la plus répandue et la plus facile à pratiquer ; l'on peut toujours, si l'on manque de conscience, *voler* à son frère, sa bourse, son âne, sa femme, sa réputation ou sa vie ; mais le mal se punit toujours lui-même tôt ou tard, et sans trop compter sur les répressions légales, c'est à nous de nous garer de notre mieux des malfaiteurs visibles et invisibles qui nous entourent : les *Marsiens* brutaux et les *Saturniens* hypocrites.

Comme M. Jourdain faisait inconsciemment de la prose, nous faisons, à chaque instant de la journée, de la Magie sans nous en douter. Tout effort en vue du bien est un acte magique, de même que toute volition mauvaise ou malveillante en est un également.

Pour faire de la « Magie noire », il suffit de se baisser, de ramasser de la boue à ses pieds, et de la jeter à la face d'autrui ; tandis que la conquête laborieuse et lente des pouvoirs *sains* et *saints* veut que, les yeux fixés au Ciel, nous fassions ascendre nos facultés supérieures jusques aux purs domaines de la lumière et de la vie, où tout se conquiert *et se paie d'avance* par du mérite et de la douleur !

Oh ! qu'ils sont à plaindre les malheureux fous qui achètent *à crédit* un peu de ce pouvoir mauvais, à l'aide duquel ils pourront se procurer une satisfaction criminelle, ou la joie démoniaque d'une vengeance par le code impunie ! S'ils savaient à quel taux monstrueusement usuraire ce semblant de pouvoir leur sera octroyé, ils en frémiraient d'épouvante... et de dégoût ! Mais, assez sur ces insanités et ces sanies :

Laissons la tourbe vile à ses plaisirs moroses :
L'engrais n'est point nuisible au doux parfum des roses !

En Magie comme en tout, le mal, c'est le sombre domaine des choses faciles ; seul, le mal est contagieux. La vertu veut toujours être conquise par l'effort.

*
**

La Magie de Lumière exige, pour première condition, un désintéressement absolu ; pour seconde, l'Altruisme parfait ; pour troisième, la liberté reconquise.

Un être « aliéné » par la passion, voire par une habitude mauvaise, ne sera jamais un Mage.

La Magie peut, très exactement, être comparée au soleil : c'est l'irradiation de sa propre lumière qui éblouit les regards profanes. Etant la science des forces de l'invisible, il est tout à fait inutile de la chercher dans le domaine matériel où elle n'est pas.

Le mot magique à l'aide duquel l'homme peut commander à la matière, c'est : — NON !

La Magie est *une action positive* et *altruiste*, qui doit être difficile, humble, désintéressée, et quelquefois même déplaisante.

Le plus grand Mage de la Terre est l'homme qui sait le mieux aimer ; or, aimer c'est se dévouer. C'est donc par le dévouement et le sacrifice de soi que l'on peut aspirer à devenir Mage.

Le Mage par excellence fut CELUI que les Rois Mages reconnurent à son berceau et adorèrent comme un Dieu ; CELUI que nous retrouvons sur *l'arbre de vie*, où il voulut mourir par le plus sublime de tous les sacrifices, et où, de par sa Toute-Puissante Magie, l'Amour triompha de la mort !

Aujourd'hui, comme il y a vingt siècles, il nous dit encore du haut de son permanent calvaire : « Suivez-moi (1) ».

Etre Mage, c'est être prêtre ; être prêtre, c'est être *prêteur* ; le mot est le même.

La science occulte est triple : c'est la science de la Vie, la science des formes et la science de la Lumière. Elle est, au point de vue intellectuel, *la connaissance* de la Vérité ; au point de vue matériel, *la pratique* de la Vérité ; au point de vue moral, *la jouissance* de la Vérité.

La Magie, c'est la morale en actions, marchant à la conquête de la vie.

« Croyez et vous vivrez », a dit Jésus.

Celui qui possède la Vie, peut la communiquer aux êtres et aux choses ; aux êtres, par *la thérapeutique*, aux choses, par *transmutations*.

Qui possède la Vie peut disposer de la Vie ; mais, pour

(1) *Suivez-moi*, par HENRICK SIENKIEWICZ.

posséder la Vie, il faut connaître *la Vérité* qui est la sublime irradiation de la Vie.

La connaissance de la Vérité constitue *le savoir* (qu'il ne faut jamais confondre avec la science); un illettré peut être illuminé par le savoir et connaître ce que tous les « savants » de la terre ignorent!

Les anciens initiés nommaient la Magie : *l'art notoire*; qu'est-ce donc que l'art?

— L'art, c'est le sentiment du beau, réalisé dans sa forme sensible.

— La science est l'étude des forces de la nature; l'art est la reproduction savante de ses harmonies. La science est le côté masculin, et l'art, le côté féminin des connaissances humaines; mais, dans la nature, c'est le féminin qui crée.

— L'art, c'est la réalisation du beau idéal; un *Saint* est le plus grand de tous les artistes, puisqu'il a réalisé en lui-même la Divinité.

—La science peut être Athée, mais l'art réel ne peut émaner que d'un sentiment religieux. La science procède de l'intellect, l'art procède toujours du sentiment.

— Pour beaucoup, l'art semble être le trait d'union entre la science matérialiste et la spiritualité de la foi; dans ce cas, on pourrait le qualifier de « Religion laïque ». Tout véritable artiste est Mage, puisqu'il crée!

— L'art, c'est la conscience dans le travail; la conscience, c'est l'art dans la conduite.

*
**

Certains auteurs prétendent qu'il est deux « voies » pour parvenir à la réalisation du Grand-Œuvre: « la voie sèche et la voie humide »; la première conduit l'initié à l'Adeptat; la seconde conduit le néophyte à la Sainteté.

— Qu'est-ce donc que la sainteté?

— C'est *la santé* de l'Ame: *sain* est synonyme de *saint*.

— D'après le Pope Jean, de Russie, « la sainteté, c'est la

propreté du cœur ; de même que la propreté est la sainteté du corps ».

— La sainteté, c'est la pureté dans l'intention, et la charité dans les actes.

La différence qui existe entre un Saint et un Mage, c'est que le premier, opérant exclusivement dans le domaine de la foi, peut être un ignorant en matière de sciences ; tandis que le second, plus instruit sur les phénomènes naturels, fait passer la science avant la foi dans ses opérations occultes. Tous deux produisent des résultats à peu près identiques : l'un, inconsciemment, impersonnellement ; l'autre, toujours avec connaissance de causes.

Quand le Pope Jean de Russie ordonne à une personne paralysée ou léthargique de se lever et de marcher, il opère par la foi ; lorsqu'un Adepte décompose les Eléments et les reconstitue par son Verbe, qu'il produit la transmutation des métaux ou tout autre prodige, il opère par sa science ; l'un est un cœur rayonnant d'amour ; l'autre un cerveau fulgurant de vouloir.

Il y a : — la Magie *du Verbe ; du Nombre ; des couleurs ; des formes ;* la magie de l'action et celle de l'abstention ; celle qui impose et celle qui persuade.

La magie créatrice donne à l'opérateur la lumière et la force, l'intuition et la sagesse.

La magie destructrice entraîne avec elle les ténèbres et la faiblesse, l'obsession et la folie.

A nous de choisir et d'opter.

PAGES SOMBRES

> Que ce soit par le vice ou le métal doré,
> L'esprit du mal, aussi, rêve d'être adoré !

Puisqu'enfin il est avéré que le mal a eu de tout temps, le triste privilège de régner sur notre humanité déséquilibrée, il nous faut avoir cependant le triste courage d'envisager nettement la situation actuelle afin de nous rendre compte de la marche plus ou moins lente du progrès moral, et de savoir si, depuis quatre ou cinq siècles, les hommes se sont mûris un peu au soleil de l'expérience ; si les terribles crises qu'ils ont subies de par le despotisme cruel des uns, et le fanatisme intransigeant des autres, sont un affreux cauchemar à jamais disparu !

Le Moyen Age, — époque sinistre et transitoire, — fourmille de monstrueuses atrocités criminelles, où l'homme de pouvoir semble se délecter, comme un félin dans le carnage ! A ce moment, la vie d'un homme ne compte plus ; après les tortures variées, viennent, comme viatique suprême, l'*in pace* pour les uns, le bûcher pour les autres ; les porteurs de « sceptre » ou de « crosse », renonçant à leur rôle de chefs et de pasteurs, deviennent, délibérement et froidement, de vulgaires et cruels bourreaux. Semblables à des démons déchaînés, ils posent à des innocents la terrible « question » que seul, en ces heures lugubres, Satan pourrait en ricanant résoudre !

Quand la force prime le droit, quand chacun, du haut en bas de l'échelle sociale, méconnaît le devoir ; quand les bergers deviennent des égorgeurs ; quand les souverains ont peur et que le peuple tremble ; quand personne n'ose plus se fier à quiconque dans la crainte justifiée d'une délation aussi gratuite que lâche ; quand les mandataires de la religion faussent et obscurcissent la Vérité pour n'obéir plus qu'à leurs vains scrupules, alors le principe spirituel, qui constitue la vie morale, se retire de l'humanité, et ne laisse plus alors que des fous furieux, que de pâles fantômes obéissant exclusivement à la peur, à l'esprit de destruction, et qui, fatalement ne tarderont point à s'entr'égorger !

Quel inexplicable vent de folie attisait donc en même temps les réchauds incandescents des tourmenteurs et la flamme homicide des bûchers ? — Le même, sans doute, qui souffla son haleine de mort sur la Saint-Barthélemy et sur la sinistre révolution du siècle qui vient de finir !

C'est durant ces époques troublées et troublantes, que naquirent les schismes, les sectes perverses et les utopies fratricides. La magie noire, — qui n'est autre que *le pouvoir indûment capté*, que le pouvoir *sans le mérite*, — surgit toujours de son antre en ces douloureux moments, et vient parachever l'œuvre du « Grand Serpent Edénique ».

Après la mort du corps, la mort de l'âme : c'est tout à fait rationnel.

Quoi de plus hideusement épouvantable que ces « secrets » infâmes que se transmettaient mystérieusement, de génération en génération, ces sinistres malfaiteurs dénommés « sorciers » qui prétendaient pouvoir — même à distance — nuire à autrui, soit dans son corps, dans sa pensée ou dans ses affections ?

Le mal, avons-nous dit déjà, c'est la division ; et toute division est faiblesse (puisque l'union fait la force). — Faut-il rire ou pleurer de ces sombres aberrations de l'esprit humain ?...

Les traités spéciaux de démonologie affirment ces faits ; devons-nous y ajouter foi ? Nous pensons que le mieux serait de traiter ces absurdités criminelles comme elles le méritent, par le plus profond mépris : tout acte de folie ne relève que du cabanon !

— *E pur, Si muove !* — clamaient alors douloureusement

les martyrs de la science, malgré les rigueurs du Saint-Office.

— « *Fille de Dieu*, VA, VA, VA » susurraient des apparitions célestes aux chastes oreilles des saintes martyres de la foi!

Sombre magie du mal, qui osas te mesurer avec la radieuse Magie de lumière, quel fut donc ton hideux berceau, quel fut ta genèse, et quels sont tes mystérieux avatars?...

Le lugubre sabbat des sorciers fut-il seulement un mythe ou une réalité, aux sombres époques du Moyen Age?

En voici un spécimen!...

. . . .

— Quelle est donc cette lande aride et monotone?
Tout y semble sinistre... et la terre bretonne,
en ce désert maudit, repaire des démons,
glace en mes os la moelle et l'air dans mes poumons!

. . . .

— L'obscurité s'est faite, — affreuse, impénétrable;
un air épais et lourd paralyse ou accable;
l'Horizon, que partout l'on peut toucher du doigt,
permettrait de palper l'horreur de cet endroit!
Soudain, d'une trompette rauque,
un morne appel a retenti;
et l'horrible écho pressenti
s'épand sur la fougère glauque...
Alors, de tous côtés, des formes inconnues:
— quadrupèdes volants, à faces biscornues;
insectes monstrueux, mammouths, lilliputiens,
squelettes animés par des nécromanciens, —
surgissent on ne sait d'où! — Le rocher qui transpire,
l'air empesté, battu par l'aile du vampire, —
sont autant de ferments, d'avatars ténébreux,
que l'Erèbe vomit d'un antre sulfureux.
Puis, la Goule affamée, aux mamelles pendantes,
la sorcière avide, aux prunelles ardentes,
tombent au rendez-vous, apportant, — affolés! —
des enfants qu'en secret, la nuit on a volés.

. . . .

— Mais un cri surhumain, strident, diabolique,
a jeté dans la foule une courte panique!...
C'est *lui*... lui... Beelzébub; le chef tant redouté
qui, sur un tibia, se tient arc-bouté.
On fait place, on s'incline, et le silence morne
succède aux hurlements du prince Capricorne.
Alors, lui, gravement, se baisse... et laisse voir
une figure humaine! — emblème du pouvoir; —

et, chaque affilié vient baiser sur la bouche
ce hideux facies du monarque farouche !...

. . . .

— Comme un gluant reptile aux replis monstrueux,
l'assemblée, — en un cercle immense, tortueux,
se dispose ; — et le « Roi », dans sa munificence,
offre, aux uns, des secrets qui perdront l'innocence ;
aux autres des poisons ; des remèdes certains ;
des philtres inconnus qui rendent libertins ;
la poudre qui rend fou ; l'or qui séduit et tente ;
ou, de la mandragore, une eau stupéfiante.
Son levain de discorde aussi bien partagé,
Satan, rit aux éclats, de s'être ainsi... vengé !

. . . .

— De rougeâtres lueurs illuminent l'espace.
On attise des feux, dont la flamme vivace,
en crépitant, calcine un torse de pendu
sous le chaudron noirci que l'on a suspendu.
Chacun s'est dispersé. Les druidesses nues,
sur un lit de gui vert, aux vertus inconnues,
couchent les nouveau-nés dérobés au berceau,
et dont chaque affidé doit manger un morceau !
Sur un signal donné, la Serpe d'or égorge ; ...
l'acre vapeur du sang grise et sèche la gorge...
l'immonde festival, hâtivement conduit,
est prêt, quand, au lointain, l'heure tinte minuit !

. . . .

— Chaque monstre se place auprès d'une femelle.
On vide et l'on remplit de sinistres gamelles...
les vins coulent à flots ; et d'obscènes refrains
refoulent les échos au fond des souterrains !
L'ivresse est générale, et l'orgie, imminente ;
la bestialité succède à l'épouvante ;
on s'appelle ; on s'enfuit dans les recoins obscurs,
et des râles affreux couvrent des cris impurs !

. . . .

— L'obscurité s'est faite, affreuse, impénétrable ;
un air épais et lourd paralyse ou accable.
L'horizon, que partout l'on peut toucher du doigt,
permettrait de palper l'horreur de cet endroit !...

. . . .

— C'est alors que Satan, — le prince des ténèbres, —
lugubrement joyeux de ces crimes funèbres,
se dit, — lançant au Ciel un regard plein d'orgueil : —
De mon royaume, ainsi, *tous* franchiront le seuil !

. . . .

— Soudain, la foudre gronde et sillonne la nue ;
sa force éblouissante au sol est parvenue

au milieu d'un fracas terrible, assourdissant,
que l'écho, réveillé, rend encore plus puissant !...

. . . .

— L'air, — enfin épuré, — redevient translucide ;
l'Orient laisse poindre une lueur timide ;
et l'Aube, aux reflets mats, par l'ombre tamisés,
dessine sur le sol des corps pulvérisés !
Quand, du coteau voisin, le pâtre va descendre,
son œil n'apercevra qu'une plaine de cendre
au milieu de laquelle, une croix de granit
trône et défend l'accès de cet endroit maudit !

. . . .

— Le soleil, radieux, a dispersé la brume ;
et la sombre forêt, — qu'un rayon d'or allume, —
frissonne de bonheur aux baisers du zéphir.
Un rossignol poète égrène sa roulade ;
et la pervenche humide, au bord d'une cascade,
pleure des diamants dans un lac de saphir !...

L'ignorance est ténèbres ; les ténèbres ne peuvent engendrer que *la peur*, qui rend toujours lâche et cruel !

La paresse n'est en réalité la mère de tous les vices que parce qu'elle est la fille aînée de l'ignorance ; si l'homme *savait*, il serait meilleur. Mais que doit-il savoir ? Connaître le mal et l'éviter !

La peur et la colère sont les deux pôles opposés, entre lesquels oscille machinalement l'âme obscurcie par l'ignorance.

La peur et ses bâtards stériles : *les scrupules*, sont les plus grands obstacles à la liberté de l'âme.

La peur produit sur l'homme les mêmes effets désastreux que l'emprise morbide du choléra ; elle annihile la volonté, paralyse l'initiative, relâche les viscères et les muscles et empoisonne le fluide nerveux qui, en nous, est la vie de la vie.

Voyez cet homme, il est puissant, il est riche, il est considéré, sa santé est florissante, il semble qu'il réunisse en soi toutes les conditions du bonheur ; mais, voici qu'un jour, en pleine fête, on lui fait parvenir une simple dépêche, — dépêche laconique, mais pour lui foudroyante, car les trois mots qu'elle contient produisent sur le malheureux, non préparé, le même effet que produisirent sur Balthazar les trois mots mystérieux : MÉNÉ, THÉKEL, UPHARSIN ; ces trois mots assassins, agents subtils qui viennent de produire spontanément l'apoplexie, peuvent cependant n'être que ceux-ci : VOUS ÊTES RUINÉ !...

Oh ! peur, hideux fantôme noir qui empoisonne l'existence de tant de gens, quand donc enfin saura-t-on que ton existence éphémère n'est qu'illusoire, et qu'il suffit d'un rayon de vérité pour te tuer !

L'on a, — dans certains milieux sociaux, — peur de tout : peur du qu'en dira-t-on, peur de l'inconnu, peur de l'opinion, peur du diable, et peur atroce de la mort ; peur de la souffrance qui sauve et de la vérité qui blesse ; peur de la solitude où l'âme se recueille ; et enfin, peur de soi-même ! Et toutes ces « peurs » ne sont que les rayons obscurs du soleil noir de l'ignorance, réfractés par le prisme opaque et lourd de la paresse de l'esprit.

*
**

De même que les rayons dorés de l'Aurore naissante suffirent à mettre en fuite les légions infernales dans les tableaux du « Sabbat » que nous venons de peindre ; de même aussi les rayons lumineux du savoir chassent à jamais, du domaine mixte de l'imagination peureuse, la troupe grimaçante des erreurs, des illusions, des préjugés, des vains scrupules et des croyances superstitieuses.

Notre moi le plus intime se manifeste de deux manières : subjectivement par *la conscience ;* objectivement par *la confiance ;* donc, l'essentiel, pour chacun, est de développer la première et de ne point mal placer l'autre.

Tout homme, tant relativement parfait soit-il, n'est jamais qu'une fraction plus ou moins forte de l'unité ; seule, l'unité est lumière ; or, placer sa confiance intime dans un être imparfait ne peut donc être qu'un leurre, une amère désillusion. N'ayant pas en nous-même l'unité-lumière, nous nous obstinons à la rechercher, à la solliciter d'êtres qui ne l'ont pas plus que nous (et souvent même *moins que nous*) ; de là proviennent tous nos malaises sociaux, aussi bien que toutes nos déceptions amicales, sentimentales et individuelles.

Si nous placions notre confiance en Dieu, nous n'aurions jamais de déceptions !

Ayons donc la sagesse de ne demander à l'homme que ce qu'il peut nous donner.

C'est ceci qui fit dire à Mirabeau père : « l'entassement des hommes produit la pourriture, comme celui des pommes ».

Puisque, d'après Bacon, — l'homme ne peut qu'en proportion de ce qu'il sait — acquérons donc du savoir, afin d'atteindre un jour au *pouvoir ;* — non aux pouvoirs matériels, toujours fictifs et souvent dangereux ; mais bien aux pouvoirs psychiques, dont nous parlerons plus loin, quand ces « pages sombres » seront closes.

Parmi les « pouvoirs » auxquels il est donné à l'homme d'atteindre, il en est *de bons* et *de mauvais*. Le regard d'un être bienveillant est une douce et vivante effluve qui rallume en nous le foyer divin de l'espérance, et nous incite à la bonté. C'est une « vague de vie » qui agit simultanément sur nos trois centres vitaux, et peut nous donner, indifféremment, — la santé ; des pensées lumineuses ; ou réveiller en nous le chaud soleil de l'affection.

Au contraire, certains êtres, par leur regard, par une simple poignée de mains, nous impressionnent désagréablement et douloureusement ; l'on est saisi d'inquiétude, l'épiderme frissonne, une sueur froide monte aux tempes, l'imagination s'alarme judicieusement comme à l'approche d'un danger, et l'on se sent, de par ces morbides influences, malade, privé d'idées saines ou obsédé de pensées mauvaises.

Hélas ! les poisons ne sont pas tous matériels. Indépendamment des toxiques solides, liquides et gazeux, il en est aussi de *fluidiques* ; ce sont ceux-là qui sont la base de la science démoniaque ; de cette « Magie noire », que des êtres anthropomorphes, véritables reptiles humains, distillent — sciemment ou inconsciemment — de près ou à distance, par le regard, l'attouchement médiat ou immédiat ; et par les formules évocatoires dont chaque syllabe est un blasphème !

Semblables au mancenillier qui tue par son ombre seule, ces êtres malsains, dont l'âme est contaminée, exhalent une haleine fétide et corrompue, dont les effets pernicieux se font surtout sentir sur le sens olfactif de l'âme, et lui peut inspirer des pensées perverses, des idées de suicide moral.

La magie de lumière étant « l'évocation de la vie », la magie empoisonneuse des sorciers, de tous rangs et de tous pays, n'est conséquemment que la sombre évocation de la mort !

De même que la vertu ne peut éclore, germer et produire ses fruits embaumés et savoureux que si l'âme du sujet est suffisamment préparée par la douleur, ensemencée par la foi, et mûrie par les chauds rayons de la bienveillance ; de même aussi, les germes du mal, de quelque part qu'ils viennent, ne peuvent se développer, grandir et produire leurs désastreux effets, que si la nature du sujet s'y prête de par sa pauvreté morale.

Pour récolter du froment, il faut d'abord donner au sol les soins voulus et l'engrais qu'il réclame ; tandis que les herbes folles ou vénéneuses croissent admirablement dans les terrains rocailleux et incultes.

Vous qui, chaque matin, élevez, vers le souverain dispensateur de toutes grâces, votre âme ardente sur les ailes puissantes de la prière, ne redoutez rien des « jeteurs de sorts », ne craignez point le « mauvais œil » ; l'*aura* de votre âme plane trop haut pour que ces êtres des bas-fonds puissent jamais l'atteindre !

Souvenez-vous que le mal est pesant, et que les altitudes lui sont absolument interdites. Du reste, dans toutes les circonstances de la vie, il est un moyen bien simple de n'être jamais écrasé par le malheur : c'est de se placer au-dessus de lui.

Voyez les serpents ; leur rôle est de ramper. Ils peuvent bien cependant grimper aux arbres, et y happer les petits oiseaux endormis ; mais, demandez à l'Aigle s'il redoute leur attaque ?... Je sais bien que même à terre, le serpent peut attirer l'oiseau par une sorte de succion magnétique ; cette force mystérieuse lui ayant été donnée par la nature en compensation de ses membres absents ; mais la puissance attractive que possèdent certains ophidiens ne fait que nous révéler clairement la nature intime du fluide magnétique, toujours insidieusement et traîtreusement absorbant, parce qu'il n'est que l'émanation de l'âme animale qui est en nous le principe de l'égoïté ténébreuse.

Dans un chapitre spécial, nous traiterons de « l'Hygiène Occulte », c'est-à-dire des moyens de se préserver, autant que possible, contre le *vouloir mauvais* ; qu'il émane d'un berger illettré, ou d'un « saturnien » musqué, aussi hypocrite que fourbe, aussi pervers que menteur.

C'est à dessein que nous ne faisons aucune citation de faits connus, touchant à ces sujets affolants qui font la joie des démonologues modernes : il faut avoir déjà les nerfs solides pour lire sans vertige les révélations d'un Huysmans (1), ou certains écrits fantastiques de Jules Bois (2).

Après Bodin, après Delancre, de Mirville, et le prudent Gougenot-des-Mousseaux, il n'y aurait plus à citer maintenant que des faits connus déjà, et nous avons la faiblesse de ne vouloir citer que de l'inédit. Cependant, s'il n'y en a plus guère en Europe, peut-être les peuplades des contrées lointaines, — les « Féticheurs » surtout, — nous procureront-elles l'occasion de présenter au lecteur quelques histoires étranges, quelques faits nouveaux, touchant aux « pouvoirs » extraordinaires et mauvais que peuvent acquérir certaines personnalités.

(1) *Là-bas.*
(2) *Les noces de Sathan.*

*
**

Chacun sait que les sorciers Lapons vendent *du vent* aux navires à voiles qui se trouvent en détresse dans leurs parages.

Lors d'une accalmie prolongée, dans les contrées septentrionales, l'on envoie à terre un canot, dont les hommes ont mission de traiter à forfait l'achat (lisez la production) de la quantité *de vent* nécessaire au navire pour reprendre sa route.

Je ne me souviens plus quel auteur raconte et affirme ce fait. D'après lui, les sorciers Finnois, entourés de leurs acolytes, transportent un long tambour, fait d'un tronc d'arbre creusé par le gros bout, et recouvert d'une peau de Renne desséchée et tendue.

Après avoir fait leurs simagrées et récité d'une voix nasillarde les dolentes litanies d'une sorte d'invocation adressée aux génies de l'air, le sorcier frappe à coups redoublés sur la peau de son colossal instrument, tandis que son entourage pousse des hurlements de phoques aux abois !

Après un temps plus ou moins long, une brise venant de la terre commence à souffler en effet, et les marins, retournés à la hâte dans leur canot, sont obligés de ramer énergiquement afin d'aborder à temps le bateau, dont les voiles, pendantes et flasques à leur départ, sont maintenant gonflées comme les joues roses du dieu Eole.

*
**

La sorcellerie existe encore chez toutes les peuplades primitives — aux pôles glacés, comme sous l'équateur torride ; étant basée sur le fanatisme — qui est l'*excès* dans la croyance — il est naturel de la retrouver vivace dans la tanière sombre de l'*Esquimau* ; sous la hutte sordide du *Cafre* infidèle, et celle du *Hottentot* féticheur.

C'est toujours par l'ignorance cupide que le diable se fait adorer !

Les faits authentiques, dont nous allons entretenir le lecteur, nous ont été rapportés par des témoins oculaires et dignes de foi.

L'un d'eux, M. de *Saint-Pol-Lias*, l'explorateur bien connu, nous racontait qu'un jour, étant en mission à *Kouritchane*, dans la Cafrerie, il vit, non loin de la ville, un pauvre nègre garrotté solidement, qu'une troupe d'hommes noirs armée de fusils, et commandée par un chef de la milice civile, emmenait vers la plus proche montagne.

Flairant quelque mystère, l'explorateur s'enquit, près du chef, du crime qu'avait commis l'homme que l'on conduisait ainsi où devait avoir lieu son exécution.

— « C'est », — répondit le chef, — « parce qu'il est un mauvais sorcier, *qui a fait parler le bois* contre ma propre supériorité. »

— « Qu'entends-tu par là », — demanda Saint-Pol ?

— Tiens ! » — reprit le chef, — « demande-le toi-même au sorcier ; il te renseignera s'il le veut ! »

L'explorateur s'approcha du condamné et lui demanda quelques explications.

— « Oui », — répondit celui-ci », — « je fais parler le bois, et le bois me rend son oracle ; comme ce serait trop long à t'expliquer, et que sans doute on ne m'en laisserait pas le loisir, prête-moi la canne que tu tiens ! »

Le nègre prit la canne, la malaxa, la frictionna en tous sens en marmottant des mots en un idiome barbare, puis, la remettant à Saint-Pol-Lias, lui dit :

— « Maintenant, plante-la en terre, et questionne-la ; elle te répondra sûrement ! »

Puis, le condamné reprit sa place au milieu de l'escouade, et s'en alla bravement à la mort, en fredonnant un chant guerrier.

La petite troupe venait de disparaître au plus proche tournant du sentier, et notre ami, à la fois attristé à la pensée du sacrifice humain qui allait s'accomplir non loin de là, et intrigué par l'affirmation de la pauvre victime, ne savait que faire ; son regard anxieux allait de l'endroit où les hommes avaient disparu à la canne mystérieuse que ses doigts tournaient machinalement. Ses nerfs appréhendaient la fatale détonation, et sa curiosité le poussait à mettre de suite à l'épreuve le mystérieux pouvoir du sorcier Cafre.

Il prit un parti mixte : s'éloigner le plus possible de l'endroit probable de l'exécution, et attendre le calme avant de procéder à son expérience magique.

Son pas s'allongeait de lui-même, et les battements de son cœur rythmaient sa marche, qui ressemblait alors plutôt à une fuite qu'à une promenade d'agrément.

Arrivé vers une petite oasis, après une demi-heure environ de cette marche forcée, le cœur maintenant plus calme, les nerfs détendus, il choisit un coin d'ombre et, délibérément, planta en terre son bâton selon la recommandation qui lui en avait été faite.

Après tout, pensait-il, qu'est-ce que je risque ; en France, on fait bien parler des chapeaux hauts de forme ; pourquoi ma canne, interrogée, ne me répondrait-elle point ? Mais le mode n'était pas du tout le même ; les « gibus », que notre sympathique voyageur avait vus « causer », ne répondaient aux questions que par *du mouvement*, et on lui avait fermement assuré que son bâton de voyage lui répondrait *verbalement*. — Diantre! c'était plus sérieux, et surtout plus...incompréhensible!

Enfin, il se décida à tenter l'expérience. Fichant sa canne dans le sol, et se penchant vers le pommeau, il formula à tout hasard : — « Dis-moi, Esprit du bois, peux-tu, ou veux-tu me répondre ? »

Presque instantanément, il crut ouïr une petite voix grêle et flûtée qui lui répondit, comme sortant du pommeau de sa canne :

— « Oui ; questionne-moi ! »

— « Eh bien », dit-il, un peu ému, — « peux-tu me dire si tel navire, en retard depuis plusieurs jours, arrivera bientôt en rade de ... ; et si, telle personne que j'attends, se trouve parmi les passagers ? »

Alors la petite voix grêle et flûtée lui répondit affirmativement sur ces deux points; ajoutant que le navire en retard l'était pour telle et telle cause, mais qu'il serait signalé le lendemain, à neuf heures du matin.

— « Vous me croirez si vous voulez, mon cher Docteur », — me dit Saint-Pol-Lias, — « mais, le lendemain à neuf heures, le navire était signalé; il avait, en effet, subi un retard de par les causes qui m'étaient connues déjà; et le parent, que j'attendais, déjeunait avec moi le même jour. »

« Que pensez-vous de cela? »

— « Je pense, — lui répondis-je, — que je crois à tout, que je doute de tout, mais que je ne nie rien! »

— « A la bonne heure! — fit-il, en me tapant amicalement sur l'épaule, — c'est parler comme un sage! »

— « Et votre canne magique, — repris-je, — vous fit-elle ultérieurement d'autres prédictions? »

— « Non, le lendemain même je tentai de renouveler l'épreuve, mais la « canne » resta muette. A la mort du sorcier nègre, elle avait perdu sa vertu!

Nous tenons d'un autre voyageur, M. A. D., plusieurs faits étranges, dont il fut le témoin oculaire durant ses intéressants voyages en Australie, en Afrique et dans l'Inde.

Voici la description qu'il nous fit des « sorciers » de ces contrées lointaines :

— Le sorcier est un être bizarre, beaucoup plus difficile à aborder qu'on se l'imagine ordinairement, surtout chez les peuplades aux mœurs primitives de l'extrême Orient.

A l'instar *du serpent*, dont il est la personnification humaine la plus frappante, le sorcier se cache et fuit les hommes avec un soin tout particulier.

Investi *d'un pouvoir* généralement reconnu et *redouté*, il vit toujours seul, sans famille autour de lui; ou, s'il s'est marié jeune, et qu'il ait femmes et enfants, il aura sa case particulière hors du village ; elle est facilement reconnaissable par son isolement d'abord, ensuite par les immondices infectes qui l'entourent.

Chez lui, il se tapit au centre d'un tas d'ossements et d'herbages desséchés, — tous vénéneux pour la plupart — comme ces énormes araignées venineuses qui se tiennent blotties en un coin sombre au milieu des cadavres de leurs victimes.

Grand migrateur, sorte de Juif-Errant, possédé d'un incessant besoin de déambulation né de son farouche instinct d'indépendance, le sorcier reste rarement en place et court de pays en pays, ou, tout au moins, de *Kraal* en *Kraal* (1).

Les peuplades noires — accoutumées à la persécution — craignant tout par ignorance, et se défiant de tous par faiblesse, n'indiqueront jamais à un Européen, *sous aucun prétexte*, la demeure d'un sorcier !

Un « noir » — notre homme de confiance — que nous questionnions un jour, à Madagascar, à ce sujet, nous répondit :

— « On ne doit jamais révéler à un *Vazaha* (un blanc), la demeure d'un *Mamouchavi* (le sorcier), car il en arrive toujours malheur !

« Si le « Mamouchavi » fait du mal au « blanc », celui-ci pourrait très bien se venger sur le révélateur en le dénonçant à la Justice comme complice du malfaiteur ; et, si le sorcier subissait un dommage quelconque, dans n'importe quelle circonstance, par la suite de cette rencontre, il se vengerait immanquablement sur celui qui aurait indiqué sa case, — ou sur sa famille ! »

C'est pour ne pas se trouver entre l'enclume et le marteau, que le noir est prudent et se tait.

Nous ne chercherons pas à discuter la loi fatale et cachée ni le pourquoi de cette raison qui pousse ainsi le sorcier à s'isoler de ses compatriotes ; il y a dans ce fait un mélange de prudence, de crainte et de rouerie, autant qu'un besoin inné qui semble lui révéler instinctivement que le « pouvoir

(1) *Kraal* : Village.

occulte » qu'il convoite, ne sera conquis par lui qu'en raison de son isolement des courants magnétiques étrangers aux siens.

Il faut donc que le sorcier vive *seul*, puis, qu'il n'habite point longtemps le même endroit, afin que le tourbillon magique de réprobation qui l'enserre, ne puisse point *fixer* son Vortex, — (sorte de point d'appui au levier métaphysique dont il se sert contre les forces qui lui feraient obstacle et le pourraient même renverser).

Chose curieuse ! le sorcier comprend si bien cet important secret, que, dans ses pérégrinations quotidiennes, *il ne repasse jamais deux fois de suite par le même chemin !* C'est une loi qu'il s'est faite et qui, probablement, lui a été transmise lors de son initiation (aux rites démoniaques).

Cet isolement nécessaire et voulu semble, pour ces êtres déchus et misérables, une sorte de châtiment prématuré !

De même que l'Initiation de Lumière comporte trois degrés ; l'initiation des sorciers comporte trois zones d'ombres : — *la science des poisons*, *la nécromancie* et *la communication occulte* ; (*le pacte* conclu entre eux et les esprits inférieurs, qui les assimile à certains animaux, en leur soumettant les forces naturelles inhérentes à l'espèce d'animal que le sorcier aura choisi).

Peu d'entre eux atteignent à ce dernier degré ; la plupart s'en tiennent à la science néfaste des toxiques.

L'Initiation, à tous degrés, est toujours *orale*, et comporte des épreuves qui consistent à s'exercer dans la perpétration de certains crimes monstrueux que « le professeur » exécute devant « l'élève », sur un certain rite, pour fixer définitivement ce dernier dans sa « voie » descendante, tortueuse et maléfique.

Enfin, la série d'épreuves du postulant étant terminée, ce dernier reçoit des mains de son initiateur *le brevet* qui le constitue définitivement « sorcier », et lui confère les divers « pouvoirs » dont il aura besoin ultérieurement.

Ce « brevet » consiste, chez les sorciers Malgaches, en un talisman formé de deux énormes dents de caïman, creuses à l'intérieur, et contenant diverses matières mystérieuses, hermétiquement bouchées avec de la résine odorante.

Ces deux dents cornues sont solidement reliées l'une à l'autre en forme *de fourche* (le symbole du mal) ; et le sorcier ne les doit quitter que durant son sommeil.

Ce « talisman » constitue pour lui la Baguette miraculeuse, et le « pacte » qui *le lie*, soit avec les élémentaux, avec les mânes des ancêtres, ou avec des esprits animaux.

C'est ce dernier pouvoir qui porte le nom de *Nagualisme*.

En dehors des « guérisseurs », les autres sorciers noirs, en quelque coin du globe qu'on les rencontre, soit à Madagascar ; sur la côte orientale d'Afrique ; aux bords du Zambèze ; ou chez les Cafres du *Kilimandjaro*, ont tous pour mobile *la vanité du pouvoir*, et exercent ce dernier par cupidité, par envie ou par vengeance. Ils aiment à faire *le mal pour le mal*, et souvent même s'exercent à se nuire mutuellement pour faire parade de leur sinistre et peu enviable puissance.

Les simples guérisseurs se jalousent même entre eux ; et, quand ils le peuvent, l'un contrarie à distance les effets qu'un autre prépare.

« Nous étions un soir en mission dans un petit village assez proprement tenu, nommé *Ankasobab* — (le village de l'arbre tombé). — Après le repas du soir, et comme nous nous apprêtions à prendre un repos bien gagné, nous entendîmes tout à coup, non loin de notre case, un vacarme assourdissant de tambours, de cris gutturaux et du bruit de crécelle du *Sakoï* (1).

« Nous envoyâmes l'un de nos noirs en éclaireur, et il revint, quelques minutes après, nous dire qu'il s'agissait d'une femme atteinte du *Cromba* (2), et qu'un « Mamouchavi » était en train de lui administrer un *fangafoudi* (médicament).

« Après des pourparlers assez longs, et sur la recommanda-

(1) Le « Sakoï » est une sorte de boîte en paille tressée, ou en jonc, et qui contient des cailloux. Le sorcier agite violemment cet instrument sonore tout en formulant ses conjurations.

(2) Sorte de délire hystérique accompagné de convulsions semblables à celles des malades de la Salpêtrière.

tion de l'un de nos porteurs de « Falanzana », nous pûmes pénétrer dans la case où la cérémonie magique allait avoir lieu.

« Au milieu de la pièce nue, une femme encore jeune était accroupie ; son regard était inquiet et ses membres agités d'un tremblement nerveux.

« Devant elle, le sorcier rangeait ses amulettes : — serres d'Aigles, dents de Caïman, perles de verre, et même des graines d'espèces diverses. Une corne de bœuf, attachée par une liane au faîte de la case, se balançait au-dessus de la tête de la patiente. Autour d'elle circulait le « sorcier » secouant rageusement le « Sakoï », et ânonnant ses formules conjuratoires.

« Ce sorcier était un « Frère » des *Vouroumdoules* (hiboux).

« Soudain le sorcier s'arrêta de tourner et de gesticuler ; puis se tournant vers la porte de la case, il fit entendre un hululement plaintif imitant le cri de l'Orfraie. Presque instantanément, un hibou de grande taille pénétra dans la case, et vint planer au-dessus de la tête de la malade qui, sur un geste du sorcier, était tombée sur le dos. L'oiseau nocturne fit plusieurs fois le tour de la case, puis vint se poser sur la poitrine de la femme, fixant de ses yeux ronds, éblouis par la lumière des torches résineuses, les yeux hagards de la possédée.

« Le sorcier, immobile, le bras gauche étendu dans la direction de l'oiseau, attendait.

« La femme avait maintenant les paupières closes, ses mains avaient peu à peu perdu leurs secousses nerveuses. Soudain, au milieu de ce lugubre silence (car, à l'entrée du hibou, et sur un signe de l'opérateur, les tambours et les cris avaient subitement cessé) — on entendit un cri surhumain, étrange, déchirant et glacial ; c'était la malade qui, subitement, s'était dressée sur ses pieds comme mue par un ressort. Ce cri était pour elle un signe de délivrance, l'esprit qui l'obsédait l'avait subitement quittée ; mais, comme la femme se relevait, le hibou, les ailes pendantes et le bec démesurément ouvert, était tombé sur la terre battue comme une masse inerte. Il était mort. »

*
**

Il faudrait tout un volume pour détailler minutieusement les coutumes et les pratiques superstitieuses ou criminelles de ces peuples nouveaux, — peut-être à force d'être anciens.

Les « coutumes » sanglantes du Dahomey s'accomplissent suivant un rite spécial, et démontrent par là qu'elles se rattachent, dans leur hideuse horreur, au culte barbare et démoniaque de ces peuplades froidement cruelles.

C'est au Dahomey qu'un jour, le voyageur dont on vient de lire l'intéressante narration, fit la rencontre d'un être étrange, qui, à l'encontre des usages du pays, ne répondit point au « Salam » de ses porteurs. Intrigué par ce mutisme inusité, A. D. fit poser à terre sa « Falanzane », et alla lui-même demander au vieux noir, pourquoi il n'avait point répondu au salut de ses hommes.

— « C'est » — dit le nomade en se détournant, — « pour ne pas te porter malheur ! »...

— Tu disposes donc d'un pouvoir mauvais ?

— Oui !

— Voudrais-tu m'en fournir la preuve, reprit notre voyageur, je te donnerai de l'argent ?

Sans répondre, et sans se retourner, le sorcier tendit la main et le voyageur y mit une pièce blanche.

— Désigne-moi, — dit le sorcier, — un arbuste des environs...

— Celui-ci, fit l'ingénieur, en lui montrant du doigt un maigre palétuvier.

Le sorcier étendit sa main gauche vers la direction de l'arbuste, et, au grand étonnement du spectateur, ses feuilles jaunirent et se recroquevillèrent subitement comme si un grand feu avait flambé sous ses branches.

L'arbre était mort !

De quelque côté que l'on envisage cette redoutable question, toujours le mot « mort » résonne comme un glas funèbre après chacune de ces études sinistres. La « Magie noire » est donc bien en réalité LA SCIENCE DU MAL : et Satan, — comme nous l'avons lu dans la pièce rimée du Sabbat, — en est le macabre initiateur.

Les « Messes noires », décrites par Huysmans, nous inspirent encore plus de dégoût que les horribles « coutumes » des peuplades nègres ; car ici l'on ne sacrifie que des êtres qui ne sont pas encore tout à fait des hommes ; tandis que, dans « LA-BAS », on insulte cyniquement au sacrifice sublime d'un homme *qui est un Dieu !*

PAGES GRISES

Parmi les phénomènes de la « Magie naturelle », on peut classer ceux du *magnétisme* et du *spiritisme*, qui sont aujourd'hui généralement connus et pratiqués.

Les intéressants ouvrages de Jacolliot sur les prodiges étranges obtenus couramment par les Fakirs de l'Inde, sont dans toutes les bibliothèques, aussi nous ne ferons de cet auteur aucune citation, préférant narrer de l'inédit.

Avant Jacolliot, *le Père Huc*, de la Compagnie de Jésus, nous avait initié déjà à ces mystères de « lévitation », de « dégagements du corps Astral », des longs sommeils cataleptiques, où le patient peut, impunément, demeurer des mois entiers, même si l'on enterre son corps dans les conditions prescrites par le rite spécial des Mahatmas.

Voici comment le Père Jésuite fut initié à ces étonnants prodiges.

A son premier voyage au Thibet, il avait pu, grâces à de puissantes recommandations, se faire admettre dans une *Lamazerie*; un jour, qu'il se promenait avec l'un des bonzes du Temple, en devisant de ces merveilles dont le récit l'avait laissé, lui catholique, un peu douteur, un peu craintif, le Lama s'arrêta brusquement, l'oreille aux aguets ; une voix, inaudible aux sens ordinaires, l'appelait de suite à une Lamazerie éloignée. Il en fit part au Père Huc.

— Mais, — fit celui-ci — il y a loin d'ici à X... et, sans doute plusieurs jours se passeront avant que j'aie le plaisir de vous revoir, et de reprendre avec vous notre très intéressante causerie de tantôt?

— Nullement, reprit l'Hindou, je pense être de retour avant que le soleil se soit couché derrière les rochers de l'ouest. Ne savez-vous donc pas que nous disposons de moyens de locomotion qui vous sont inconnus? Ce n'est pas avec mon corps visible que je vais me rendre où l'on m'appelle, mais seulement avec mon « Corps Astral », et ce dernier franchit les distances avec la rapidité de la pensée.

Revenu de son émotion bien légitime, le Père Huc, — qui déjà avait connaissance de ce phénomène, sans pourtant l'avoir constaté de près, — dit au Bonze :

— Mais pourquoi êtes-vous forcé d'aller là-bas astralement, puisque la voix qui vous a parlé tout à l'heure est audible pour vous à distance?

— C'est, — répondit le bonze, — parce que *ma présence réelle* est nécessaire pour une cérémonie magique dans laquelle je remplis un rôle!

Rentré dans sa cellule, le prêtre Hindou s'étendit sur une natte après avoir fait ses ablutions; et, récitant ses « Mentrams », il perdit connaissance au milieu de l'un des Versets, son corps se raidit cataleptiquement, et son « double Astral », dégagé des liens qui le retenaient captifs aux organes corporels, partit invisiblement comme une flèche dans la direction voulue.

Moins de deux heures s'étaient écoulées que le même Bonze se promenait de nouveau avec son ami, et continuait à l'émerveiller par le récit de choses qui sont, au Thibet, coutumières et, qui, dans notre Occident sceptique et blasé, sont tout simplement traitées de sornettes et de rêves creux.

Un Américain de grand savoir, — M. Marion Crawford, — dont les nombreux et intéressants romans historiques, trop peu lus en France (quoique traduits, pourtant!), font fureur dans presque tous les autres pays civilisés — raconte, dans son premier ouvrage littéraire, intitulé : « M. ISAACS, » qu'un Fakir, — *Ram Lal*, — venait souvent rendre visite, en « Astral », au héros du livre, l'auteur *a vu* le « double » de l'Hindou, « qui », — dit-il, — « me semblait uniformément *de nuance grise*; le visage ayant, à peu de chose près, la même teinte que la tunique flottante portée alors par l'apparition ».

Un autre auteur, peut-être moins connu en France que M. Crawford : — *Bulwer Litton* — a publié un ouvrage magique, intitulé : ZANONI, où deux êtres : *Mejnour l'Ancien*, et Zanoni lui-même, ont tous deux le pouvoir de *se dédoubler* et d'apparaître en « Astral » où ils veulent, et quand ils le veulent.

Il est vraiment dommage que l'auteur de ce livre plus qu'intéressant, après avoir charmé l'esprit du lecteur autant par la magie de son style que par l'exposé des phénomènes étranges que Zanoni, d'abord, et Mejnour, ensuite, produisent fréquemment, ait eu la malencontreuse idée, à la fin de l'ouvrage, de faire intervenir les scènes hideuses de la Révolution française et, après avoir fait de Zanoni plus qu'un homme, arriver à le faire prosaïquement mourir sur l'échafaud sanglant, tout comme un simple Robespierre !

Un riche Anglo-Américain habitant Lahore, — l'antique *Sagala* — avait, un jour de réception, fait venir en son hôtel, pour distraire ses convives, un confrère de « Covindassamy » (le Fakir attitré de Jacolliot).

— Que vas-tu nous faire de nouveau ce soir, — demanda l'Amphitryon au Fakir.

Pour toute réponse, ce dernier, qui depuis quelques instants promenait sur les invités son regard aigu chargé d'effluves magnétiques, désigna de la main une jeune mère tenant sur ses genoux un bébé d'environ deux ans.

« Veux-tu », — dit-il à l'Anglais — « prier cette Dame de me confier son enfant ? »

Quelques minutes après, M. Bébé, confortablement installé sur une pile de coussins, jouait insoucieusement avec son hochet d'ivoire garni de menus grelots d'argent.

Le Fakir était allé s'accroupir en un coin du salon, et, après s'être recouvert d'un châle de nuance sombre, gardait l'immobilité la plus complète.

Les yeux inquiets de l'assemblée erraient de l'enfant à la masse sombre et informe qu'était le Fakir, et du Fakir à l'enfant, se demandant curieusement ce qui allait se passer, quel phénomène étrange allait spontanément se produire.

Soudain l'enfant se leva ; le hochet s'échappa de sa menotte potelée, et ses yeux, qui maintenant avaient une flamme dans le regard, se promenaient sur l'assemblée avec une assurance troublante. Alors, saluant gracieusement, il toussota, puis se mit à débiter un discours en trois points sur les questions les plus transcendantales de la philosophie, et cela d'une voix claire et parfaitement distincte, accompagnant chaque phrase à effet d'un geste sobre et gracieux. Son discours terminé, l'enfant salua de nouveau et se rassit.

Quelques secondes après, apercevant le hochet qui gisait dans l'un des plis du coussin, il le happa, le porta à sa bouche, puis, apercevant sa mère qui lui souriait à travers ses larmes, — tant son émotion avait été grande et son cœur puissamment remué — il courut vivement jusqu'à elle.

Pendant ce temps, le Fakir s'était relevé, et, rendant au maître de céans le vélum prêté, lui dit simplement :

— Tu as vu !...

Dans une petite ville de l'Inde dont le nom importe peu, le gouvernement britannique avait décidé, en 1898, la continuation d'une des larges artères, jusqu'alors inachevée, de la cité ; mais, pour ce faire, on devait démolir une petite Pagode, qui se trouvait juste sur le tracé de la future avenue, et la reconstruire à côté.

Après avoir prévenu à temps le vieux bonze qui desservait ce temple hindou, les ingénieurs se mirent en devoir de le raser. Arrivés aux fondations, les ouvriers démolisseurs constatèrent l'existence d'une sorte de rotonde souterraine qui se trouvait juste sous le chœur du temple démoli. Une porte y donnait accès, mais elle avait été, depuis fort longtemps, murée.

Intrigué, l'ingénieur qui dirigeait les travaux fit faire une brèche au mur d'enceinte, et, armé d'une ampoule électrique, pénétra dans le caveau souterrain.

Au centre, se trouvait un sarcophage, qu'avec de grandes précautions ses hommes descellèrent. Une sorte de momie, parfaitement conservée, s'y trouvait. L'on fit venir immédiatement le vieux bonze qui, après avoir minutieusement examiné le corps, dit à l'ingénieur :

— « Tu te trompes, ce n'est point là une momie ; regarde ; les orifices de la face sont obturés avec de la cire, et le bandeau vermoulu qui recouvre la bouche me fait croire à un fait absolument extraordinaire.

D'après l'examen de ce corps, j'ai l'absolue certitude que cet homme fut, — il y a de cela très longtemps — placé volontairement dans les conditions voulues pour subir l'épreuve de ce sommeil, étrange pour vous autres Occidentaux, mais pour nous, tout aussi naturel que le sommeil ordinaire, et, — ajouta le bonze avec un léger tremblement dans la voix, — il n'est certainement pas mort !

— Que me radotes-tu là ?... — fit l'ingénieur interloqué.

— Je ne radote point, — reprit le vieux prêtre — nos rites affirment que le patient qui se prête à ces sortes d'expériences *ne peut mourir*... que s'il y consent ! Son corps, purifié de toutes souillures internes et externes, est préservé des insectes par l'obturation hermétique de toutes ses ouvertures ; et, avant d'appliquer sur la bouche le bandeau que tu vois, la langue a été retournée dans le pharynx. Du reste, si cet homme était mort, il n'aurait point l'apparence d'une momie ; à l'ouverture du sarcophage, tu n'aurais trouvé qu'un squelette blanchi !

Devant cette affirmation plus que plausible, l'ingénieur, très troublé à son tour, dit au bonze :

— Alors, tu crois que, toujours d'après vos rites, cet homme peut être rappelé à la vie ?

— J'en ai l'intime conviction ! Si tu veux bien m'y autoriser, je vais informer télépathiquement mes chefs supérieurs de ce fait étrange, et je t'informerai de la décision qu'ils auront prise.

Quelques jours plus tard, le collège sacré de la Grande Lamazerie la plus proche s'était réuni, et, avec la pompe voulue en pareil cas, on procéda aux cérémonies d'usage.

Après avoir démoli le sarcophage avec les plus grandes précautions, le corps, maintenant, apparaissait comme étant couché sur une table de pierre.

Grâce à des essences spéciales, les boulettes de cire qui remplissaient les fosses nasales et les oreilles avaient été délicatement enlevées, ainsi que les bandelettes qui retenaient closes les lèvres et les paupières.

Quant aux vêtements légers que portait la pseudo-momie, l'étoffe tombait d'elle-même en poussière, et le corps, en sa saisissante nudité, fut placé dans un bain tiède et aromatisé, pendant que le Grand Lama lui-même, — qui s'était déplacé pour cette exceptionnelle circonstance, — psalmodiait tout haut les « Mentrams » d'usage, dont la puissance évocatrice doit permettre à l'âme absente de réintégrer sa prison charnelle.

Après douze heures de soins et de prières ininterrompues, le patient accusait déjà quelques signes de vie ; une glace posée devant sa bouche s'était légèrement ternie. La vie psychique reprenait possession de ses organes respectifs ; les membres, assouplis maintenant par les bains, ne demandaient qu'à rentrer en fonction. A un moment donné, l'Hiérophante redoublant d'efforts, dirigea sa main vers le sternum du patient, puis vers le front et, — à la grande stupéfaction de l'ingénieur anglais, — la fausse momie, soulevant avec effort ses paupières alourdies par un aussi long sommeil, promena sur l'assemblée un regard interrogateur autant qu'étonné. Le lendemain, l'homme était debout. Huit jours après, il allait et venait, comme tout le monde !

Or, grâce à un rouleau de papyrus admirablement conservé, que l'on avait trouvé dans le sarcophage, le dormeur, — oublié là, sans doute à la suite de quelque invasion — gisait dans ce caveau depuis plus de *vingt-deux siècles*. Il avait été mis en sommeil vers la fin du règne d'Alexandre-le-Grand !...

Deux années plus tard, le « dormeur », — qui avait de suite reconquis toutes ses facultés, et suivi le collège sacré à la Grande Lamazerie, — doué d'intelligence et de mémoire, avait bien vite appris la langue courante du pays.

C'est alors que son récit vint corroborer le peu que les bonzes avaient pu déchiffrer sur le papyrus en vétusté.

Mais, un jour, il vint trouver le Grand Lama et lui dit :

— Je m'ennuie sur la terre, et voudrais m'en aller !

On accéda à son désir.

A un jour convenu, en présence de tous les bonzes assemblés, le mystérieux personnage monta solennellement sur la terrasse du temple. Il s'était, pour la circonstance, revêtu d'une peau d'agneau toute blanche, et ses reins étaient ceints d'une corde en poil de chameau, longue de plusieurs toises. Il fit à tous ses adieux, puis, au milieu d'une évocation, il enroula autour de sa dextre la corde et la jeta en l'air de toute sa force, la corde monta, monta dans le brouillard matinal, se tendit, et, comme attirée en haut par d'invisibles mains, le Fakir fut soulevé en l'air ; en sa mystérieuse ascension, il fit aux bonzes assemblés un dernier signe d'adieu, et disparut dans la brume !

On ne le revit plus, jamais !... — Comme Elie, le prophète hébreu, le mystérieux personnage avait été *assumé !...*

Ceci, est le chapitre spécial des narrations ; nous allons en continuer l'intéressante série, sauf à les commenter ensuite.

Se trouvant un jour à *Goualior*, dans l'Hindoustan, l'ingénieur A. D., toujours à l'affût de faits extraordinaires, et grisé par la lecture des ouvrages de Jacolliot sur les merveilleux prodiges opérés par les Fakirs de l'Inde, avait ouï dire, quelques jours après son arrivée dans cette ville, qu'un Fakir nommé Koum'ra Samy, habitant un petit hameau peu distant de la ville, avait le pouvoir de se rendre invulnérable à une décharge de mousqueterie, lorsqu'il s'était, au préalable, placé dans certaines conditions voulues.

Curieux de vérifier par lui-même ce fait étrange, l'ingénieur fit demander au Fakir un rendez-vous.

Au jour convenu, notre savant, armé d'une excellente carabine à répétition qui, dans les jungles, avait déjà chez les fauves fait plus d'une victime, se présentait à la demeure du sorcier.

Celui-ci l'attendait.

Avant de payer le prix convenu d'avance, notre ami demanda au Fakir s'il pouvait, dans cette expérience, tirer avec sa propre arme. Sur la réponse affirmative qui lui fut faite, il s'exécuta de bonne grâce. Ce prix était d'environ dix francs.

— Peux-tu m'affirmer, dit l'homme, qu'à l'intérieur de ton arme, aucune pièce, utile ou d'ornement, n'est *en cuivre*?

L'arme n'avait, extérieurement, aucun ornement de ce métal, et le démontage de la batterie, exigé par l'expérimentateur comme condition « sine qua non », n'en contenait pas non plus.

— Maintenant, dit le Fakir, déshabille-toi. Il faut, avant l'expérience, que j'aie l'absolue certitude qu'au moment de tirer sur moi, tu ne seras toi-même porteur d'aucune parcelle de ce métal : monnaie de billon ou médailles.

A. D. se rendit à son désir.

Pendant ce temps, le Fakir était entré chez lui et en rapportait plusieurs objets : amulettes diverses, une petite baguette de bambou à sept nœuds et une calebasse contenant du rhum. S'étant placé à environ dix mètres de son habitation, dans un endroit découvert et sans ombre, celui-ci posa ses objets à terre, puis traça avec la baguette un cercle sur le sol, en marquant la circonférence de quatre traits placés aux quatre points cardinaux. Ceci fait, il disposa ses amulettes d'une certaine manière, creusa au centre du cercle un trou avec ses doigts, en récitant ses « Mentrams », puis, versa dans la cavité, le contenu alcoolique de la calebasse, qu'il rejeta ensuite au loin.

Vêtu seulement d'un léger pagne, le buste et les jambes nus, le Fakir s'agenouilla et s'absorba durant l'espace de deux minutes en une profonde méditation. Soudain, il ouvrit les yeux, étendit ses bras en croix, et, toujours agenouillé au centre du cercle magique, il prononça d'une voix ferme le commandement : *Feu !*

Malgré les affirmations réitérées qui lui avaient été faites préalablement, et l'assurance que l'Hindou lui avait donnée que, s'il se conformait strictement à ses exigences, il n'y avait aucun danger à tirer, le cœur de l'ingénieur battait furieusement, et ce n'est qu'après avoir fait un grand effort sur lui-même qu'il épaula son arme, visa la poitrine du Fakir et... fit feu, à dix pas.

Le Fakir se baissa ; et, ramassant la balle qui, mollement, était venue tomber *sur le bord extérieur* du cercle magique, il dit en souriant au tireur, beaucoup plus ému que lui :

— « Viens la prendre, et conserve-la soigneusement ; elle sera pour toi un talisman protecteur (1) ! »

(1) Puisque le mot « Talisman » vient d'être prononcé, nous en profitons pour rappeler au lecteur que si *les reliques* des SAINTS produisent des effets merveilleux comme *cures miraculeuses*, ou comme *conversions subites* et inattendues (qui sont des « cures d'âmes »), il va de soi que les « reliques », les « souvenirs » de personnes criminelles ou vicieuses (*et surtout de celles qui se sont suicidées*, ou qui ont été suppliciées), doivent produire l'effet inverse. En voilà assez, je pense, pour détruire à tout jamais l'inqualifiable et inique crédit que l'on prête, par erreur, à la *corde de pendu*, qui ne peut être qu'un Talisman de malheur ! Rien n'est contagieux comme le mal.

PAGES LUMINEUSES

Après les « pages sombres » qui nous ont succintement démontré quelques-uns des « pouvoirs mauvais, » les « pages grises », qui ont traité de la magie naturelle, — point mixte entre les deux extrêmes — il nous reste maintenant, dans ces « pages lumineuses », à nous ébattre librement dans le domaine des pouvoirs *réels*.

Après la nuit, l'aurore indécise et floue ; après l'aurore, le grand jour. C'est la Loi.

Tout être, venant sur terre, parcourt successivement ces trois phases ; nous naissons dans les ténèbres, et les sens nous subjuguent d'abord de par leur absolu despotisme ; puis, nous sortons de cette fange pour monter d'un octave plus haut ; *la science* vient alors nous éblouir ; puis, un échelon plus haut, c'est l'*art* — péristyle de la Foi — qui nous séduit par la splendeur de son côté idéal.

La science peut être athée, parce qu'elle trouve (ou croit trouver sa raison d'être en elle-même, et c'est là son erreur !) Mais l'art, cette merveille, ce reflet du beau infini dans la matière, a déjà un côté religieux et divin.

Quand un véritable artiste retombe dans la fange du vice, c'est qu'il n'était qu'un artiste incomplet !

A l'octave au-dessus, nous entrons en plein dans le domaine lumineux de *la philosophie religieuse*, qui est, comme on le sait déjà, la synthèse de la foi et de la science.

Nous avons lu, dans les pages qui précèdent, la description écœurante de ces êtres pervers qui, par orgueil, veulent saisir en leurs mains débiles et criminelles le « sceptre » sacré du pouvoir, sans l'avoir mérité autrement que par des blasphèmes, des crimes et des ignominies de tous genres ; les malheureux, trompés par l'illusion mentale émanée de l'esprit du mal, ont cru s'emparer du sceptre, tandis qu'ils ne saisissaient que *son ombre renversée* par le reflet trompeur d'un mirage ; — comme un enfant qui voudrait saisir la Lune dont le disque argenté se reflète dans un miroir !

Puis, nous avons parcouru la double phase de la magie naturelle, sombre d'un côté, semi-lumineuse de l'autre, comme tout objet qui s'interpose entre un foyer de clartés et son cône d'ombre.

Nous avons lu les intéressants prodiges des Fakirs Hindous, et des sorciers féticheurs. La Bible elle-même, — ce livre trois fois sacré — ne nous parle-t-elle pas des sorciers des Pharaons, imitant presque tous les prodiges de l'Archi-Mage, du Prophète des Hébreux, de *Moïse* qui, dans les gorges du Sinaï, en même temps qu'il évoquait l'AOUR (1), fabriquait aussi les lingots d'or vierge devant servir à l'ornementation du Tabernacle ?

On peut tout imiter ! Simon-le-Magicien ne s'était-il pas, lui aussi, élevé dans les airs, comme le présomptueux Icare, à la grande joie de la foule admiratrice, et criant au miracle ? Que fallut-il donc à cet orgueilleux magicien pour être vaincu ? L'humble prière d'un apôtre ; et la cire de ses ailes postiches se fondit, et le faux-puissant vint en tournoyant s'abîmer contre le sol !...

Que les Fakirs Hindous élèvent leur corps matériel à la hauteur d'un palmier ; que certains d'entre eux puissent se faire enterrer vivants durant six mois, sous un champ de céréales, ou que d'autres — ayant été préalablement placés dans les conditions voulues — ressuscitent après vingt-deux siècles d'un sommeil léthargique, qu'y a-t-il en cela de plus mystérieux que le mystérieux sommeil de la dormeuse de Chenelles qui, depuis bientôt vingt ans est en léthargie naturelle ?

Qu'un autre Fakir ait l'étrange propriété d'apparaître en « Astral » comme les Mages *Zanoni* et *Mejnour* du bel ouvrage de Bulwer Litton, ou *Ram-Lal* de Craw-ford ; encore, comme

(1) La lumière astrale supérieure.

Covindassamy le Fakir Tamoul, dont parle Jacolliot dans ses récits sur l'Inde, provoque le phénomène étrange de faire produire à une graine de Manguier plantée devant tout le monde, en du terreau frais, une tige, des feuilles, des fleurs et des fruits, en un espace de temps relativement court ; que ce même Fakir déplace des objets très lourds sans les toucher, ou se fasse charrier lui-même sur un tabouret sur lequel il se tient accroupi, les jambes croisées à la mode orientale ; qu'est-ce que cela prouve, et à quoi toute cette fantasmagorie, absolument réelle cependant, peut-elle être *utile*, si elle ne nous fait pas communier avec les lois éternelles de la nature et si elle ne nous rend pas meilleurs ?

Pour ma part, j'avoue que l'homme qui, par des manœuvres subjectives, ou objectives (respiration savamment rythmée, ou concours de forces hétérogènes appartenant au monde de l'invisible), s'élève en l'air à l'instar de Simon le mage, ne m'étonne pas plus que l'acrobate qui, dans nos Music-Halls, s'élance du sol, et, avant de toucher le tapis de la scène, décrit un double saut périlleux !

Ces deux sortes d'exercices dépendent d'une source unique : *l'entraînement*, psychique d'un côté, exclusivement corporel de de l'autre.

Que sont donc, — au point de vue moral — toutes ces jongleries, toutes ces curiosités vulgaires de troisième ordre, ces « bagatelles de la porte », — comme l'on dit, à côté du spectacle *vrai*, offert au *vrai* public QUI A PAYÉ avant d'entrer au théâtre ?

Du vent, du trompe-l'œil, du mirage faux, et de l'illusion pure !

— Dans une ville de Normandie — à Caen, je crois, — une pauvre mendiante se tenait humblement sous le porche de la cathédrale ; elle était là, étés comme hivers, n'ayant jamais osé franchir le seuil du temple à l'heure des offices, de crainte que ses vêtements, défraîchis et en lambeaux, ne fussent un objet de scandale aux bourgeois aisés qui venaient, le dimanche, assister aux offices, flanqués de leur famille plus ou moins nombreuse, sous leurs plus riches atours.

Un honnête et pieux commerçant de la ville était arrivé, à force de précautions aussi charitables qu'adroites, à faire accepter durant un hiver rigoureux, — et par l'entremise de son épouse — des bas de laine et des vêtements plus chauds, à la mendiante qui, aux yeux de tous, visiblement grelottait.

Un jour, l'humble pauvresse, avertie par sa lumière intérieure, leva ses yeux —depuis longtemps accoutumés à ne regarder qu'en dedans — sur son bienfaiteur qui passait devant elle.

— Monsieur, — lui dit-elle timidement, — il y a plusieurs jour que Madame ne vient plus à l'Eglise ; serait-elle absente ou malade?

— Elle se meurt ! — répondit simplement le Monsieur, avec des sanglots dans la voix.

— Homme de peu de foi ! — clama la mendiante en redressant subitement sa taille affaissée ; — depuis quand donc la prière n'est-elle plus *toute-puissante* ?... Et, plongeant son regard vague, mais étrangement lumineux dans l'intérieur du temple, vers l'autel de Marie, elle fut ainsi, quelques minutes, comme en extase ; puis, défaisant lentement et avec componction des vieux gants fanés et reprisés (qu'elle portait par mortification, depuis qu'un jour, un peintre nomade l'ayant rencontrée sur la grand'route, lui avait offert deux francs pour peindre ses mains aux formes patriciennes — la main révélant toujours l'état psychologique d'un sujet — et n'ayant plus voulu voir ces mains « trop belles », de crainte qu'elles ne lui fussent un sujet de vanité) — les tendit majestueusement à l'homme qui pleurait, en lui disant :

— « Sitôt rentré, passez aux mains de la malade ces gants, témoins de ma pauvreté et de mes humiliations : si la sainte Vierge le veut, ils pourront peut-être apporter une amélioration à l'état de votre chère femme ! (1) »

(1) *Les gants de la mendiante*, par M. Venet, dans l'*Illustré pour tous*, 9e année.

De retour chez lui, le premier soin du Monsieur en question fut de passer aux doigts déjà diaphanes de l'intéressante malade, les gants miraculeux. Presque aussitôt, elle s'endormit d'un sommeil calme et réparateur. A son réveil, deux heures plus tard, elle appela son mari, l'embrassa en souriant joyeusement, et lui dit : — « Je suis guérie, et j'ai faim. » — Elle se leva, mangea comme tout le monde et, depuis lors, ne se ressentit plus jamais d'aucun malaise grave !

N'avons-nous pas dit déjà que la Foi répond à *la vie* DE LA VIE ?

Pauvres Fakirs ! quels que soient vos *pouvoirs* « magnétiques » ou autres, combien vos prodiges sont mièvres à côté de ceux qu'accomplissait, au siècle dernier, le plus grand, le plus puissant Thaumaturge des temps modernes !

Nous voulons parler de l'humble et saint CURÉ D'ARS.

— *Jean-Baptiste-Marie* VIANNEY, appelé communément « le Curé d'Ars », était né à Dardilly, — bourg assez important du département du Rhône — le 8 mai 1786, vers l'heure de minuit — l'heure des Messies ! Dès sa plus tendre enfance, il manifestait un penchant marqué pour la prière, — la *force forte* par excellence — et, après avoir entrevu sur le plan divin le royal sacerdoce qui l'attendait, il entra dans les Ordres en 1815, et, trois années plus tard, fut nommé prêtre en la petite commune d'*Ars* du département de l'Ain.

Jusqu'en 1860, c'est-à-dire pendant *quarante-deux années*, la vie du saint prêtre ne fut qu'une succession non interrompue de prodiges, tous plus stupéfiants les uns que les autres : conversion des habitants du village d'Ars, — qui, avant son arrivée, étaient, à peu près tous, des sceptiques ou des incrédules, — conversions spontanées de milliers d'êtres des deux sexes qui, une fois sa réputation établie, venaient en foule à Ars par dilettantisme ou par curiosité ; domination des volontés rebelles ; cures miraculeuses *surtout* ; prodiges matériels que nos sceptiques d'aujourd'hui traiteraient avec un méprisant sourire en les qualifiant de « Contes de bonnes femmes ».

Qu'il nous soit permis, pour la justification de notre dire, de citer quelques « attestations » formulées, sous la foi du serment, par des témoins oculaires (1).

« Pendant l'octave de la Fête-Dieu, de l'année 1856, un cultivateur d'Ars qui, malgré les objurgations du saint prêtre, s'obstinait à vouloir travailler le dimanche, voulant conduire ce jour-là un tombereau de fumier dans les champs, était obligé de passer devant l'église pour sortir du village et arriver à sa propriété. La messe en était alors au moment sacré de l'élévation. Arrivés en face du porche, les chevaux, comme s'ils eussent vu devant eux une muraille, refusèrent d'avancer malgré les jurons de leur propriétaire et les coups redoublés dont ils furent bien innocemment gratifiés. Force fut au charretier de se rendre à l'évidence, et,tout penaud, attiré du reste par une force attractive dont il ne se rendit compte qu'après coup, il entra machinalement à l'église malgré son accoutrement plutôt sordide, et béat, ne put quitter le temple que lorsque, l'office terminé et les fidèles étant tous partis, le saint curé, qui le guettait du coin de l'œil à sa sortie de la sacristie, vint amicalement lui taper sur l'épaule, et souriant, lui dit :

— « Eh bien ! vous avouez-vous vaincu, maintenant ? »

Depuis lors, le brave cultivateur récalcitrant fut assidu aux offices, et jamais plus l'idée ne lui vint de vouloir travailler le dimanche !

A nous lire, certains lecteurs pourraient peut-être supposer que ces lignes, — fleurant la sacristie — nous ont été dictées dans un but de propagande cléricale. Il n'en est rien ; la véritable religion n'a rien de commun avec le cléricalisme.

(1) *Vie du saint curé d'Ars ;* — Bureau des *Annales de la Sainteté*, 73, rue de Vaugirard.

Semblable à l'abeille qui sait recueillir sur toutes les fleurs le pollen ou le miel que la nature leur a donnés, nous prenons la vérité partout où elle se trouve, aussi bien dans la *Bible* que dans le *Coran* ; dans les romans mondains, comme dans les pages lumineuses d'Homère. La vérité est *une* ; semblable à la Lumière (qui serait invisible sans l'ombre qui lui sert de repoussoir), elle peut, en passant par le prisme de l'analyse, épouser les sept nuances accusées par l'Arc-en-Ciel.

L'erreur de l'humanité, en matière de foi, de science ou de philosophie, est de vouloir se fixer uniquement *sur l'une* de ces sept nuances.

Il ne faut jamais confondre les *nuances* avec LA LUMIÈRE, ni les fractions avec l'unité ; de même que les trois couleurs fondamentales, et les quatre nuances complémentaires, ne donnent une idée vraie de la Lumière unique que si elles sont totalisées, de même aussi, les croyances et les connaissances intellectuelles ne s'unifient qu'en se synthétisant dans l'unité-principe qui est la Philosophie.

En notre qualité de penseur éclectique, il nous est bien permis, ce semble, de parler des religions, puisque, — comme nous l'avons expliqué déjà, et comme nous ne saurions trop le répéter, — la vraie philosophie est la radieuse clarté qui surgit du contact de *la foi*, pôle positif, avec le pôle négatif de *la science ;* et puis, le saint prêtre, dont nous nous plaisons à faire l'apologie dans ce chapitre spécial, n'a rien à voir avec l'intransigeance cléricale, et la preuve c'est, malgré que la splendide envolée de l'âme divine de ce nouveau Messie remonte au 3 août 1859, « nous ne croyons pas qu'à l'heure où nous écrivons ces pages (toutes palpitantes encore de la vie exemplaire de cet homme supérieur), en l'an de grâce 1901, le haut clergé lui ait rendu la justice de le béatifier, alors que, dès son arrivée dans les cieux supérieurs, les Anges ses frères spirituels, le reçurent à bras ouvert et lui donnèrent triomphalement l'accolade des Elus !

*
**

Voici un phénomène de « lévitation » raconté par le saint curé. «... Pas plus loin qu'hier soir, il y avait des troupes de « démons » qui secouaient ma porte ; ils parlaient entre eux comme une armée de cosaques. Je ne comprenais pas un mot de leur jargon. Au milieu de la nuit, je m'éveillai en sursaut et me sentis *levé en l'air*. Je m'armai vivement du signe de la croix, et *le grappin* (c'est ainsi que le saint prêtre dénommait l'esprit du mal) me laissa enfin tranquille. »

Il serait fastidieux de vouloir énumérer ici le nombre des cures miraculeuses qu'il produisit durant les quarante-deux années de son apostolat ; cependant, nous ne pouvons résister au désir de narrer celle-ci :

Alors que, déjà, la renommée du Saint s'était répandue sur toute l'Europe, — comme, aux soirs de printemps, le parfum suave d'un massif de tilleuls fleuris se répand par toute la ville, — la petite église du village d'Ars, étant beaucoup trop petite pour contenir les milliers de pieux visiteurs accourus de tous les pays, l'on se casait comme on pouvait, ou dans l'église même, ou sur son parvis, ou dans les rues environnantes.

Un pauvre petit garçon d'une douzaine d'années, noueux, bancal et rachitique, avait, après deux jours d'attente passés religieusement sur les marches de l'église, pu se glisser jusqu'à l'entrée de l'un des derniers bancs, afin de pouvoir être vu du saint curé, lors de son entrée à l'Eglise. Il avait même, audacieusement, tiré l'apôtre par sa soutane, et, d'une voix dolente, lui avait demandé sa bénédiction et... sa guérison.

Le saint curé, ayant vu l'état lamentable du pauvre enfant, lui dit :

— « Mon petit ami, si vous voulez guérir, il faut faire une neuvaine à sainte Philomène ! »

La « neuvaine » terminée, l'enfant de nouveau s'arrangea

pour se faire remarquer au milieu de la foule houleuse, et y étant parvenu, dit au prêtre :

— « Eh ! mon père, j'ai fait, comme vous me l'aviez recommandé, une neuvaine à votre grande Sainte, et mon état ne s'est point amélioré !...

Le prêtre alors, avec sa voix d'Ange, lui dit : « Tu as donc bien envie d'être guéri ?... »

— Oh ! oui, monsieur le curé, — fit l'enfant.

— Eh bien ! mon cher petit, — dit le Saint, — *lève-toi et marche*.

Et l'enfant, tout joyeux, se leva, toutes ses terribles infirmités ayant instantanément disparu !

« Dans la personne du curé d'Ars » — écrivait un pèlerin — il y avait un *je ne sais quoi* qui *captivait* et *absorbait*, au point qu'on oubliait, près de lui, les choses les plus nécessaires à l'existence. »

Indépendamment du *don de guérir* que le curé d'Ars possédait à un si haut degré, — guérison des âmes encore plus que des corps — il se produisait aussi sur lui et autour de lui d'étranges phénomènes qui font songer à la Spagirie de Paracelse.

« M. le curé » — écrit Catherine Lassagne — « nous a dit : — Il m'est arrivé aujourd'hui une chose singulière et dont j'ai ri tout seul : je me suis aperçu que ma bourse grossissait, grossissait... J'y ai trouvé une poignée d'écus et un louis double. — Ce n'est pas la première fois que cela m'arrive. »

Un certain jour, M. l'abbé Tailhades rencontra M. Vianney, qui lui dit : « Je suis bien ennuyé, je dois plus de trois mille francs ! »

— Allez, monsieur le curé, lui répondit l'abbé, soyez tranquille, le bon Dieu arrangera tout cela !

Le lendemain, M. le curé lui dit : « Eh bien ! nous avons trouvé de l'argent, beaucoup d'argent ! J'étais, ce matin, *tout cousu d'or* (1). Le poids en était si lourd que j'avais de

(1) Phénomène d'Alchimie spontanée, éclos sous la puissance du mérite !

la peine à marcher. Mes poches ballottaient et j'étais obligé de les soutenir de mes deux mains. »

On demeure stupéfait en pensant que ce saint homme, le plus pauvre de tout son village, après avoir pourvu à tant de besoins et soulagé tant de misères, ait pu encore employer *deux cent mille francs* à fonder des missions, et *quarante mille* autre francs à fonder mille anniversaires de « messes » à différentes intentions.

Ce n'étaient pas seulement les croyants de tous pays qui se multipliaient magiquement sous l'influence de son Verbe fécond, mais aussi, — comme on vient de le lire — l'or de sa bourse et même, d'autres fois, *le blé* dans son grenier et *la farine* dans le pétrin de son orphelinat.

Un autre jour, que Catherine Lassagne, — une sainte fille que le curé d'Ars avait placée à la tête de sa maison de refuge — était venue le prévenir que la provision de blé touchait à sa fin, le vénérable prêtre, dans sa confiance sans borne en la Providence, alla, ingénument, cacher sous le peu de froment qui restait, une relique de saint François Régis ; puis, se rendit à l'église pour prier.

Quelques heures plus tard, Catherine, accompagnée d'autres témoins oculaires, arrivait tout émotionnée près du curé : « Oh, monsieur le curé ! le grenier au blé, vide encore tout à l'heure, est maintenant tellement rempli de beaux grains dorés que l'on peut à peine en fermer la porte ! »

Une autre fois, c'est la farine qui manquait.

— « Délayez toujours le levain » — avait recommandé le Saint — « et utilisez le peu de farine qui reste. »

Mais, ô prodige ! au fur et à mesure que Catherine pétrissait, la farine augmentait de volume, si bien qu'après avoir désespéré au début de pouvoir faire seulement une miche, ce jour-là, elle en fit huit ; « et jamais — disait-elle — le pain ne lui avait semblé aussi savoureux. »

Et toutes ces choses invraisemblables, ces faits extraordinaires que l'on nomme improprement « miracles », se sont produits autour de la personne auguste du thaumaturge, durant un grand nombre d'années, et des personnes dignes de confiance les ont vus et attestés sous la foi du serment.

Rien n'est impossible à l'homme qui prend la charité pour guide de ses actes ; son espérance étant une permanente sollicitation, elle obtient d'autant plus qu'elle demande davantage.

Les trésors providentiels sont à la merci de qui veut y puiser à pleines mains.

*
* *

Nous venons de passer en revue, succinctement, l'histoire de la Magie ; nous l'avons étudiée sur le plan inférieur ou démoniaque, chez les sorciers féticheurs ; sur le plan mixte ou intellectuel, chez les Fakirs ; et sur le plan spirituel, chez les *Kadochim*, ou Saints.

Qu'est-ce donc que la Sainteté ?

C'est la fin dernière où l'être intelligent et libre doit forcément aboutir ; c'est la maturité de la conscience, laquelle donne, naturellement, l'éclosion des pouvoirs supérieurs et divins ; de même que, parmi les végétaux, la maturité de la fleur ou du fruit amène, avec la saveur, l'émanation des divers aromes.

Dans la nature, c'est l'électrité qui préside à *la forme*, au développement complet des êtres et des choses ; *la chaleur* influe sur leur durée, sur la longévité de leur existence ; mais, c'est *la lumière* qui développe leur saveur et leur parfum, principe suprême qui n'appartient qu'à *la maturité*.

« L'humanité, dans l'homme, ne commence qu'avec le désintéressement » — dit Amiel. L'Angélité, dans l'homme, prend naissance dans le plein épanouissement de sa conscience.

Il n'est pas besoin, pour atteindre à ce but suprême, d'une érudition étonnante, ni d'une phénoménale mémoire ; la clé de la Magie de Lumière se peut inscrire sur l'ongle d'un enfant. La Magie étant le plus parfait état de la vie dans les trois mondes, sa formule peut se résumer par trois mots faciles à retenir : — Santé, Gaieté, Bonté.

— La santé est la plénitude de la vie matérielle.

— La gaîté n'est autre que la santé de l'intelligence.

— Et la bonté, — manifestation de nos qualités morales, — est en réalité comme le parfum du cœur, l'arôme divin qui attire et retient les sympathies, le charme suave et émouvant, qui place l'homme au-dessus de l'humanité terrestre, en le faisant communier avec les Esprits supérieurs.

— Lamartine a dit : « La bonté, c'est la vertu toute faite ! »

HYGIÈNE OCCULTE

— Rien n'est contagieux comme le mal !

Nous allons, dans ce chapitre, toucher à des choses d'un ordre tellement intime, que nous sommes obligé, avant d'aborder ces sujets délicats, de prier nos aimables lectrices de ne point se choquer de nos révélations, et cela, au nom de la vérité.

Puisqu'à la lecture des « pages sombres » qui précèdent, nous avons pu nous convaincre qu'il est des êtres pervers qui font *le mal pour le mal*, notre droit strict est de connaître la nature de ce mal ; notre devoir, de nous en garer dans la mesure du possible.

Ce n'est pas seulement vis-à-vis des sorciers féticheurs que nous devons nous tenir en garde, mais aussi contre toute personne mal intentionnée, hargneuse, envieuse et vindicative. Toute pensée mauvaise dirigée contre nous est une arme qui nous peut blesser. Soyons donc circonspect, et évitons, autant que faire se peut, les colères, les rancunes, la vindicte publique et le blâme mérité.

Ceci fait partie de l'hygiène morale.

Il y a toujours un danger réel à braver l'opinion des honnêtes gens. Dans ce cas, c'est la personne fautive qui « s'envoûte » elle-même et qui *s'enlise* dans un courant astral plus fort que le sien.

« Les sorciers » — dit Eliphas Lévy — « empoisonnent leur vouloir par des conjurations blasphématoires et par des cérémonies criminelles, horribles et répugnantes, au point de le rendre *venimeux* même à distance. »

Pour se préserver de tout acte maléfique, la plus élémentaire de toutes les précautions à prendre serait de ne rien laisser perdre *des choses* qui nous ont *touché* ou *appartenu*.

Une blanchisseuse vindicative peut maléficier notre linge avant de nous le rendre ; un serviteur malveillant peut attacher à nos vêtements hors d'usage une pensée mauvaise ou criminelle. Eh ! que dirons-nous donc des cheveux, de la barbe, des dents gâtées et des rognures d'ongles, que nous laissons, sans y penser, un peu partout (1) !

Il est vrai que si, dans le courant des affaires quotidiennes, il fallait prendre toutes ces précautions, la vie deviendrait insupportable ; en dévoilant ces arcanes magiques, en voulant les éviter à tout prix, ou en y attachant trop d'importance, on se crécrait alors un mal plus réel que ceux que l'on voudrait éviter.

Si, dans certains cas, il est bon de connaître ces mystérieux dangers, il faut s'empresser *de les oublier bien vite*, car la plus puissante de toutes les cuirasses contre le mal, c'est *de vouloir nier le mal !*

Nous parlons ici, — cela va de soi — du mal objectif. Quant au mal abstrait, au mal en lui-même, celui-là, il faut à tout prix le connaître ; sans cela, comment pourrions-nous l'éviter ? En morale, la première de toutes les conditions, c'est de *voir* le mal.

Il est des personnes inconscientes qui commettent des atrocités sans s'en douter. La lumière qui nous montre le mal, c'est notre conscience. Celui qui regarde le mal avec la lorgnette de son imagination trompeuse, peut le voir rapproché et grossi, alors cela produit le scrupule ; si, au contraire, on le regarde avec le gros bout de la lunette, il devient, en s'éloignant et en diminuant, de l'hypocrisie pure. Il faut voir le mal *tel qu'il est*.

Quant au mal objectif, il est certain que plus un être est vi-

(1) Et nous devons ajouter : qu'il est même dangereux de jeter au feu. Un dicton populaire dit : « Cracher dans le feu fait devenir poitrinaire, et jeter au feu ses démêlures, rend chauve. »

cieux, et plus il est porté à croire que les autres le sont aussi. Celui qui n'a plus le mal en soi, ne le suppose pas chez autrui !

« La faiblesse » — dit Eliphas Lévy — « sympathise toujours avec le vice, parce que le vice est une faiblesse qui se donne l'apparence d'une force. Quand vous n'obéirez plus aux forces fatales, les forces fatales vous obéiront. » Or ce qu'Eliphas nomme : les « forces fatales », ce sont nos passions, qui aliènent notre libre arbitre et, lorsqu'on leur cède, nous enchaînent sous leur humiliant esclavage ; la vraie *liberté* consiste non seulement à s'affranchir du joug honteux des passions animales, mais encore *à ne rien désirer* et *à ne rien craindre*. C'est la liberté, cuirasse étincelante et invulnérable, qui garantit l'être, qui l'a conquise par d'incessants efforts, contre toutes obsessions et contre tous maléfices.

Le mal avons nous dit, se manifeste de deux manières : soit en empêchant le bien de venir à nous, soit en le détruisant quand nous l'avons acquis ; le bien se comporte de la même manière, il y a une force qui empêche le mal d'arriver jusqu'à nous, c'est *l'hygiène* (morale ou physique) ; et une autre force qui détruit le mal qui est en nous, c'est *la thérapeutique*. Préserver et guérir, tels sont les attributs du bien ; telle est la « Magie » comme nous la comprenons.

Nos deux chapitres, sur la Physiognomonie et la Chirognomonie, n'ont pas seulement pour but d'étonner, d'amuser ou de convaincre ; nous avons voulu donner au lecteur un aperçu des formes inharmoniques qui, chez les animaux comme parmi les hommes, sont toujours la manifestation extérieure de vices cachés et de tares morales.

En décrivant, dans un autre chapitre, les « Signatures Astrales », c'est encore le même but utile que nous avons poursuivi.

Soyons donc attentifs à ne jamais mal placer notre confiance, car il est, en réalité, des gens *qui portent malheur*, aussi bien dans la basse classe des inévitables et peu intéressants domestiques d'aujourd'hui, que parmi nos relations mondaines.

L'œil, on le sait, est le miroir de l'âme, défions-nous des personnes qui, en nous parlant, ne nous regardent pas en face ; tout regard fuyant décèle une âme fuyante et perverse.

Toute bouche aux lèvres minces et tordues (comme la gueule des reptiles) indique une âme venimeuse.

Tout front fuyant est un signe de malveillance.

L'on ignore généralement que des aliments, préparés par un chef ou par une cuisinière vindicative ou haineuse, peuvent amener des maux d'estomac, et même provoquer à la longue des désordres nerveux dans cet organe essentiel ; qu'une nourrice peut rendre malade l'enfant à qui elle donne le sein, si elle a contre ses maîtres une animosité justifiée ; qu'une garde-malade malveillante peut contaminer fluidiquement par son contact, son regard ou ses imprécations, les remèdes confiés à ses soins, lesquels, au lieu de produire les effets curatifs qu'en attend le docteur, seront au contraire, pour le patient qui les ingérera, de véritables poisons fluidiques !

Que dirions-nous donc alors du baiser et des rapports intimes?... Mais la prudence nous empêche d'aller plus loin ; car indiquer le mal serait peut-être *inciter* au mal ; et nous craignons, par ces révélations glissantes et dangereuses, d'en avoir déjà trop dit !

THÉRAPEUTIQUE

« Excelle, et tu vivras. »

JOUBERT.

La triple vitalité de l'homme pouvant être atteinte dans certaines circonstances, en ses centres intimes, demande nécessairement pour chacun d'eux un traitement tout spécial.

Nous pouvons être malade moralement, intellectuellement et physiquement. Dans le premier cas, on doit employer *les consolations* toujours éminemment *vitales* ; dans le second, faire luire *le Soleil* de la Vérité ; dans le troisième, se baser sur l'analogie *des formes*.

« La médecine occulte », — dit Eliphas Lévy, — « n'est autre que la mise en œuvre du magnétisme spirituel. »

Les « scientistes chrétiens » ont parfaitement compris cet axiome, et, dans leurs cures merveilleuses, c'est *lui* qu'ils mettent en pratique, — et chacun peut, s'il le veut, en faire autant qu'eux.

Les guérisons miraculeuses, obtenues par le Curé d'Ars, provenaient de sa sainteté même ; la pureté attire la lumière, et la lumière c'est l'épanouissement de la vie.

Tout est possible à celui qui croit et qui espère !

La thérapeutique occulte est exclusive de toute médicamentation vulgaire : la pensée, les paroles et les insufflations lui suffisent le plus communément. De par sa projection astrale, le Thérapeute communique une vertu variée aux choses les plus simples : eau, vin, huile, camphre ou sel. C'est *la direction d'intention* qui fait agir le spécifique sur tel ou tel organe.

L'insufflation est l'une des plus importantes pratiques de la médecine occulte ; le souffle chaud est positif, il convient dans tous les cas de prostrations, d'atonies, de faiblesses, de paralysies ; en un mot, quand il y a *de la vie en moins*. Le souffle froid, au contraire, combat *la vie en trop*, depuis la simple colère, qu'il fait instantanément tomber, jusques aux dangereux cas d'engorgement des vaisseaux sanguins, dont la pléthore peut produire l'asphyxie foudroyante.

Toutes les maladies peuvent se réduire à deux : manque ou stagnation des fluides, et leur excès ou leurs mouvements désordonnés.

D'après l'énorme influence qu'a le moral sur le physique, on se trouvera toujours très bien d'influencer harmoniquement le moral d'un malade, quelle que soit la gravité du mal organique qui le fasse souffrir. En médecine surtout, il ne faut pas oublier que c'est la foi qui sauve !

C'est en agissant d'abord sur l'imagination du malade que tout traitement intelligent doit commencer, parce que l'imagination est l'*âme des organes* ; c'est elle qui commande aux sens ; elle qui régit la machine humaine tout entière.

Quelle que soit la gravité de son mal, un malade qui se croirait guéri, irait rapidement vers la guérison ; tandis que celui qui se frappe est un homme mort. Dans les temps d'épidémies, la peur tue plus de monde que le fléau lui-même.

Vous qui désirez devenir thérapeutes, ayez *l'intention* de soulager ceux qui souffrent, et vous les guérirez réellement.

« Toute la puissance du guérisseur, » — dit encore Eliphas, — « est dans la conscience de sa volonté ; et tout son art consiste à produire la foi chez son malade. Plus un remède est ridicule ou bizarre, plus il impressionne l'imagination du patient, et mieux il réussira, car l'Imagination est intimement liée à la Lumière Astrale ».

L'homme étant la synthèse des règnes animal, végétal et minéral, qui sont au-dessous de lui, doit, dans la médecine ordinaire, choisir avec soin, parmi ces trois règnes inférieurs, ceux qui sont analogues à l'organe malade, et cela en se basant sur cet axiome magique :

TOUT OBJET, AYANT UNE FORME OU UNE COULEUR SIMILAIRE A L'UN DE NOS ORGANES, A POUVOIR SUR CE MÊME ORGANE.

Le phosphate de chaux agit sur les os ; la moelle des animaux peut guérir les maladies de la moelle épinière, soit qu'on l'ingère ou qu'on l'emploie en frictions ; le sang refait du sang ; rien n'est puissant, dans les cas d'anémie, comme *l'hémoglobine.* Si j'étais médecin, je ferais manger des cervelles d'animaux aux enfants dont l'intellect est peu développé ; des cœurs, aux personnes souffrant de cet organe, et des « tripes » à la mode de n'importe où, contre l'inflammation des intestins.

J'ai connu une dame dont un poumon était attaqué, qui s'est parfaitement guérie en déjeunant de « mou » avec ses chats.

Sans vouloir nous lancer dans les théories toujours un peu fantaisistes de la « Macrobiologie », nous conseillerions volontiers, aux personnes désireuses de vivre très âgées, de se nourrir souvent de bouillon de corbeaux.

Quant aux viveurs dont la dépense de fluide nerveux est toujours exagérée, au lieu des procédés de Brown-Séquard, qui ne conviennent point aux tempéraments nerveux (que la simple piqûre peut faire syncoper), pourquoi ne pas leur recommander les laitances du hareng ? De tous les animaux de la création, le poisson est, sans contredit, le plus prolifique, et l'on peut dire, sans crainte d'errer, que parmi ceux-ci le « hareng » détient le record ; sa laitance est presque du phosphore pur.

Je conseillerais aussi, aux neurasthéniques, tous les cryptogames comestibles, qui ont la singulière propriété de se reproduire de par leurs épluchures seulement, tellement est intense en eux la puissance vitale.

A ne considérer, parmi les végétaux, que *leur forme,* l'on peut, d'après l'axiome cité plus haut, inférer que si *les pleurs* de la vigne sont favorables aux yeux qui ont trop versé de larmes, c'est que l'analogie le veut ainsi. Qui sait si un grain de raisin écrasé et appliqué sur la prunelle de l'œil — qui a la même forme que lui — ne résoudrait pas une cataracte ? *Le lichen* n'agit sur le poumon que parce qu'il en rappelle la forme !

Ce que nous désirons, c'est mettre seulement les chercheurs sur la voie toujours si féconde de l'analogie des formes ; il y aurait certainement tout un volume à faire sur cette très intéressante question, mais le cadre de cet ouvrage ne nous permet point les trop longues digressions, et nous laissons à plus érudit que nous, le soin de classer ces recherches et d'en diffuser utilement les diverses applications.

Rappelons, seulement pour mémoire, que si *le pavot* — attribut de Morphée — agit aussi puissamment sur le cerveau, soit en provoquant le sommeil, soit, de par l'opium — son dérivé — en amenant devant le miroir de l'imagination des visions plus ou moins fantastiques, c'est que sa capsule a la forme *d'une tête* humaine.

Ces rapprochements plausibles des formes végétales (ou autres), en harmonie avec la forme de nos organes, ont été soigneusement étudiés et mis en pratique par PARACELSE. C'est lui qui guérissait les gerçures si douloureuses qui surviennent aux « bouts de seins » des nourrices, avec *des fraises* écrasées ; les accidents vénériens, avec *l'asperge*, pour les hommes, et l'huître crue pour les femmes ; il dissolvait les varicocèles par l'application, sur les parties malades, d'une ou plusieurs *prunes d'Agen* ; enfin, c'est à lui que nous devons de combattre efficacement le *ténia* par les graines de courges, parce que cet incommodant et dangereux parasite n'est, en réalité, qu'un long chapelet d'ellipses ayant exactement la forme de cette semence.

Après la magie des formes, nous voudrions aussi parler de la Magie des couleurs.

L'on sait déjà que la couleur violette est éminemment thérapeutique. Cette nuance, formée de rouge, symbole de la chaleur, et de bleu, symbole de l'électricité positive, produit, sur celui de nos organes où son rayon est projeté, le même effet qu'un morceau de métal qui serait, en même temps, chauffé et électrisé ; elle active la circulation, la respiration, et la digestion ; dissout l'engorgement des tissus, tonifie les muscles, et détend les nerfs ; elle est éminemment vivifiante et ses effets bienfaisants sont ressentis, non seulement par l'organisme animal, mais aussi par les végétaux, qui croissent plus vite et mieux sous son influence que sous tous autres verres coloriés.

Pour obtenir facilement ce rayon curatif, il suffit d'epingler à une vitre, exposée au grand soleil, un morceau de satinette de cette nuance, et d'en recevoir la douce et bienfaisante lumière sur la partie douloureuse ou malade. Il soulage et guérit les obstructions des fluides, et, dans les accès si douloureux de la goutte ou du rhumatisme, les patients en éprouvent toujours du soulagement.

La couleur rouge, seule, a la vertu de procurer de la chaleur. On dit que les typographes russes s'enveloppent les jambes, l'hiver, avec de vieux journaux, pour se garantir du froid ; s'ils se servaient de papier rouge, l'effet obtenu serait bien plus considérable encore. Pierre Le Clerc, ancien bénédictin et Astrologue de Napoléon 1er, une fois installé aux Tuileries par les soins bienveillants du Monarque, ne sortait jamais qu'enveloppé dans une ample pelisse écarlate ; le frileux et savant nonagénaire savait très bien que la nuance de son manteau écartait plus sûrement l'âpre morsure de la bise que la douillette la mieux ouatée.

Le jaune d'or, symbole de la Lumière, calme les nerfs surexcités, apaise les écarts de l'imagination peureuse et fait tomber instantanément les accès de la colère. Il favorise aussi l'intuition et l'inspiration. Au Thibet, à Ceylan, au Japon, les prêtres sont revêtus d'une dalmatique ou d'une soutanelle de cette nuance.

Le bleu possède une vertu électrique, et, à défaut de la machine de Clark, peut être employé dans les mêmes cas.

La couleur verte a la même vertu que les bains de boue de Dax, à cause de son analogie avec la terre.

L'indigo est similaire à l'eau ; il a la propriété de rafraîchir, d'humecter.

Quant à la couleur orangée, qui est la chaleur-lumineuse, elle est analogue à la flamme : elle réchauffe et éclaire en même temps.

Le violet doit ses propriétés vitales à son analogie avec l'air ; le matin, une montagne vue d'un peu loin, ne nous apparaît qu'à travers un nimbe violâtre.

Les vertus du *blanc* et du *noir* sont peut-être un peu moins connues que celle des sept nuances du prisme ; cependant, l'on sait que le noir donne des idées sombres, et le blanc de la gaîté, mais seulement à la condition de n'embrasser point tout le rayon du champ visuel, comme le fait, l'hiver, le manteau d'hermine de la neige « au blanc cortège » ; car alors non seulement cette nuance devient affreusement monotone et mélancolique, mais encore elle peut, par la réfraction des rayons solaires glissant sur sa surface lisse durcie par la gelée, produire des ophtalmies et même, parfois, la cécité.

La nuance rouge agit plus spécialement sur le cerveau et excite les idées ; le jaune influe sur nos sentiments, sur les facultés aimantes, qu'il fait naître ou qu'il développe ; le bleu a surtout du pouvoir sur l'imagination qu'il stimule ou apaise selon sa nuance plus ou moins foncée.

Pour clore ce chapitre, un mot sur la thérapeutique magnétique.

L'on a vu, page 255 que, dans la main, chacun des doigts est en rapport harmonique avec les quatre éléments, et l'*Ether* qui est leur principe commun, dans cet ordre :

— Le pouce est en rapport avec *l'Ether*.

— L'Index, avec *l'eau*.

— Le Médius, avec *la terre*.

— L'ANNULAIRE, avec *le feu*.

— L'AURICULAIRE, avec *l'Air*.

Dans les expériences de magnétisme curatif, il ne sera donc pas indifférent de projeter (ou de soutirer) le fluide par tel ou tel doigt.

Selon que le mal à traiter aura sa cause dans *la pléthore* ou dans l'*atonie* des forces vitales, il serait bon, dans le premier cas, de projeter le fluide par l'index, dans le second, avec l'annulaire. Le fluide provenant de l'auriculaire produit les mêmes effets qu'une inhalation d'oxygène, il calme les suffocations, la difficulté de respirer, et agit directement sur les poumons ; tandis que le médius opèrera sûrement sur l'estomac et sur les organes adjoints, le foie et les intestins. Ce fluide, terrestre et matériel, a la propriété de souder rapidement les lèvres d'une plaie après sa suppuration ; de faire croître en peu de jours un ongle tombé ; en un mot, de faire repousser les chairs.

Quant au fluide émané du pouce seul, il doit être employé seulement pour les cures *psychiques* ; provenant d'*Akasa* ; (le Tattwa principe), il ne peut que favoriser les idées, les intuitions, activer l'éclosion ou le développement de la pensée ; en thérapeutique, sa force sera employée seulement pour combattre les idées fixes, les obsessions, les hallucinations, la perte de la mémoire et certains cas de folie. Il est souverain contre l'épilepsie et peut aussi faire avorter les terribles crises de la grande hystérie. Dans certains cas, il dissipe la peur et calme les écarts de l'imagination exaltée.

Comme on le voit, ces données, absolument inédites, font plutôt partie de l'Occultisme que de la Chiromancie.

Si l'homme savait se servir des cinq forces naturelles qui sont en lui, il commanderait à la nature entière.

Eliphas Lévy n'a rien exagéré dans l'affirmation qu'il fait des « Pouvoirs humains », en ses savants ouvrages où *il ose* beaucoup plus que nous. Chaque auteur écrit avec le tempérament qui lui est propre et d'après la somme de ses connaissances particulières. — Instinctivement, nous craignons le « phénomène », mais nous savons qu'il peut se produire, comment on le produit, quelle est son action et la conséquence de ses réactions. Dans le chapitre de la « Magie », nous n'avons été aussi sobre d'explications techniques touchant à la Magie cérémonielle, que parce que nous avons craint de plagier Eliphas ; allez donc parler de *Magie* après lui, sans être obligé de le citer à chaque ligne ? Nous renvoyons le lecteur, curieux de ces sortes d'études, à la lecture de : — *Dogme et Rituel de la Haute-Magie*, — et à celle de *La clé des Grands Mystères*, les deux chefs-d'œuvre du Mage précité. Le maniement de la Lumière Astrale à travers les quatre états de la matière y est décrit de main de maître ; seulement, il faut que l'on sache bien que ces sortes d'expériences sont excessivement dangereuses, et qu'il ne faut tenter, même les plus anodines, qu'avec la plus grande circonspection. On ne joue pas impunément avec les grandes forces naturelles !

Quand *Zanoni* (1) boit sans danger le vin de Chypre que lui a fait verser le Prince, avec l'intention de l'empoisonner, c'est parce que le Mage a su mettre en lui-même le fluide *Apas* en vigueur : celui des cinq Tattwas qui répond au principe de l'eau) ; ce qui permet à Zanoni de rejeter le poison par les voies naturelles avant qu'il ait eu le temps de produire sur les organes aucun effet morbide.

Quand le Fakir hindou, dont nous avons parlé, page 333 essuie impunément le feu d'une carabine chargée à balle, il ne s'agit pas ici d'un tour de prestidigitation à la *Robert-Houdin* (tour que nous-même savons très bien imiter) ; mais bien de la mise en œuvre de la force naturelle nommée par les hindous, *Vayou* (ou *Vayouvou*), et qui répond au principe de l'air. De par certaines invocations aux élémentaux aériens, ou *Sylphes*, (dont *Paralda* est le chef reconnu), le Fakir avait placé entre lui et le tireur, un obstacle fluidique dont la force était supérieure à la production des gaz émis par la déflagration de la poudre ; et la balle, amortie par cet obstacle infranchissable,

(1) Le roman magique de Bulwer Litton.

était venue tomber mollement sur la circonférence du « cercle » protecteur, au milieu duquel le Fakir était agenouillé.

Tous les phénomènes contenus dans la troisième partie de cet ouvrage peuvent être expliqués par la mise en œuvre savante de l'un des cinq Tattwas ; ce sont eux qui, émanations de la vie, régissent *le mouvement*, *le temps* et *l'espace*. L'étude approfondie de ces « forces » se fait par l'initiation progressive ; mais leurs secrets ne doivent jamais être révélés autrement — ni verbalement, ni par écrit. — L'homme ordinaire dispose déjà de moyens destructeurs assez formidables avec les explosifs connus ; qu'adviendrait-il, grands dieux, s'il connaissait la toute-puissance des Tattwas ?... Il ferait sauter un continent tout entier et, en même temps, perturberait l'ordre régulier des saisons ! La nature fait bien ce qu'elle fait, elle ne confie ses formidables secrets qu'à l'homme mûr, à l'être assez raisonnable pour l'aider dans son œuvre créatrice, et non à ceux qui pourraient l'entraver dans sa marche par quelque imprudence ou quelque désastreuse folie !...

VERTUS OCCULTES DES PIERRES PRÉCIEUSES

Si le génial Newton fut le premier à démontrer la théorie exacte du phénomène de l'arc-en-ciel, il n'en est pas moins vrai que la légende, à l'auréole de son berceau préhistorique, prétend, avec un semblant de judicieuse raison, que les larmes d'Iris sont les semences, diversement colorées, de toutes les pierres précieuses, — lucioles mystiques du monde souterrain.

En leur antre profond où le creuset rutile, les Gnomes joailliers recueillent avec un soin jaloux les pleurs colorées des arcs-en-ciel ; puis, selon leurs nuances, en forment avec art, d'après un rite mystérieux, des *Améthystes* chatoyantes, des *Rubis* couleur de sang, des *Sardoines* aux reflets orangés, des *Topazes* aux nuances d'or, des *Emeraudes* aux feux pers, des *Turquoises* azurées, et de sombres et majestueux *Saphirs* indigo. C'est la gamme diatonique des couleurs du prisme, gamme harmonique, dont les nuances forment de douces mélodies, des mélopées berceuses et attirantes, aussi troublantes que le chant des sirènes, et aussi funestement perverses pour le téméraire mortel qui oserait s'aventurer en ces sombres retraites, que les rayons solaires ne pénètrent jamais, du moins en tant que lumière visible.

Par une combinaison savante, les joailliers terriens obtiennent également les gemmes dont la cristallisation et la nuance complétera la gamme chromatique ; ce sont, d'après leur place respective : *la Cornaline*, *l'Hycinthe*, *le Béryl*, *la Chrysoprase* et *l'Héliotrope*, que leur translucidité moindre place, naturellement, à un rang inférieur.

Une seule fois l'an, quand le soleil atteint le premier degré du signe Zodiacal LE CANCER, et que, le soir venu, les feux de la Saint-Jean ont fait monter dans l'azur leurs joyeux tourbillons de fumée, *Gob*, le Roi des Gnomes, rassemble ses plus fidèles sujets, ses plus habiles sertisseurs, et, de minuit jusqu'aux premiers rayons de l'aube naissante, il les conduit vers la forêt, où tous devront, diligemment, recueillir les gouttes de rosée qui perlent dans le calice endormi de la verveine aux vertus étranges, afin de les transmuer en radieux diamants.

Les gouttelettes, que les nocturnes visiteurs n'ont pas pu recueillir, se trouvent alors immédiatement transformées *en perles* comestibles, que les friandes jeunes filles des hameaux voisins s'empressent de recueillir dans des tamis enrubannés, avant que les premiers rayons du soleil levant aient doré la cime des monts ; car, paraît-il, *les Sylphes*, arrivant en troupe avec la Lumière du jour, se délecteraient de la précieuse « Manne », et il n'en resterait plus de trace au sein des fleurs.

Dans tous les temps, et dans tous les pays du globe, les Pierres précieuses ont été, et seront toujours, l'indispensable complément de la parure féminine ; leurs scintillements, leurs feux charmeurs, s'allient harmonieusement avec le feu des prunelles, et semblent concourir au même but attirant ; comme si le seul regard d'une femme aimante n'était pas déjà plus que suffisant pour la rendre adorable et pour troubler l'imagination des hommes !

La croyance en la vertu des Gemmes remonte à la plus haute antiquité. Orphée, dans son poème sur les « Pierres », décrit minutieusement les merveilleuses propriétés du Diamant, du Cristal et des douze gemmes colorées que le Grand-Prêtre des Hébreux portait sur la poitrine, durant la célébration du rite magique prescrit par Moïse.

Ces douze pierres symbolisaient les douze tribus d'Israël et les douze signes du zodiaque ; l'on devait porter sur soi, comme un Talisman, celle qui répondait au signe *de l'ascendant* de la naissance. Pline, Albert-le-Grand, Agrippa, Arnaud de Villeneuve, Bacon, Cardan, le Père Kircher, et une foule d'autres savants Hermétistes, ont cru que les gemmes pouvaient avoir une influence bénéfique sur nos chances heureuses, ou sur notre santé, et cela avec connaissance de causes, car ils savaient que les divers règnes de la Nature sont solidaires les uns des autres, que l'échelle mystérieuse de la Vie se développe harmoniquement à travers les formes diverses que revêt la matière unique, depuis le minéral jusqu'à la plante, et depuis la plante jusques à l'homme — sublime et radieuse synthèse des règnes inférieurs.

Comme le miel caché au fond du calice des fleurs les plus diverses, la Vérité se trouve partout pour qui sait l'y découvrir : les contes de Fées, les anciennes légendes, certaines croyances populaires, ne sont point aussi dénuées de fondement qu'on serait tenté de le supposer. Semblables au Sphinx, gardien des antiques Pyramides égyptiennes, les Vérités d'autrefois s'enlisent dans la brume opaque des siècles disparus, mais il appartient aux chercheurs de bonne foi de les en dégager et de les remettre en lumière.

Voici, d'après les auteurs précités, les vertus Occultes des gemmes les mieux connues :

L'Aimant attire la sympathie des personnes bienveillantes et éloigne les méchants. D'après Orphée, la pierre d'Aimant, portée sur soi dans un assemblée, attire la sympathie et l'attention ; et si l'on prend la parole, on sera écouté avec attention et intérêt. La pierre, pulvérisée, guérit les plaies, les blessures et même la piqûre des insectes et des reptiles venimeux.

Si l'on fait infuser la pierre dans de l'eau froide pendant quelque temps, cette eau aura acquis la propriété de fortifier la vue et de guérir les yeux malades; bue à jeun, elle guérit de la migraine.

L'Agate donne l'Amour de la solitude. Si on la met dans sa bouche, elle fait passer la soif.

L'Agate *noire* préserve de tous périls et procure la victoire sur les ennemis.

L'Ambre guérit les maux de gorge et préserve du choléra.

L'Améthiste préserve de l'ivresse et des dangers d'empoisonnements. Elle active et augmente l'intelligence.

Le Béryl plus connu sous le nom d'*Aigue-Marine*, procure l'affection de quiconque en éprouve le contact.

L'eau dans laquelle on l'a fait tremper rend sympathiques les personnes qui la boivent.

Le Bézoard, est un contre-poison universel.

Le Bol d'Arménie préserve des pertes de sang et des fièvres infectieuses. On prétend qu'il donne la joie de vivre et par conséquent guérit du « Spleen ».

La Calcédoine fait réussir dans les entreprises difficiles; elle préserve des dissensions et des procès, et protège les voyageurs dans leurs excursions périlleuses.

La Cornaline a la propriété d'égayer ceux qui la portent et, dans certains cas, peut favoriser la fortune.

Le Corail arrête les hémorragies, facilite la digestion et préserve de l'inflammation des muqueuses. Il fortifie la vue et préserve des épidémies ambiantes.

On prétend qu'il pâlit quand un ami meurt.

La Chrysolithe préserve des atteintes de la goutte, et guérit de la fièvre. Cette pierre agit sur le foie et empêche les épanchements bilieux. On la porte aussi contre l'asthme.

Le Cristal, porté en collier, favorise la dentition des enfants et donne du lait aux nourrices (1). On dit aussi qu'il empêche les cauchemars.

La Chrysoprase verte guérit les vues faibles.

Le Diamant donne de l'intuition, guérit les accès de somnambulisme naturel et même certains cas de folie. Il fortifie les fonctions du cœur.

Les Malais prétendent qu'il perd momentanément son éclat au contact de la main d'un traître.

L'Emeraude, surnommée la pierre de chasteté, se ternit au moment d'un crime contre les mœurs. Elle donne aussi des songes vrais. D'autres auteurs lui confèrent la vertu de guérir l'épilepsie. Elle active aussi la mémoire.

L'Escarboucle protège contre le mauvais air et les vapeurs malsaines qui donnent les fièvres paludéennes.

Le Grenat favorise la circulation du sang, conserve la santé, procure de la gaîté et donne de la confiance en soi.

(1) Chacun sait qu'un collier de bouchons de liège fait passer le lait à certains animaux.

Les amoureux ne devront pas le porter parce qu'il susciterait entre eux de l'animosité, des querelles.

L'Hyacinthe donne du courage, l'esprit d'initiative. Elle chasse l'insomnie et préserve de la peste. Elle attire la sympathie et l'amour, les chances heureuses et la fortune.

L'Héliotrope donne la constance en affections, la renommée et la longueur de l'existence.

Un talisman composé de cette pierre et des fleurs de la plante du même nom peut, s'il est consacré selon les rites voulus, rendre invisible la personne qui le porte.

L'Iris, — ainsi nommée parce qu'elle reflète les sept couleurs du prisme, — favorise la découverte du « Grand-Œuvre ».

Le Jaspe préserve de la tristesse, relève le courage, fait renaître l'espérance.

L'Onyx — enfant du Soleil — procure des songes effrayants à ceux dont la conscience n'est pas tranquille. Il n'est pas bon de la porter durant la nuit parce qu'elle entrave la respiration du dormeur.

Elle fait avorter les crises épileptiformes et hystériques.

L'Opale, mise à l'index du temps de l'Empire par un simple caprice de l'ex-Impératrice, ne mérite nullement cette injuste réprobation : elle n'a jamais porté malheur à personne. Elle est, de par la variété de ses nuances, placée sous l'influence de la planète Mercure et, conséquemment, favorise le savoir-faire, l'élocution, l'esprit et les entreprises de négoce. Elle fortifie la vue intuitive et procure la sympathie des personnes intelligentes.

L'Œil du Soleil, nommé vulgairement « œil de chat », réconforte le cerveau et donne à ceux qui le portent la faculté de voir dans les ténèbres. On dit qu'il rend aussi très amoureux.

La Perle a toujours eu, depuis la plus haute antiquité, l'étrange réputation d'inspirer de l'amour aux personnes indifférentes ; chacun sait que Cléopâtre-la-belle fit dissoudre dans du vinaigre la plus précieuse de ses perles pour inspirer à Antoine la passion insensée qui lui coûta l'empire du monde, l'honneur et la vie ! Mais ce procédé n'agit que sur les hommes, car la perle, émanée de l'huître, ne peut procurer que l'amour de la femme, de par l'analogie réelle qui existe entre l'huître et les organes féminins.

En revanche, les perles portées en collier protègent la chasteté ; leur poudre, prise dans du lait, adoucit les tempéraments irritables et guérit des fièvres dangereuses.

Le Rubis-Balai calme les colères, donne de l'audace, conjure les fantômes et apaise les écarts de l'imagination peureuse ; il chasse aussi la tristesse et guérit des obstructions du foie.

Le Saphir paralyse l'action du venin des reptiles et du virus rabique. Il guérit de l'inflammation des yeux, éclaircit les idées, développe l'imagination créatrice et favorise les recherches scientifiques.

Certains auteurs le recommandent contre la mélancolie.

La Sélénite, ou « Pierre de Lune », donne des pressentiments justes sur les événements à venir ; des songes vrais, la science divinatoire et des instincts qui, parfois, ont la lumineuse clarté de l'intuition.

La Sardoine favorise l'élévation de la position sociale et procure des honneurs mondains.

La Serpentine, guérit de l'hydropisie. A cause de ses propriétés magnétiques, elle attire la sympathie et peut aussi provoquer l'amour, surtout si sa nuance approche du jaune.

La Topaze préserve les jeunes filles et les dames de toutes agressions outrageantes, et favorise l'intuition.

La Turquoise azurée est sensitive : elle *meurt* quand la personne qui la porte est atteinte d'un mal sans remède ; on prétend aussi qu'elle préserve des chutes de lieux élevés ou, du moins, qu'elle en annule les dangers.

Il est évident que ces données générales sur la vertu des gemmes peut être soumise à la critique des esprits douteurs ; mais que mes chères lectrices veuillent bien se reporter au chapitre spécial des couleurs comparées aux facultés morales, intellectuelles et physiques, et elles verront que telle ou telle nuance, qu'elle émane d'une pierre précieuse ou d'une étoffe teintée, possède en soi une intrinsèque puissance qui agit toujours dans un sens donné, d'après sa nature spéciale.

A toutes les lectrices de ce livre, nous offrons de dire, à titre gracieux, quelle est la « gemme » qu'elles doivent porter, et cela, non pas d'après le signe zodiacal où se trouvait le soleil au moment de leur naissance, — ce qui ne signifie rien du tout — mais bien d'après le signe qui *régit* leur horoscope, c'est-à-dire d'aprèsce lui qui se levait, à l'Orient, au moment précis de la naissance (1).

(1) Dans les documents donnés par nous sur l'*Almanach Hachette*, nous avions spécifié cette nuance ; mais, à notre grand regret, la direction ne comprenant pas, n'en a tenu aucun compte.

Le *signe du mois* a une signification beaucoup trop générale, et s'applique indifféremment à toutes les classes de la société comme à tous les rangs de la fortune. Seul, le *signe du jour de la naissance* doit être pris en considération ; mais, pour connaître ce signe, il est indispensable d'ériger l'horoscope du sujet.

(*Note de l'auteur.*)

ÉPILOGUE

De même que l'humanité actuelle, délaissant malheureusement tout progrès moral pour s'adonner d'une manière exclusive aux recherches du progrès matériel, a, de par ce fait, perverti déjà l'ordre harmonique des saisons ; dans son déplorable oubli de la vérité, voici qu'elle travestit même le sens des mots ! Ainsi, pour beaucoup, *philosophe* est devenu synonyme d'incroyant ; *religieux* est pris dans le sens de bigot ; *occultiste* confondu avec « Mage noir ». Du train où vont les choses, il faudra bientôt, je pense, remanier le dictionnaire et créer de nouveaux vocables pour exprimer clairement sa pensée.

L'on peut, certes, étudier et mettre en pratique les forces occultes, sans pour cela « nouer l'aiguillette », ou pratiquer les stupidités inanes de « l'envoûtement » ! L'on peut être un homme éminemment et profondément religieux, sans suivre aucune des pratiques cléricales actuellement en vigueur ; nous avons prouvé,au commencement de ce livre, que la vraie philosophie n'est point celle des encyclopédistes, mais bien la plus pure, la plus élevée et la plus sainte des religions, de même que la science la plus parfaite, puisqu'elle est, réellement, *la foi savante* et *la science croyante.*

Pour retrouver des traces de la vraie, de la saine philosophie, il nous faut retourner en arrière de plusieurs siècles, et ressusciter par la pensée les enseignements précieux que des Maîtres tels que *Pythagore*, *Plutarque*, *Cicéron*, *Virgile* etc., diffusaient à leurs disciples ; ceux que chantait le bon Homère, et ceux qui, semblables aux chaînes d'or qui sortent de la bouche d'Hermès, émanaient, comme dit le poète Hugo : «...des lèvres de Platon ».

Mais, si les antiques collèges sacrés ont disparu dans la

brume du passé, si leurs ruines sont dispersées aux quatre vents du Ciel, l'Esprit de leurs immortels fondateurs plane encore aujourd'hui majestueusement dans l'Empyrée, et inspire toujours ceux qui les vénèrent, qui lisent religieusement, et mettent en pratique leurs lumineuses maximes, — héritage divin laissé par ces apôtres du vrai, aux assoiffés d'idéal de tous les temps et de tous les pays.

L'on peut entrer dans ce splendide domaine construit magiquement par la lyre d'Orphée, soit par la porte d'ivoire de la foi, ou par la porte d'or de la science.

C'est pourquoi les maîtres disaient : « Il y a *deux voies* qui conduisent à la réalisation du Grand-Œuvre : la voie sèche (de la science), et la voie humide (et féconde) de la Foi. »

Lisons, et relisons attentivement les passionnants ouvrages philosophiques d'Eliphas Lévy, de Lacuria, et de tant d'autres auteurs modernes, qui ont écrit sur ces questions primordiales, et nous verrons que ces initiateurs étaient des hommes foncièrement religieux, et que leur science n'atteint aux hauteurs du sublime que parce qu'elle est éclairée par les splendeurs de la foi.

Il ne faut pas plus de « courage » pour abdiquer les faux errements de sa jeunesse, qu'il n'en faut, le matin, pour secouer la torpeur engourdissante du sommeil nocturne et ouvrir tout grands ses yeux à la Lumière ! Le soleil luit pour tout le monde, et, pour qui veut se réchauffer à ses vivifiants rayons, il suffit *de vouloir* quitter la zone d'ombre où l'on grelotte frileusement.

Savoir, c'est *s'avoir*, c'est-à-dire se posséder.

« Qui ne se possède pas, ne possède rien » — a dit Agénor de Gasparin ; — c'est donc la possession de nous-même que nous devons tout d'abord réaliser, si nous tenons, durant cette existence, à nous désanganguer de l'humiliant anthropomorphisme qui disperse et gaspille nos plus nobles facultés.

Que penseriez-vous d'un être qui confierait sa conscience au clergé ; son corps, aux médecins ; son intellect aux romanciers populaires ; sa fortune aux banquiers véreux et sa volonté aux caprices de l'imagination ? Ce serait un être divisé avec lui-même qui, n'ayant aucune personnalité, ressemblerait beaucoup plus à un automate vivant qu'à un être raisonnable.

Au pôle opposé, nous trouvons, pour compenser cette inqualifiable dispersion du moi, des êtres qui sont trop concentrés, soit par l'orgueil, soit par la charge trop lourde pour eux d'un pouvoir quelconque : sceptre de monarque ou plaque de garde-champêtre.

— « La notion du pouvoir qu'on détient est démoralisante », — dit le profond penseur qu'est Edmond Haraucourt. — « L'homme, quand on l'arme d'une force qui n'est pas en lui-même, perd l'équilibre intérieur et sa conscience s'obscurcit. La disproportion de ce qu'*il est*, avec ce qu'*il fait* l'affolle et crée un monstre. L'idée des choses qu'*il peut*, trouble en lui la notion des choses qu'*il doit*. L'amour de sa puissance (!) le gêne pour en apercevoir les limites ; dans le désir de l'affirmer, il l'exagère ; plus il est faible et plus il travaille à cacher sa faiblesse en démontrant sa force ; et la pensée, qu'il risque de s'égarer jusques au mauvais usage de son autorité usurpée, est impuissante à faire qu'il prenne peur de ce pouvoir, pourvu QUE LES AUTRES EN AIENT PEUR ! »

Ecoutons maintenant Montaigne qui dit : « La plus grande chose du monde est de savoir être à soi. »

Cependant -- pourrait-on m'objecter — il est, dans le courant de l'existence, des cas où il est difficile ou embarrassant d'être son propre prêtre, son médecin, son juge et son initiateur ; où la nécessité s'impose d'avoir recours à plus savant ou plus expérimenté que soi. Certes ! il le faut bien, en effet, à moins d'être un encyclopédiste ; mais il y a, entre les deux extrêmes que nous venons de dépeindre, une marge large et raisonnable qui permet, tout en restant soi-même, de bénéficier à l'occasion de l'expérience d'autrui, et c'est encore de la sagesse ; mais quand un être est arrivé à la maturité, quand le soleil de sa conscience pleinement épanouie rayonne lumineusement et sur son intellect et sur ses instincts ; alors, cet être d'élite se possède définitivement ; sa volonté raisonnée a fait place au décevant et despotique caprice ; le moindre de ses actes est marqué au coin de l'opportunité ; l'harmonie est sa règle suprême et son but sacré, cette âme d'élite (que nous pouvons tous être) a compris et appliqué la superbe maxime de Caton : « Ce qui vous manque, empruntez-le à vous-même » ; il sait, il voit, il pressent, et la terre n'ayant plus rien à lui apprendre (même pas la sombre et sublime raison d'être de la douleur), c'est dorénavant dans les cieux supérieurs, avec les Etres parfaits, que ses aspirations et ses facultés trouveront alors leurs réalisations et leur judicieux emploi, à son départ non regretté de cette vallée de larmes, où les moins favorisés aggravent encore leurs peines en se déchirant mutuellement.

FIN

TABLE

LIVRE PREMIER

Préambule 1
Présentation. 5
Topographie des Cieux 13
Erraticité supérieure 21
Le premier Ciel. 28
Description des Cieux supérieurs. 34
L'erraticité d'en bas, et les neuf cercles d'expiation 39
Des divers dégagements de l'âme. 48
La désincarnation. 54
Le trouble 60
Au lendemain de la mort 65
Genèse de l'Esprit. (Involution) 74
Epreuves des Esprits. 79
Voie de retour. (Evolution). 83
Genèse des fluides. 88
— du périsprit 95
Mariages et fusion des Esprits. 99
Les Agénères 107
Aphorismes magiques 113
Evocation des Esprits. (Méthode rationnelle) 124

LIVRE DEUXIÈME

Les harmonies du nombre. — L'Unité. 131
— — Le Ternaire 139
— — Le Quaternaire 149
— — Le Quinaire 155
— — Le Septennaire 159

— — Le Dénaire 168
— — Le Duodénaire 175
Le Tarot. (Aperçus nouveaux sur) 180
Genèse des formes, et leurs mystères 188
— des couleurs, et leurs harmonies 202
La divination 212

LIVRE TROISIÈME

La Physiognomonie expliquée par les Tattwas hindous 221
— le type ovale 235
— — féminin 237
— le type rond 240
— — féminin 242
— le type triangulaire. 244
— — féminin 246
— le type apasique. 247
— — féminin 249
— le type carré 250
— — féminin 252
Chirognomonie simplifiée 254
— Le pouce 259
— Doigts pointus 263
— — ronds 266
— Mains mixtes 268
— Doigts carrés 271
— — spatulés 274
— Adjonctions modificatives 277
Des signatures astrales 283
Magie (Exposé général sur la). 301
— Pages sombres. (Magie noire) 307
— — grises. (Magie naturelle) 326
— — brillantes. (Magie de lumière) 335
Hygiène occulte. 347
Thérapeutique occulte 351
Vertus des gemmes. 360
Epilogue 367

Saint-Amand (Cher). — Imprimerie BUSSIÈRE

www.ingramcontent.com/pod-product-compliance
Ingram Content Group UK Ltd.
Pitfield, Milton Keynes, MK11 3LW, UK
UKHW012151240726
13966UKWH00002B/270